法学专业必修课、选修课系列教材

地方立法学

（第二版）

石佑启　朱最新　潘高峰　黄喆　著

高等教育出版社·北京

内容提要

本书坚持理论联系实际的原则，力求准确地阐述地方立法的基本概念和基本原理。书中界定了地方立法的概念，梳理了我国地方立法的历史发展，阐释了地方立法的特征、地位、功能、类型和效力等级；探究了地方立法的一般原则和特有原则；围绕地方立法主体和权限，厘清了我国地方立法体制；结合地方立法实践，研究了地方立法的制定、解释、修改、废止、清理、汇编及立法技术等基本问题；围绕地方立法前评估、地方立法表决前评估和地方立法后评估三种类型，对地方立法评估的功能、原则、主体、对象、标准、方法和程序作了分析；基于维护国家法制统一和推进良法之治，对地方立法监督的主体、监督的权限以及监督的方式和程序进行了探讨。全书资料新颖，反映了地方立法理论研究的最新成果和地方立法实践的最新发展，是一部全面系统阐述地方立法理论的著作，是一本既有理论性又有实用性的法学教材。

图书在版编目(CIP)数据

地方立法学/石佑启等著. --2版. --北京:高等教育出版社,2019.7

ISBN 978-7-04-052105-4

Ⅰ.①地… Ⅱ.①石… Ⅲ.① 地方法规-立法-研究-中国 Ⅳ.①D927

中国版本图书馆CIP数据核字(2019)第105821号

策划编辑 帅映清 责任编辑 帅映清 周轶男 封面设计 杨立新 版式设计 童 丹
责任校对 刘 莉 责任印制 田 甜

出版发行	高等教育出版社	网　　址	http://www.hep.edu.cn
社　　址	北京市西城区德外大街4号		http://www.hep.com.cn
邮政编码	100120	网上订购	http://www.hepmall.com.cn
印　　刷	北京宏伟双华印刷有限公司		http://www.hepmall.com
开　　本	787mm × 1092mm 1/16		http://www.hepmall.cn
印　　张	14	版　　次	2015年8月第1版
字　　数	340千字		2019年7月第2版
购书热线	010-58581118	印　　次	2019年7月第1次印刷
咨询电话	400-810-0598	定　　价	30.00元

物 料 号 52105-00

作者简介

石佑启，法学博士，教授，博士生导师。现任广东外语外贸大学校长。入选教育部“新世纪优秀人才支持计划”，入选国家百千万人才工程，被授予“有突出贡献中青年专家”荣誉称号，是国务院政府特殊津贴专家；被评为广东省特支计划“宣传思想文化领军人才”，广东省立法工作领军人才，全国文化名家暨“四个一批”人才，国家“万人计划”哲学社会科学领军人才等。兼任教育部高校法学类专业教学指导委员会委员，广东省法学类专业教学指导委员会主任委员，中国法学会理事，中国行为法学会行政执法研究会副会长，中国行为法学会软法研究会副会长，中国法学会行政法学研究会常务理事，中国法学会立法学研究会常务理事，广东省法学会副会长，广东省委法律顾问，第十三届广东省人大代表、人大常委会委员，广东省人民政府法律顾问，广东省委政法委法律顾问等。主要研究领域：行政法与行政诉讼法、公务员法、国家赔偿法、地方立法和区域法治问题。作为首席专家主持国家社科基金重大项目 1 项、教育部哲学社会科学研究重大课题攻关项目 1 项，主持国家社科基金重点项目 1 项、一般项目 2 项，主持教育部、司法部等省部级项目 10 余项。出版《论公共行政与行政法学范式转换》《私有财产权公法保护研究》《行政法与行政诉讼法》等著作与教材 30 余部，在《中国社会科学》《中国法学》《哲学研究》等刊物上发表学术论文 140 余篇，多篇论文被《新华文摘》《中国社会科学文摘》《高等学校文科学术文摘》及人大复印报刊资料转载。研究成果获第二届全国法学教材与科研成果（著作类）二等奖、第七届高等学校科学研究优秀成果奖（人文社会科学·著作类）二等奖、广东省哲学社会科学优秀成果（著作类）一等奖等省部级奖励 10 余项。

朱最新，法学博士，硕士生导师。广东外语外贸大学法学院教授，广东省地方立法研究评估与咨询服务基地主任。被评为“广东省首届十大优秀中青年法学家”“广东省千百十工程第七批省级培养对象”。兼任中国法学会行政法学研究会理事、广东省法学会常务理事、广东省法学会地方立法学研究会会长、广东省法学会宪法学研究会副会长、广东省法学会基本法研究会副会长、广东省人大常委会立法咨询专家、广州市人民政府法律顾问、韶关市人大常委会立法顾问、河源市人民政府立法顾问等，主要研究领域：行政法学、地方立法与区域法治。先后在《法商研究》《现代法学》《行政法学研究》等刊物上发表论文 80 余篇，其中多篇被《高等学校文科学术文摘》和人大复印报刊资料转载。出版《府际合作治理的行政法问题研究》等著作与教材 20 余部，主持国家社会科学基金项目、教育部人文社科项目等纵横项课题 30 余项，获各种奖励 10 余项。

潘高峰，法学博士，硕士生导师。广东外语外贸大学法学院教授，广东省地方立法研究评估与咨询服务基地研究员，广东外语外贸大学区域一体化法治研究中心研究员。兼任中国法学会立法学研究会理事，广东省法学会法学教育研究会理事，广东省法学会地方立法学研究会理事，广东省人民检察院人民监督员，广东省重大行政决策咨询论证专家、广州市重大行政决策论证专家。主要研究领域：行政法与行政诉讼法、国家赔偿法、地方立法和区域法治。近几年来主持省级项目3项、厅级项目2项，参与其他各类纵横向课题10余项，出版《区域经济一体化中政府合作的法制协调研究》等著作与教材6部，在《法学杂志》《南京社会科学》等刊物上发表论文10余篇。

黄喆，法学博士，硕士生导师。广东外语外贸大学区域一体化法治研究中心研究人员，广东省地方立法研究评估与咨询服务基地研究人员。兼任广东省法学会地方立法学研究会副秘书长，广东省预防青少年犯罪研究会副秘书长，广东省法学会行政法学研究会理事。主要从事行政法学、立法学的教学与研究。先后在《学术研究》《南京社会科学》等刊物上发表论文10余篇，参加编写著作、教材6部，主持广东省哲学社会科学规划学科共建项目等纵横项课题5项，获得省部级以上奖励2项。

目　录

绪　论

第一节　地方立法学的研究对象和研究范围

一、地方立法学的研究对象

“一门学问如果要发展成为一门学科，是需要具备多方面条件的，而其首要条件，是它应当具有特定的或专门的研究对象。”[①] 立法学是专门以法的创制活动及其规律为研究对象的法学分支学科。[②] 作为立法学的一个分支学科，地方立法学则是以地方国家机关法的创制活动及其规律为研究对象的。在我国，《宪法》[③] 第3条规定：“中央和地方的国家机构职权的划分，遵循在中央的统一领导下，充分发挥地方的主动性、积极性的原则。”这既是中央和地方国家机关职权划分应遵循的原则，也是中央和地方立法权限划分应遵循的原则。在美国，联邦宪法确立了联邦列举、各州保留的立法权限划分原则，凡在宪法中已经授予联邦的权限联邦均可立法，凡在宪法中未曾禁止各州行使的权限各州均可立法。在德国，《德国基本法》详细界定了联邦与各州的立法权范围，主要分为三类：联邦专有、联邦和各州共有以及各州专有的立法权。从各国宪法来看，世界上绝大多数国家的地方国家机关（有的国家称之为地方公共团体、州等，下同）都享有立法权。从各国立法实践来看，地方国家机关不仅享有立法权，而且都积极地行使立法权，创制法律。当人们把地方国家机关法的创制活动作为一种特定的法律现象而专门研究其内在规律性时，地方立法学也就产生了。根据法的创制方式和表现形式的不同，法的创制可分为法的制定和法的认可。法的制定，是指国家立法机关依法制定、修改、废止规范性法律文件的活动；法的认可，是指具有立法权的国家机关通过明示或默示的方式赋予已有的道德或习惯等一般社会规范以法律效力的立法行为，通过这种方式创制的法律规范是不成文法。地方立法学也研究国外地方立法现象，但一般以研究本国地方立法为主。我国是一个成文法国家，法律规范大都是经过法的制定方式来创制的。因此，我国地方立法学的研究对象主要是地方国家机关制定、修改、废止规范性法律文件的活动及其规律。

二、地方立法学的研究范围

地方立法学的研究对象涉及地方立法的诸多问题，有必要科学地划定地方立法学的研究范围，这样既可以使地方立法学的研究对象具体化，从而确定地方立法学研究的具体内容，也可以使地方立法学与其他法学学科加以区别。我们从不同角度、不同层面对地方国家机关制定、

---

① 周旺生：《立法学》（第二版），法律出版社2009年版，第1页。

② 参见朱力宇、张曙光主编：《立法学》（第三版），中国人民大学出版社2009年版，第2页。

③ 为行文简洁，在不致引起误解的情况下，本书涉及的中华人民共和国法律一般采用简称，如《中华人民共和国宪法》，简称为《宪法》，特殊注明的除外。

修改、废止规范性法律文件的活动及其规律进行研究，以确定地方立法学的具体研究范围。

（一）地方立法学的研究范围：各种类别的地方立法活动

地方立法学以纷繁复杂的地方立法活动为研究对象，各种类别的地方立法活动都是地方立法学研究的范围。我们可以从横向角度对这些地方立法活动进行类别区分。

1. 地方立法学研究各种地方立法主体的立法活动。地方立法学既研究地方国家权力机关（地方议会）的立法活动，也研究地方行政机关的立法活动；既研究普通地方国家机关的立法活动，也研究民族自治机关的立法活动和特别行政区的立法活动。

2. 地方立法学研究各种不同功能的地方立法活动。地方立法有着不同的功能：为贯彻执行法律、行政法规等上位法，根据本地实际进行执行性立法；在宪法和组织法规定的职权范围内对地方性事务进行管理的基础上进行自主性立法；在不属于法律保留事项，国家尚未制定法律的情况下，地方根据地方实际需要和条件进行先行性立法。这些不同功能的地方立法活动，都属于地方立法学的研究范围。

3. 地方立法学研究各种效力范围的地方立法活动。地方立法也有效力范围的不同，有仅在本行政区域内具有法律效力的地方立法；也有具有跨行政区域法律效力的区域立法、联合立法，如在区域经济一体化背景下，我国一些区域内不同的地方立法机关在相互协调的基础上共同制定地方性法规或地方政府规章等；还有城市立法，如我国设区的市的立法。这些不同效力范围的地方立法活动，都是地方立法学的研究范畴。

4. 地方立法学研究不同时代和不同国家的地方立法。地方立法学既研究历史上的地方立法，即地方立法史，也研究当今现实中的地方立法；既研究本国地方立法，也研究外国地方立法。这些以历史跨度、国情异趣为标准而表现出来的纷繁复杂的地方立法，都是地方立法学探讨的范畴。

（二）地方立法学的研究范围：地方立法过程中的各种立法活动

地方立法是一个过程，在整个地方立法活动的各个阶段，都有应当遵循的方式、步骤、时限和顺序，即地方立法程序。在整个地方立法过程中，不同地区的具体立法程序会有所区别，同一地区的具体立法程序也会因立法内容或任务的不同而有所差别。但概括起来，地方立法过程一般分为立法准备、由法案到法、立法完善三个阶段。这三个阶段的立法活动及其规律都是地方立法学所要研究的范畴。

1. 地方立法学研究立法准备阶段的地方立法活动。立法准备，一般是指法案提出前所进行的有关立法活动。就当代中国地方立法而言，这一阶段的内容主要包括：进行地方立法预测，编制地方立法规划，确定地方立法项目，采纳地方立法建议，形成地方立法创议，作出地方立法决策，决定地方立法法案的起草组织和程序，起草法案草稿，协调因地方立法而引起或存在的种种关系。这些内容及其反映出的规律都是地方立法学研究的范畴。

2. 地方立法学研究由法案提出到法的公布阶段的地方立法活动。从法案到法的阶段，是指“由法案的提出直到法的公布的一系列正式的立法活动所构成的立法阶段”。[①] 由法案到法的阶段的立法程序，是整个立法程序体系的重点所在。[②] 在这一阶段，地方立法一般要

---

① 参见程世强、霍凤山：《从法案到法：程序及其完善》，载《人大研究》2003 年第 10 期。

② 参见张文显主编：《法理学》，高等教育出版社、北京大学出版社 1999 年版，第 280 ~ 281 页。

遵循这样的程序：法案的提出、法案的审议、法案的表决和法的公布。地方立法学应注重研究这一程序过程中的各种问题、技术及其规律，以实现科学立法、民主立法，提高立法质量。

3. 地方立法学研究地方立法完善阶段的立法活动。法案变为法以后，为促进该法的完善，增强法的实效，地方立法需要进行一系列立法活动或者立法辅助工作——地方性法规、规章解释，地方立法信息反馈，地方性法规、规章的修改、补充和废止，地方性法规、规章的清理、汇编和编纂等。这些地方立法活动或立法辅助工作自然成为地方立法学研究的重要内容。

4. 地方立法学还研究贯穿于整个地方立法活动全过程的立法监督活动。“由于立法监督是现代法治社会中立法活动实现法治化、民主化和科学化不可缺少的重要保障，立法学也自然把立法监督作为自己的研究对象。”① 地方立法学作为立法学的分支，理应研究地方立法监督问题。

（三）地方立法学的研究范围：以各种立法规律为研究对象

任何现象背后都有客观规律的存在，地方立法也不例外。只有正确认识、把握和运用地方立法规律，才能正确认识地方立法现象，有效开展和驾驭地方立法活动。地方立法现象纷繁复杂，地方立法规律也多种多样。这些规律大体可分为两类：一类是地方立法发展过程中的规律，另一类是各种地方立法现象本身蕴涵的规律。地方立法学作为促使地方立法活动走向科学或臻于完善的一门学问，这些规律都是其研究的范围。

1. 地方立法学研究地方立法发展过程中的各种规律。这些规律既包括整个地方立法的发展规律，即地方立法发展的一般规律，又包括各种地方立法的发展规律，即各地地方立法的特殊规律。地方立法学研究这些规律，就能为认识、把握和运用这些规律提供必要且有益的指导，为顺应或遵循这些规律来推动地方立法发展指明清晰的方向，提供理论的指引。

2. 地方立法学研究各种地方立法现象本身蕴涵的规律。各种类别的地方立法现象和地方立法活动过程中的各种具体立法现象，是在人们将主观设计和客观规律相结合的过程中不断发展的。立法者在地方立法活动中应当有主观能动性，应当有明确的立法意图或目的。同时，立法者的主观能动性和立法意图或目的应当与客观规律相吻合。立法者应当按客观规律表述法，而不是随意制造、发明法。立法者要做到这一点，就必须认识和把握地方立法规律，遵循规律来处理各种地方立法问题。例如，要按照规律确定地方立法主体范围、地方立法的效力等级和效力范围，要按照规律确定地方立法活动过程各个阶段的内容和方略。只有地方立法合乎规律，地方立法准备、由法案到法和立法完善三阶段的工作才可能是科学的，所立的法才可能富有实效。因此，要认识和把握这些规律，先要研究这些规律。

（四）地方立法学的研究范围：与地方立法活动和立法规律相关的事物

地方立法现象不是孤立的，而是在与其他社会现象发生关联的过程中存在和发展的。地方立法规律在对地方立法现象发生作用时，通常也与其他事物及其规律发生联系，地方立法规律对地方立法现象发生作用的程度和效果，往往与这种联系的程度密不可分。因此，地方

① 参见周旺生：《立法学》（第二版），法律出版社 2009 年版，第 2 页。

立法学还要研究与地方立法现象、地方立法规律相关的事物，尤其是关联紧密的事物及其规律。例如，要注重研究地方立法与历史现象和其他种种社会现象的联系，揭示各种地方立法现象、地方立法规律的精神实质或其根源。再如，要注重研究地方立法与立法思想的联系。各种地方立法现象通常总是与它们所存在的那个社会、那个时代的立法思想尤其是占主导地位的立法思想，有着不可分割的联系。地方立法学以这些立法思想为研究对象，研究各种地方立法现象以什么样的思想资料作参考、作指导，研究这些思想对当时和后来立法的影响，研究这些思想基于何种地方立法现象以及其他因素而萌生和发展。

以上阐述的地方立法现象、地方立法规律以及其他相关事物，各国地方立法学都要研究。中国地方立法学应当以上述地方立法现象、地方立法规律中的中国地方立法实践和理论问题，或与中国地方立法实际关联尤紧的问题，作为主要的研究对象。①

第二节 地方立法学的产生和体系构成

一、地方立法学产生的条件

科学研究的分工是随着社会发展、文明进步而逐步细致起来的。任何一门学科的产生与发展都是社会发展、文明进步中诸多因素共同作用的结果，地方立法学的产生也是如此。其中，以下三个条件是地方立法学产生的最根本的条件。

（一）地方立法实践的不断丰富

恩格斯曾指出："随着立法进一步发展为复杂和广泛的整体，出现了新的社会分工的必要性：一个职业法学家阶层形成起来了，同时也就产生了法学。"② 可见，法学的产生与立法实践是紧密联系的，只有有了立法实践，才可能产生关于立法问题的思想和理论。同样，地方立法学的产生也是与地方立法实践分不开的。在地方立法实践中，随着经验的积累，人们逐渐对地方立法实践经验自觉或不自觉地进行扬弃。在这个过程中，人们逐渐形成诸如对地方性法规、规章等地方立法需求的思维，形成对需要什么地方性法规、规章和如何使这种地方性法规、规章得以产生的思维，形成如何使既有的地方性法规、规章规定得更科学、更符合实践需要的思维，如此等等。这些思维的表现形式，起初是零散的地方立法思想，这些地方立法思想是地方立法学得以产生和发展的思想渊源。在此基础上，经过理论界的不断努力逐渐发展成为地方立法学。

（二）地方立法制度的存在

地方立法实践的存在并不必然导致地方立法学的产生。因为没有制度的存在，"立法权集中于君主或少数掌权的贵族、官吏手中，他们一言可以立法，一言也可以废法。立法只是君主个人权力活动的产物，无所谓民主和法治。这种不讲民主和法治的立法活动，当然也就难以上升为一门科学"③。只有有了地方立法制度，在地方立法体制、地方立法主体、地方

① 参见周旺生：《立法学》（第二版），法律出版社 2009 年版，第 3 页。

② 《马克思恩格斯选集》（第 3 卷）（第二版），人民出版社 1995 年版，第 211 页。

③ 朱力宇、张曙光主编：《立法学》（第三版），中国人民大学出版社 2009 年版，第 5 页。

立法程序、地方立法监督等方面建立起一系列制度，才能保证地方立法权能够按照制度规范来行使与运行。这些地方立法制度的规定，将地方立法活动纳入严格的制度和程序范畴，也使人们开始对地方立法机关的功能、产生、组成、职权，地方立法机关的成员、议事规则和行为规范，地方立法过程中立法案的提出、立法案的辩论和审议、立法案的表决以及法律的公布等程序，地方立法微观立法技术问题，地方立法机关与行政机关、司法机关的关系，以及地方立法与利益集团的关系等进行比较详细的研究，从而使专门以地方立法活动及其规律作为研究对象的地方立法学的产生成为可能。

（三）地方立法研究的不断完善

地方立法实践和地方立法制度的确立和完善是地方立法学产生和发展的客观条件。同时，作为一门比较系统的立法学分支学科，地方立法学的产生和形成还需要有一定的立法资料的积累，这是地方立法学产生和形成的主观条件。也就是说，当人们认识到地方立法的重要性，并从地方立法制度、地方立法过程、地方立法技术等方面去进行专门的研究，积累了较为丰富的地方立法问题的材料，逐渐从中抽象出一定的地方立法理论和原则，并且得出一些规律性的认识时，才能够真正产生和形成地方立法学。从这个意义上来说，地方立法学的产生和形成是一个渐进的发展过程，它不仅要求人们将地方立法活动及其规律的研究从相关的法学分支学科中分离出来，使其研究对象和范围具有相对的独立性和固定性，而且要求人们对地方立法活动及其规律的研究达到一定的系统化、理论化和学说化的程度。[①]

二、我国地方立法学的产生

中国是世界文明古国，是历史上出现法律现象并且进行成文立法活动最早的国家之一。我国历史上关于立法问题的资料浩如烟海，但是在奴隶制社会、封建制社会，由于皇帝口含天宪，一言立法，一言废法，根本不存在现代意义的立法，也就不存在立法学，更不用说地方立法学。1911 年辛亥革命推翻了帝制，建立了中华民国。1913 年初，全国各省先后依法设立省议会、县议会。1914 年 2 月，省议会、县议会都被袁世凯解散，袁世凯死后虽然恢复，但没有什么效果。1938 年至 1941 年，先后颁布了《省临时参议会组织条例》《市临时参议会组织条例》《县参议会组织条例》以及《乡（镇）组织暂行条例》，陆续建立了省、市、县、乡临时参议会、参议会、乡镇代表会等。这些参议会进行了一些地方立法实践活动，学界也对这些地方立法实践进行了零散的研究，但没有形成系统化、体系化的研究。

1949 年，中华人民共和国成立，特别是 1954 年《宪法》的颁布实施，为地方立法学的产生提供了良好的政治条件。然而，“正如一切科学的历史进程一样，在到达它们的真正出发点以前，总要经过许多弯路”。[②] 由于各种原因，地方立法实践并没有如期发展。直到 1979 年 7 月，第五届全国人民代表大会第二次会议通过《中华人民共和国地方各级人民代表大会和地方各级人民政府组织法》（以下简称《地方组织法》）赋予省级人大及其常委会制定地方性法规的权力，这种状况才得以改变。随后，随着经济特区授权立法、较大市的地

① 参见朱力宇、张曙光主编：《立法学》（第三版），中国人民大学出版社 2009 年版，第 5 页。

② 《马克思恩格斯全集》（第 13 卷），人民出版社 1962 年版，第 47 页。

方立法尤其是设区的市地方立法的实施，地方立法实践日益丰富。伴随着地方立法实践的不断丰富，地方立法制度也在不断完善，理论界对地方立法的研究成果也日益丰富，[①] 研究内容涉及地方立法体制、地方立法权限、地方立法空间、地方立法程序、地方立法备案、地方立法技术、地方立法语言等诸多领域。这一切为地方立法学的产生提供了客观条件。然而，并不是所有的研究领域最后都能发展成为学科，一门新学科的产生必须是科学研究发展成熟的产物，必须有相对独立的研究内容、科学的研究方法和规范的学科体制。从当前研究现状来看，地方立法学有着相对独立的研究内容和较为科学的研究方法，其学科体制也正在形成之中。早在 1992 年，王利滨主编的《地方立法学》（湖北人民出版社）就从地方立法的沿革、理论依据、指导思想、原则、程序、技术等方面回答了地方立法工作中的一些基本问题。当然，对于中国而言，地方立法学还是一门正在从立法学中独立出来的一个新兴的分支学科，目前的研究还不能完全满足我国地方立法实践的发展，需要我们继续努力，加强和完善地方立法学的研究。

三、地方立法学的体系构成

地方立法学作为一门新型的法学分支学科，有其自身的体系。立法学应当由立法原理、立法制度、立法技术三要素构成。[②] 地方立法学作为立法学的一个分支，也是由立法原理、立法制度、立法技术三要素构成的，只是更具有地方特色和区域特点而已。

地方立法原理是关于地方立法的基础性、普遍性规律的理论表现，是地方立法学体系中其他组成部分的理论基础，并对地方立法实践有着重大指导意义。地方立法原理不同于地方立法理论。地方立法理论是所有地方立法现象的观念表现形式的总称，其范围大于地方立法原理，而地方立法原理是地方立法理论中主要的、基础的部分，具体包括地方立法概念论、地方立法原则论、地方立法决策论以及地方立法效力论等内容。

地方立法制度是各类地方立法主体进行地方立法活动必须遵循的所有准则的总称，是一国法制的重要组成部分，其主要涉及地方立法主体制度、地方立法权限配置制度、地方立法程序运行制度、地方立法结果监督制度、地方立法解释制度以及地方立法的效力等级制度等内容。

地方立法技术是地方立法活动中所遵循的各类技术性规则和操作技巧的总称。在地方立法活动展开的过程中，不同阶段的地方立法活动需要运用不同的地方立法技术。因此，地方立法技术又包括地方立法规划技术、地方立法表达技术、地方立法评估技术等。

同确立立法学体系一样，[③] 建设和发展中国地方立法学，构建其体系或框架，同样需要注意围绕中国地方立法理论与实践问题，以其为着重点来研究地方立法原理、地方立法制度和地方立法技术，从而形成中国特色的地方立法学体系。

---

① 2018 年 4 月 24 日，中国期刊网查询：发表以“地方立法”为篇名关键词的期刊论文 3 364 篇；国家图书馆查询，以“地方立法”为主题词的出版著作（含学位论文）240 部。

② 参见徐向华主编：《立法学教程》，上海交通大学出版社 2011 年版，第 5 页；周旺生：《立法学》（第二版），法律出版社 2009 年版，第 4 页。

③ 参见周旺生：《立法学》（第二版），法律出版社 2009 年版，第 6 页。

第三节 地方立法学的研究意义与研究方法

一、地方立法学的研究意义

中共十八届四中全会指出，全面建成小康社会、实现中华民族伟大复兴的中国梦，全面深化改革、完善和发展中国特色社会主义制度，提高党的执政能力和执政水平，必须全面推进依法治国。全面推进依法治国，总目标是建设中国特色社会主义法治体系，建设社会主义法治国家。建设中国特色社会主义法治体系，必须坚持立法先行，发挥立法的引领和推动作用，抓住提高立法质量这个关键。要恪守以民为本、立法为民理念，贯彻社会主义核心价值观，使每一项立法都符合宪法精神，反映人民意志，得到人民拥护。要把公正、公平、公开原则贯穿立法全过程，完善立法体制机制，坚持立改废释并举，增强法律法规的及时性、系统性、针对性、有效性。地方立法是科学立法的重要组成部分，研究地方立法学具有非常重要的理论与现实意义。

（一）研究地方立法学有助于提高地方立法质量

地方立法学既是一门学科，也是一门科学。作为一门科学，地方立法学有着自己的规律。研究地方立法学，将地方立法的经验系统化、理论化，形成对地方立法的规律性认识，用于指导地方立法实践。其中，地方立法原理的概括，可以指导地方立法正确反映社会现实和社会规律；地方立法制度的经验总结，可以使地方立法权配置更为有效，程序更为合理、民主，更有利于公众的立法参与，从而使地方立法更能反映公众的利益诉求；地方立法技术的经验总结，可以使地方立法规划更明确、预测更全面，可以使地方立法更符合法律体系的构成规律，内在和谐，具有很强的地方特色和可操作性。可见，研究地方立法学有助于减少地方立法疏漏，提高地方立法水平，确保地方立法质量。

（二）研究地方立法学有助于提高地方立法的实效

法律是治国之重器，良法是善治之前提。研究地方立法学有助于地方立法的科学化、民主化，有助于提高地方立法质量。高质量的地方立法将为地方行政机关的执法活动、国家司法机关的司法活动提供良好的法律基础，将为法律工作者提高法律服务水平创造良好的法律条件。地方立法的公众参与，地方立法对公众利益诉求的满足，将使制定的地方性法规、规章更易为公众所接受和遵循。可见，研究地方立法学有助于提高地方立法的实效。

（三）研究地方立法学有助于法学研究的繁荣

自法学从其他学科中分化出来开始，法学就处于不断自我完善之中。在法学发展过程中，随着已有法律部门的不断完善、新兴法律部门的相继出现，研究各部门法的法学各分支学科逐渐发展，并极大丰富和完善了法学体系。然而，对于各法律部门的各种法律规范所产生的立法活动本身还缺乏理论研究。① 尤其是对地方立法的理论研究更是缺乏。在实现地方法治的历史进程中，地方立法本身的合法性是一个地方、一个区域法治建设的重要内容和基

---

① 参见徐向华主编：《立法学教程》，上海交通大学出版社 2011 年版，第 12 页。

本前提。地方立法学的产生，使得所有的地方法律现象，从地方性法规、规章的制定到地方性法规、规章实施的全过程，再到地方性法规、规章实施的反馈和地方性法规、规章的完善，全部进入了科学研究的范畴，使其受到理论的审视、检验和指导，丰富和拓展了地方立法学研究的深度和广度。同时，对地方立法学的研究也使法学体系更加丰富、严谨，更能与社会实践实现良好的互动，促进整个法学研究的繁荣。

二、地方立法学的研究方法

“工欲至其善，必先利其器。”在最一般的意义上，方法就是人们为了解决某种问题而采取的特定的活动方式。对于科学研究而言，用于研究的方法本身是否科学和正确，是决定研究活动成功与失败的关键因素。[①] 地方立法学研究方法的内容可以分为三个基本层次：第一，唯物辩证法是地方立法学总的方法论。马克思主义唯物辩证法的产生使一切社会科学研究获得了科学的世界观和方法论的指导，地方立法学研究也必须置于唯物辩证法的指导之下。第二，地方立法学的基本研究方法论。地方立法学涉及政治、经济、社会等众多领域。在以法学研究方法论为基础的前提下，政治学研究方法论、经济学研究方法论、管理学研究方法论、社会学研究方法论等都可能在地方立法学研究中得以运用。第三，地方立法学的一般方法论。其包括价值分析的方法、历史考察的方法、比较的方法、经济分析的方法、利益分析的方法，等等。地方立法学研究不是仅仅固守或偏爱特定的一种研究方法，而是在唯物辩证法指导下，综合运用法学研究方法、政治学研究方法、经济学研究方法、管理学研究方法、社会学研究方法等多学科研究方法。鉴于唯物辩证法、地方立法学的基本研究方法论在其他学科中都有较为详细的介绍，我们只就地方立法学的一般方法论中的主要内容作简单介绍。

（一）利益分析法

任何组织和个人都存在利益诉求。利益分析法就是探寻各利益主体的利益诉求是什么以及实现该利益诉求的路径是什么。地方立法是一种利益博弈的过程，地方立法的结果也是利益衡平的结果，利益是揭示地方立法博弈活动发生的深层次原因。利益分析法是研究地方立法的一个重要方法，通过分析地方立法过程中利益协调的典型案例，结合已有的资料分析其相应的时代背景，运用归纳推理总结出各种地方立法利益博弈的特点，提炼出一些可供参考的地方立法利益博弈模式，建立有利于促进社会合作和公共利益的利益博弈机制，从而提高地方立法质量，增强地方立法实效。

（二）价值分析方法

法律并非随意的陈述，它通常受立法目的、正义或合目的性的指引，并最终以价值评价为基础。价值问题是法律的第一层次的问题，因此所有的立法活动都是一种进行价值选择的活动，需要在应然层面上探求和选择法律的价值取向，并在政治、哲学、价值衡量和伦理上予以证成。“当立法者为人们确定权利义务的界限时，事实上就是力图通过保护、奖励和制裁等法律手段来肯定、支持或反对一定的行为，从而使社会处于一种在立法者看来是正当或

① 参见徐向华主编：《立法学教程》，上海交通大学出版社 2011 年版，第 13 页。

理想的状态。因此，立法者要制定与社会特定历史条件相适应的正当的法律，首要任务是要解决立法的价值选择问题。”① 地方立法学的价值分析方法，就是以人民利益为基准，以人民所迫切需要的安全、秩序、公平、正义、自由、和谐等价值为准则，分析地方立法的形成、过程、结果和发展，对之进行价值判断，对各种地方立法活动进行评判和衡量，促进地方立法的科学化、民主化。

（三）功能分析方法

功能问题是法律需要解决的第二个层次的问题。究其实质，就是要树立规范的法政策目标。法政策目标是法律需要达到的政治上、经济上或是社会上的中观层次的目的，其与一国现实的执政方针和社会现实关系密切，是难以超越的。任何立法在功能上都要服从和服务于当时的法政策目标。比如当前的法政策目标就是：全面推进依法治国，健全由拥有立法权的人大主导立法工作的体制机制，发挥人大及其常委会在立法工作中的主导作用；加强和改进政府立法制度建设，完善行政法规、规章制定程序，完善公众参与政府立法机制；明确立法权力边界，从体制机制和工作程序上有效防止部门利益和地方保护主义法律化；深入推进科学立法、民主立法以及加强重点领域立法。因此，有关地方立法问题的研究就必须反映和回应这一现实，研究的目标也就界定为：立足于全面推进依法治国，完善立法体制，深入推进科学立法、民主立法，推动重点领域立法中相关地方立法问题的有效解决。

（四）规范分析、社会分析与实证分析相结合

规范分析方法注重的是对规范意义上的文本分析，包括对地方性法规、规章、政策等进行分析。这同时也是一种符号学意义上的分析问题方法，立足于规范文本，阐释其预期的和实然的意义，提炼出问题。社会分析方法是将法律规范作为一个社会事实来研究，通过地方性法规、规章来研究社会，也通过社会来研究地方性法规、规章。其关心的是地方性法规、规章在社会中实际运作是怎样的，实际功效又是怎样的。规范分析方法分析地方性法规、规章本身的应然意义，社会分析方法诠释其在社会实效中所产生的实然意义，两种研究方法的结合能够使我们同时关注地方立法的预期意义与其社会实效的距离并提供解释，并在此基础上厘清各种地方性法规、规章在制度设计和实效层次上的冲突之处。例如，同一层次的不同地方性法规之间、地方性法规与规章之间、地方政府规章与部门规章之间，在立法追求和社会实效上势必有诸多不协调之处，对这些不协调之处进行分析和考量也是规范分析所需面对和解决的问题。由此可见，规范分析方法与社会分析方法相结合对地方立法研究意义重大。实证分析方法是立足于地方实情，综合运用案（事）例剖析、谈话、问卷、个案研究、测验等科学方式，对地方立法现象进行有计划的、周密的和系统的了解，并对调查搜集到的大量资料进行分析、综合、比较、归纳，从而形成地方立法的规律性的知识。这不仅能够增强对地方立法研究主题的感性维度，而且能够为规范分析方法、社会分析方法提供实证的材料，从而使地方立法研究具有更强的现实针对性。

（五）比较研究与历史研究相结合

俗话说：“不怕不识货，只怕货比货。”日常生活中，我们常常借助于与其他事物的比

---

① 参见徐向华主编：《立法学教程》，上海交通大学出版社 2011 年版，第 14 页。

较来认识某一事物。因为只有比较，才有鉴别；只有鉴别，才有认识。比较是认识事物本质的最基本的，也是最重要的方法之一。比较研究方法是在进行问题分析和规范设计时经常采用的研究方法。地方立法学中对地方立法现象的比较研究，主要侧重于对不同国家以及一国内不同地区之间不同地方立法体制、地方立法文化、地方立法技术等进行横向比较，研究不同地方立法机关在相同制度处理上的差异性，并以功能主义为视角，借鉴和吸收先进的地方立法经验，为我所用，完善本地的地方立法制度。历史分析作为解释论的一种，注重的是对历史上存在的制度规则流变的考察，其目的在于提升对现实问题的解释力和为将来的制度建构提供更合理的正当性论证。萨维尼曾经说过："法学家必当具备两种不可或缺之素养，此即历史素养，以确凿把握每一时代与每一法律形式的特征；系统眼光，在与事务整体的紧密联系与合作中，即是说，仅在其真实而自然的关系中，省察每一概念和规则。"[①] 在此意义上，拉伦兹把法学定义为"以某个特定的，在历史中逐渐形成的法秩序为基础及界限，借以探求法律问题之答案的学问"[②]。任何地方立法活动都是在特定历史背景下进行的，因此，研究地方立法活动必须关注其特定的历史背景，要用历史的眼光去看待、分析地方立法活动。考察某个地方立法现象时，应当注意分析其在历史上是如何产生的、如何发展的，并根据其发展去考察这一地方立法现象现在的状态。进行这种历史考察有助于我们从总体上把握地方立法与经济、政治、文化相互作用的历史脉络，有助于继承和发扬历史的优秀传统，并从中获得许多经验教训。同时，我们应该看到，不同地区地方立法的成功并非一蹴而就，而是存在一个历史发展过程。因此，在地方立法研究中只有将历史分析方法与比较研究方法相结合，才能更客观、更全面地了解不同地区地方立法的成功经验，从而为地方立法学理论发展和制度完善提供诸多有益的借鉴。

思考题：

1. 地方立法学的研究对象是什么？
2. 地方立法学的研究范围包括哪些内容？
3. 地方立法学体系由哪些要素构成？
4. 地方立法学的研究意义是什么？

---

① 苏力：《送法下乡——中国基层司法制度研究》，中国政法大学出版社 2000 年版，第 37 页。

② ［德］卡尔·拉伦兹：《法学方法论》，陈爱娥译，五南图书出版公司 1996 年版，第 1 页。

第一章　地方立法概述

第一节　地方立法的概念与特征

一、立法的概念

（一）立法的法理界定

现代汉语中，“立法”一词是个多义词，基本上包括两种含义：[①] 一是指静态意义上的规范性文件。在这个意义上它与“法”“法律”同义，特指总体的制定法、成文法，或者是某一部门法，如“民事立法”“行政立法”“刑事立法”等。二是指动态意义上的规范性文件形成过程，即法的创制活动。例如《立法法》第2条规定：“法律、行政法规、地方性法规、自治条例和单行条例的制定、修改和废止，适用本法。国务院部门规章和地方政府规章的制定、修改和废止，依照本法的有关规定执行。”在法学界，人们对“立法”的界定不仅不同历史时期、不同国家的学者有着不同的表述，就是同一历史时期、同一国家的学者也会因其理论视角不同而作出纷呈各异的解说。其中，有三种代表性的观点。第一，宪定机构说，即立法是指按照一定正式程序，以书面形式，由宪定的某种政府机构制定成文法的过程。[②] 第二，国家机关立法主体说，即强调行使立法权的主体为国家机关。此说又依据有权立法的国家机关的不同和所制定的规范性法律文件的不同分为三种学说：一是广义说，即立法是指一切国家机关，包括从中央到地方的各级国家代议机关和行政机关以及被授权的国家机关，依照法定权限和法定程序制定、修改或废止各种规范性法律文件的活动。二是折中说，即立法是指各级国家代议机关依照法定的权限和程序，制定、修改或废止法律、法规和从属于法律、法规的规范性法律文件的活动。三是狭义说，即立法专指国家最高代议机关和它的常设机构，依照法定的权限和程序，制定、修改或废止“法律”这种特定的规范性法律文件的活动。[③] 第三，组织（或个人）立法主体说，即认为行使立法权的主体为组织，主要是国家机关，或个人。此说依据立法内容所反映的意志又具体分为两种学说：一是统治阶级（或国家）意志说，即立法是享有立法权的国家机关或个人根据统治阶级的意志而进行的制定、认可、修改或废止具有法律效力的行为规范的活动。二是政权意志说，即立法是以政权的名义，由有权立法者（具有特定职能的机关或个人）为体现执政阶级的整体意志所进行的制定、修改或废止具有普遍性、明确性的规范性法律条文或文件的活动[④]，等等。借鉴这些概念界定的合理内容，结合我国立法实际，我们认为：立法是指特定国家机关依据法定职权和程序，制定、认可、修改、废止或清理各种规范性法律文件的决策过程和活动。这一界定揭示了立法的四大本质特征。

---

① 参见邓世豹主编：《立法学：原理与技术》，中山大学出版社2016年版，第4～5页。

② 参见 Bryan A. Garner ed. Black’s Law Dictionary, Seventh Edition, West Group: St. Poul. Minn. 1999.

③④ 参见徐向华主编：《立法学教程》（第二版），北京大学出版社2017年版，第24页。

1. 立法是一个决策过程。“所谓决策，是指主体依据其对客观需要和其代表的利益得失的判断，及对满足这种需要与利益所必须而可能采取的策略和手段的权衡，作出对策性的决定。”[①] 在立法所涉及的各个环节中，从立法计划的确定、立法草案的提出到立法文本的最终通过，以及法律清理等整个立法过程中，立法者都面临着“对客观需要和其代表的利益得失的判断”，面临着“满足这种需要与利益所必须而可能采取的策略和手段的权衡”，对各种方案进行分析、比较、研究、甄别、取舍，立法最终文本就是这一决策过程的集中反映和成果表达。

2. 立法是特定国家机关的决策过程。这包括两层含义：一是立法是国家机关的决策过程，是国家权力的运用。没有经过国家机关的特别授权，任何非国家机关和个人，都不得进行立法。二是立法是特定国家机关的决策过程。也就是说，立法是只有依据宪法和法律享有立法权的国家机关才能进行的决策过程。即使是国家机关，如果没有宪法和法律授权，也不能从事立法。

3. 立法是制定、认可、修改、废止或清理各种规范性法律文件的活动。法的制定，是指特定国家机关直接创制具有普遍约束力的规范性法律文件的活动，是立法最基本的方式。法的认可，是指特定国家机关依照法定职权、法定程序，对习惯（法）的法律效力进行肯定，赋予习惯（法）以法律地位的活动。法的修改，是指特定国家机关依照法定职权、法定程序，对规范性法律文件内容予以调整的活动。法的废止，是指特定国家机关依照法定职权、法定程序，否定现行规范性法律文件法律效力和法律地位的活动。法的清理，是指特定国家机关依照法定职权、法定程序，对一定时期和范围内的现行规范性法律文件集中审查、整理、废止、修改的活动。无论是制定、认可、修改、废止，还是清理，都是具有一定技术性的活动，而且随着立法学的发展，立法技术更是受到立法者和法学家的重视，立法活动的结果一般都是形成或者废止规范性法律文件。

4. 立法是特定国家机关依照法定职权和程序进行的活动。这包括两层含义：一是立法是特定国家机关的职权活动。这就意味着特定国家机关必须在自己的法定权限内、按照法定形式对法定事项进行立法。二是立法是特定国家机关依照法定程序所进行的活动。不同国家的立法程序有所不同，但都是由宪法和法律设定的。立法活动必须按照宪法和法律设定的程序进行。法定程序不仅包括对立法活动本身的规定，也包括对立法技术的规定。

（二）立法与相关概念的关系

在立法理论研究与实践中，我们常常会接触到“法的创制”“法的制定”“法的制订”和“法的拟定”等概念。为进一步理解“立法”的内涵，我们有必要厘清“立法”与“法的创制”“法的制定”“法的制订”“法的拟定”等概念之间的关系：[②]（1）立法和法的创制。立法和法的创制之间存在一致性，都是指国家旨在创立和变更法的活动和过程，有别于作为名词形式的“立法”（即法律）；但是法的创制的含义更广，不仅像立法一样包含创立和变更法的整个过程，也包含同这一过程相关联的各种事物或现象，还比立法更多强调理论的东西，因此常被用于法理学著述，以阐明立法的现实需要和社会价值诉求。（2）立法与法的制定。在制定法中，法的制定在两个不同层面上使用，一是将它与立法概念的外延等

---

① 参见郭道晖主编：《当代中国立法》（上），中国民主法制出版社 1998 年版，第 197 页。

② 以下内容参见邓世豹主编：《立法学：原理与技术》，中山大学出版社 2016 年版，第 4 ~ 5 页。

同，涉及制定、认可新法和修改、补充、废止既有法等立法的全部表现形式，如《立法法》第 65 条第 1 款规定："国务院根据宪法和法律，制定行政法规"。这里的"制定"即包括制定、认可新行政法规和修改、补充、废止既有行政法规等立法的全部表现形式。二是指特定的主体制定新法的活动，同认可、修改、补充和废止相对应，为立法的主要表现形式，如《立法法》第 7 条第 2、3 款规定："全国人民代表大会制定和修改刑事、民事、国家机构的和其他的基本法律。全国人民代表大会常务委员会制定和修改除应当由全国人民代表大会制定的法律以外的其他法律；在全国人民代表大会闭会期间，对全国人民代表大会制定的法律进行部分补充和修改，但是不得同该法律的基本原则相抵触"。(3) 立法与法的制订。法的制订是指一定的主体，依据一定职权或有权主体的授权，按照一定的原则、程序和要求，以拟定法案或对有关方面拟定的法案加以审议、修改、抉择和认可为基本内容，所进行的一种立法活动，它属于立法准备阶段的重要工作，显然，立法涵盖法的制订概念。(4) 立法与法的拟定。法的拟定是指一定的主体，依据一定职权或有权主体的授权，按照一定的原则、程序和要求，所进行的草拟、订立法案（议案和草案）的活动，显然，它属于法的制订的前置程序，不涉及对有关法案的审议、修改、抉择和认可活动。例如《全国人民代表大会议事规则》第 24 条第 4 款规定："全国人民代表大会决定成立的特定的法律起草委员会拟定并提出的法律案的审议程序和表决办法，另行规定。"

二、地方立法的概念

关于地方立法的含义，宪法和法律没有统一的界定，法学界对地方立法的定义不一，代表性的定义有以下几种：(1) 地方代议机关说，即认为只有地方代议机关（地方国家权力机关）才能行使地方立法权。例如，有学者认为，"地方立法，是指地方国家权力机关依据宪法、法律的权限，根据本行政区的具体情况和实际需要，依据一定程序，运用一定技术，制定、认可、修改、补充和废止具有普遍性、明确性、肯定性的并以国家司法机关或地方行政执法机关保证实施的规范性文件的活动"。① 这种观点的理论逻辑是，根据西方三权分立理论，立法权（包括地方立法）只能专属于权力机关，任何其他国家机关制定的规范不能叫作法律。这种认识不仅不符合我国地方立法的现实，也不符合西方国家现代地方立法的现状，是基于西方传统三权分立理论纯粹主观抽象而成，不具有现实针对性。(2) 中国现状描述说，即根据中国有关地方立法的法律规定作出描述。例如，有学者认为，地方立法，"是省、自治区、直辖市（包括省、自治区人民政府所在地的市和经国务院批准的较大的市）人民代表大会（包括县以上民族自治地方人民代表大会）及其常委会、人民政府依据《宪法》《地方各级人民代表大会和地方各级人民政府组织法》所赋予的立法权，按照法定程序制定、修改、废止在其辖区内具有法律约束力的地方性法规、地方政府规章、民族自治条例和单行条例等立法活动的总称"。② 我们知道，不与实践中各种问题相交融的纯粹法学是空洞的。也就是说，不与地方立法实践相结合的地方立法界定是空洞的，但地方立法学既

① 王盛林主编：《地方立法概念》，山东人民出版社 1993 年版，第 19 页。

② 参见刘虎、张利凯：《地方立法涵义探析》，载山东省人大常委会法制工作室编：《地方立法研究》，山东人民出版社 1991 年版，第 39 页。

研究历史上的地方立法，也研究当今现实中的地方立法；既研究本国地方立法，也研究外国地方立法。因此，地方立法概念界定不仅是对古今中国地方立法实践的抽象概括，也是对古今外国地方立法实践的抽象概括。（3）行权过程中的地方立法说，即强调地方立法与相关权力行使的关系。例如，有学者认为，“地方立法，是指地方国家机关在行使监督权和行政管理权的过程中，制定地方性法规和地方政府规章的行为”。[①] 地方立法是一种权力的行使，但地方立法，尤其是地方代议机关（地方国家权力机关）制定地方性法规和地方政府规章的过程，并不是行使监督权和行政管理权的过程，而是为监督权和行政管理权的行使提供必要的法律前提和法律基础。（4）本行政区域说，即强调地方立法只在本行政区域内具有法律效力。例如，有学者认为，“所谓地方立法，是指特定的地方政权机关，依据一定职权和程序，运用一定技术，制定、认可、修改、补充和废止效力不超出本行政区域范围的规范性法律文件的活动”。[②]“地方立法是指特定的地方国家政权机关，依法制定和变动效力不超出本行政区域范围的规范性法律文件活动的总称”。[③] 一般而言，地方立法只在本行政区域内具有法律效力，并不具有跨行政区域的法律效力。但随着区域经济一体化的不断发展，区域立法已成为一种必然趋势，如为解决酉水河跨行政区域环境污染问题，湖南省湘西自治州人大常委会与湖北省恩施自治州人大常委会进行的跨区域协作立法就是这种趋势的一个萌芽。[④] 因此，我们对地方立法内涵的概括不能忽视地方立法的这种发展趋势。（5）保障说，强调地方立法的相关保障。例如，有学者认为，“地方立法，是指地方国家权力机关和地方国家行政机关依据宪法、法律规定的权限，制定和颁布在本行政区域内有普遍约束力的，由国家司法机关或地方行政执法机关保证实施的规范性文件的活动”。[⑤] 地方立法需要国家司法机关或地方行政执法机关保证实施，但国家司法机关或地方行政执法机关保证实施并不是地方立法取得预期实效的关键。恰恰相反，人们的自觉遵守和维护是地方立法取得预期实效的关键。过度强调国家司法机关或地方行政执法机关保证实施，会使地方立法走向极端。

在地方立法实践中，地方立法种类纷繁复杂，要从法理上给予地方立法以科学的界定，必须有整体考量的眼光。一方面，由于不与实践中各种问题相交融的纯粹法学是空洞的，因此，我们要深入到实践，细致入微地考察各国在具体法条和实践中纷繁复杂的地方立法；另一方面，由于没有理论指导的法律实践是盲目的，因此，我们需要超越法规范中地方立法的具体规定，从法理的高度尝试划定地方立法的边界、界定地方立法的内涵。同时，地方立法是立法的一种。对地方立法的界定应当建立在立法概念共同内涵的基础上，而不是离开立法概念的内涵进行重复界定。据此，我们认为，所谓地方立法是指特定的地方国家机关依法进行的立法活动。这一概念包含以下三层含义。

1. 地方立法是特定的地方国家机关进行的立法。也就是说，地方立法的主体是地方国家机关，而非中央国家机关。这里的地方国家机关，不是指所有的地方国家机关，而是仅指

---

① 参见张淑芳：《地方立法客体的选择条件及基本范畴研究》，载《法律科学》2015 年第 1 期。

② 参见周旺生：《立法论》，北京大学出版社 1994 年版，第 410 页。

③ 参见胡戎恩：《中国地方立法研究》，法律出版社 2018 年版，第 1 页。

④ 参见李娜：《跨区域协作立法为酉水河撑起“保护伞”》，载《人民之友》2017 年第 7 期。

⑤ 参见王飚主编：《实用立法技术》，中国法制出版社 1995 年版，第 8 页。

法定的地方国家机关，即依照宪法、法律的规定，有权行使地方立法权的地方国家机关，主要包括部分地方国家权力机关（议会或者代表机关）和部分地方行政机关（自治团体）。在我国，依照《宪法》和《立法法》等法律的规定，法定的地方国家机关主要有省、自治区、直辖市以及设区的市、自治州的人大及其常委会，民族自治地方的人大，省、自治区、直辖市以及设区的市的人民政府，特别行政区的立法机关等。

2. 地方立法是依法进行的立法。也就是说，地方立法是依照宪法、法律、法规和授权法规定的立法权限、立法程序等进行的立法。这主要包括两个方面：第一，地方立法是依照法定立法权限进行的立法。对于地方立法的权限，各国法律规定并不一致。但其共同点是"地方立法一般不能调整军事、外交等方面的事项，对于民事、刑事等基本法律、法规，很多国家的地方立法都不能制定"。[①] 在我国，依照《宪法》和《立法法》等法律的规定，在遵循法律保留原则的前提下，特定地方国家机关可以为执行法律、行政法规的规定进行执行性立法，也可以对属于地方性事务的事项进行职权立法，还可以在国家法律、行政法规缺位的情况下根据本地方的具体情况和实际需要进行先行性立法。经济特区所在地的省、市的人大及其常委会根据全国人大的授权决定进行授权立法。民族自治地方的人大可以依照当地民族的政治、经济和文化的特点进行自治立法。但设区的市的立法权限仅限于城乡建设与管理、环境保护、历史文化保护等方面的事项。地方政府规章没有法律、行政法规、地方性法规的依据，不得设定减损公民、法人和其他组织权利或者增加其义务的规范。第二，地方立法是依照法定立法程序进行的立法。"立法程序，是指具有立法权限的主体创制规范性法律文件所遵循的制度化的法定正当过程。"[②] "立法程序内容的设定，应当先于行为且由法律明确规定或者确认。程序先定（即）作为现代民主法治运作的基本程序规则，是形式法治的应有之义。这个原则运用在立法程序上，它要求属于立法程序的每一个阶段，都应当得到法律的确认和具体规范。"[③] 各国法律对立法程序制定的规定并不一致。在我国，依照《宪法》和《立法法》等法律的规定，地方性法规案、自治条例和单行条例案的提出、审议和表决程序，根据《地方各级人民代表大会和地方各级人民政府组织法》，参照《立法法》的规定，由本级人民代表大会规定。地方政府规章的制定程序，由国务院规定。

3. 地方立法是效力仅限于其管辖的地方行政区域内的立法。地方规范性法律文件的效力层级和适用范围，是与制定该地方规范性法律文件的地方国家机关的层级和所管辖的行政区域相对应的。特定地方国家机关制定的地方规范性法律文件只能在其管辖的行政区域内才具有法律效力，才能适用，超出其管辖的行政区域则没有法律效力，不能适用。

三、地方立法的特征

地方立法作为一种立法活动，毫无疑问具有立法的一般特征。但地方立法与对应的中央立法而言，有着不同于中央立法的本质特征。关于地方立法的专有特征，学界有不同的概

① 参见魏海军主编：《立法概述》，东北大学出版社 2013 年版，第 266 页。
② 参见邓世豹主编：《立法学：原理与技术》，中山大学出版社 2016 年版，第 147 页。
③ 参见阮荣祥等主编：《地方立法的理论与实践》（第二版），社会科学文献出版社 2011 年版，第 215 页。

括。唐孝葵认为，地方立法有三个特征：从属性、相对独立性、法律效力的区域性。[①] 王盛林认为，地方立法有五个特征：从属性、自主性、多层次性、区域性、具体操作性。[②] 周旺生认为，地方立法有三个特征：地方性、更具复杂性、从属与自主双重性。[③] 许俊伦认为，地方立法有四个特征：地方立法的依法性与自主性、地方立法的区域性与区域冲突性、地方立法的针对性与实施性、地方立法的及时性与先行性。[④] 李步云、汪永清认为，地方立法有四个特征：地方性、授权性、多样性、受监督性。[⑤] 曾粤兴认为，地方立法有三个特征：地方性、从属性、自主性。[⑥] 魏海军等认为，地方立法有五个特征：地方性、从属性、自主性、尝试性、复杂性。[⑦] 上述观点都能从某一个方面概括出地方立法的某个方面的特征，具有合理性。根据我国地方立法实践，借鉴学界已有理论成果的合理内容，我们认为，地方立法具有以下三个共同特征。

1. 地方立法范围的有限性。与中央立法在宪法规制下没有范围的限制不同，地方立法的权限和范围是有限的。地方立法不能制定宪法、法律、国际条约等各种形式的法律，也不能就法律保留事项进行立法。例如日本地方议会立法，根据日本法律规定，地方议会在制定条例时，其内容必须在国会或内阁制定的法律、决议和政令所允许的范围内，否则一律无效。这些条例不能涉及司法或其他国家规定的事务，而且条例的制定、修改和废止都必须报告内阁自治大臣。[⑧] 又如，我国《立法法》第 8 条规定："下列事项只能制定法律：（一）国家主权的事项；（二）各级人民代表大会、人民政府、人民法院和人民检察院的产生、组织和职权；（三）民族区域自治制度、特别行政区制度、基层群众自治制度；（四）犯罪和刑罚；（五）对公民政治权利的剥夺、限制人身自由的强制措施和处罚；（六）税种的设立、税率的确定和税收征收管理等税收基本制度；（七）对非国有财产的征收、征用；（八）民事基本制度；（九）基本经济制度以及财政、海关、金融和外贸的基本制度；（十）诉讼和仲裁制度；（十一）必须由全国人民代表大会及其常务委员会制定法律的其他事项。"因此，在我国，地方立法范围的有限性，意味着中央立法具有保留权力，地方立法不得选择；中央立法具有专属权力，地方立法不得选择；中央立法已有规定的，地方立法不得选择；中央立法正在酝酿中的，地方立法不得选择；中央立法有禁止规定的，地方立法不得选择。地方立法范围的有限性还意味着地方立法范围只限于中央立法留有空隙而属于次级性的事务，中央立法留有空隙而属于行政性的事务，中央立法留有空隙而属于区域性的事务，中央立法留有空隙而属于具体性的事务，中央立法留有空隙而属于实施性的事务。[⑨] 当然，地方立法范围的有限性，并不否定地方立法的试验性。相反，为中央立法提供探索性经验，是地方立法的重要功能。在我国这样一个幅员辽阔、人口众多、社会纷繁复杂的国家更是如此。但这种试验

---

① 参见唐孝葵等：《地方立法比较研究》，中国民主法制出版社 1992 年版，第 17 ~ 20 页。
② 参见王盛林主编：《地方立法概论》，山东人民出版社 1993 年版，第 125 ~ 149 页。
③ 参见周旺生：《立法论》，北京大学出版社 1994 年版，第 411 ~ 416 页。
④ 参见许俊伦：《地方立法论》，中国民主法制出版社 1997 年版，第 11 ~ 19 页。
⑤ 参见李步云、汪永清主编：《中国立法的基本理论和制度》，中国法制出版社 1998 年版，第 220 ~ 222 页。
⑥ 参见曾粤兴主编：《立法学》，清华大学出版社 2014 年版，第 147 页。
⑦ 参见魏海军主编：《立法概述》，东北大学出版社 2014 年版，第 310 ~ 312 页。
⑧ 参见尹中卿主编：《人大研究文萃》（第六卷：国外议会制度研究），中国法制出版社 2004 年版，第 310 页。
⑨ 参见张淑芳：《地方立法客体的选择条件及基本范畴研究》，载《法律科学》2015 年第 1 期。

性建立在有限性的基础上，不得违反地方立法的法定范围。例如我国《立法法》第73条第2款规定："除本法第八条规定的事项外，其他事项国家尚未制定法律或者行政法规的，省、自治区、直辖市和设区的市、自治州根据本地方的具体情况和实际需要，可以先制定地方性法规。在国家制定的法律或者行政法规生效后，地方性法规同法律或者行政法规相抵触的规定无效，制定机关应当及时予以修改或者废止。"因此，尝试性是地方立法的一个特征，但却是在遵循有限性的前提下的次要特征。同时，地方立法的有限性与地方立法的地方性是一个硬币的两个方面。因此，地方立法应当有鲜明的地方特色，应当从本地实际出发，解决地方问题，尤其是解决中央立法不能或不便解决的问题。也正是地方立法的地方特色才使得有限的地方立法的存在成为必要。

2. 地方立法的从属性。地方立法的从属性主要体现在两个方面：一是地方立法不能与中央立法相抵触或冲突。例如，我国《立法法》第72条规定："省、自治区、直辖市的人民代表大会及其常务委员会根据本行政区域的具体情况和实际需要，在不同宪法、法律、行政法规相抵触的前提下，可以制定地方性法规。设区的市的人民代表大会及其常务委员会根据本市的具体情况和实际需要，在不同宪法、法律、行政法规和本省、自治区的地方性法规相抵触的前提下，可以对城乡建设与管理、环境保护、历史文化保护等方面的事项制定地方性法规，法律对设区的市制定地方性法规的事项另有规定的，从其规定。设区的市的地方性法规须报省、自治区的人民代表大会常务委员会批准后施行。省、自治区的人民代表大会常务委员会对报请批准的地方性法规，应当对其合法性进行审查，同宪法、法律、行政法规和本省、自治区的地方性法规不抵触的，应当在四个月内予以批准"。二是地方立法的受监督性。在我国，不管是一般地方立法，还是民族自治地方立法、特别行政区立法或经济特区授权立法，尽管它们的权限各不相同，有的不得同国家法律、行政法规相抵触，有的是在遵循国家法律、行政法规的基本原则的前提下可以作适当变通，有的可以独立自主地进行立法，但它们都得受国家立法机关的监督。具体说，所有地方立法都得报全国人大常委会或国务院备案。全国人大及其常委会可以撤销同法律、行政法规相抵触的地方性法规，撤销同宪法规定和法律、行政法规基本原则相抵触的自治条例和单行条例，撤销不符合授权规定的授权立法，可以将同特别行政区基本法相抵触的特别行政区法律发回。此外，国务院可以撤销不适当的地方政府规章。① 然而，地方立法的从属性并不否定地方立法的自主性。相反，地方立法的从属性包含着自主性，即地方立法是在不与中央立法相抵触或冲突的前提下自主立法。因此，认清地方立法的从属性必须防止认识上的两种片面性：② 其一，只看到或者过分强调地方立法对中央立法从属的一面，把地方立法当作单纯是为执行、补充中央立法和为中央立法积累经验这样的目的存在的，这样一来在地方立法权具体行使时必将视野狭窄、认识保守，缺乏地方立法应有的主动性、积极性，可能会出现地方立法不作为，或者虽然进行地方立法，但纯粹是为了应付了事，照抄照搬中央或者其他地方的立法；其二，过于强调地方的特殊性，过于张扬地方立法的自主性，把地方立法看作自己本地方或者本地方某机关部门的行为，如此一来，必将陷入偏狭的地方主义泥坑，致使所颁行的地方立法不合法、不合宪。

---

① 参见石佑启、朱最新主编：《地方立法学》，广东教育出版社2015年版，第20页。

② 参见张显伟等：《地方立法科学化实践的思考》，法律出版社2017年版，第17页。

3. 地方立法的多层次性。地方立法往往是多层次的，如意大利的省、县、乡都有立法权。日本的都、道、府、县和市、町村两级均设立了行使地方立法权的议会。[①] 在我国，地方立法的多层次性包括以下几层含义：[②] 一是指地方立法机关的多样性，既有省、自治区、直辖市的地方立法机关，又有设区的市或自治州的地方立法机关；既有一般地方的地方立法机关，也有民族自治地方的自治立法机关，还有特别行政区的立法会；既有一般的地方权力机关，也有地方行政机关。二是指地方立法权来源的多样性，既有根据宪法规定享有的地方立法权，又有根据特别行政区基本法规定享有的地方立法权，还有根据专门授权享有的地方立法权。三是指地方立法形式多样，既有地方性法规，又有自治条例和单行条例；既有特别行政区法律和根据法律授权制定的地方性法规，又有地方政府制定的政府规章。四是指地方立法内容的多样性，既有实施性地方立法，又有自主性地方立法；既有变通性地方立法，又有先行性地方立法。五是指法系的多样性，既有大陆法系的地方立法（即澳门特别行政区立法），又有普通法系的地方立法（即香港特别行政区立法）。六是指地方立法的性质的多样性，既有社会主义性质的地方立法，如内地的地方立法，也有资本主义性质的地方立法，如港澳特别行政区的立法。

第二节 地方立法的地位与功能

一、地方立法的地位

一国地方立法的地位如何，从客观上来说，取决于该国各种有关国情因素的综合作用；从主观上来说，与执政者是否懂得并按照这种综合作用来设定地方立法的地位紧密相连。而其直接标志，在现代国家，则是该国宪法或宪法性法律对地方立法地位的确定，以及事实上地方立法处于何种地位。[③] 中国地方立法在国家立法体制中的地位，由中国地方立法的法定地位、实践地位、国情地位所合成，并与执政者的认识水平相关。[④] 我国现行的立法体制是“一元、两级、多层次”的立法体制。“一元”，是指在全国范围内只存在一个统一的、一体化的立法体系；“两级”，是指我国立法体制分为中央立法和地方立法两个等级；“多层次”，是指中央立法和地方立法内部可以分成若干层次和类别。随着中国立法体制的逐步建成和完善，地方立法作为与中央立法相伴的一级立法，在中国特色社会主义立法体制中占有十分重要的地位。

（一）中国地方立法的法定地位

当代中国地方立法的法律地位经历了数次变故。1949 年颁布的《中国人民政治协商会议共同纲领》第 17 条规定：“废除国民党反动政府一切压迫人民的法律、法令和司法制度，制定保护人民的法律、法令，建立人民司法制度。”根据《中国人民政治协商会议共同纲领》，大行政区的人民政府，省人民政府，直辖市、大行政区辖市和省辖市人民政府，县人

① 参见尹中卿主编：《人大研究文萃》（第六卷：国外议会制度研究），中国法制出版社 2004 年版，第 310 页。

② 参见石佑启、朱最新主编：《地方立法学》，广东教育出版社 2015 年版，第 20 页。

③ 参见胡戎恩：《中国地方立法研究》，法律出版社 2018 年版，第 9 页。

④ 参见周旺生：《论中国地方立法的地位》，载《政治与法律》1994 年第 5 期。

民政府以及民族自治地方的自治机关依法享有地方立法权。1954 年《宪法》第 22 条规定："全国人民代表大会是行使国家立法权的唯一机关。"第 27 条、第 31 条规定，全国人大有权修改宪法和制定法律，全国人大常委会有权解释法律和制定法令。在宪法上，地方立法的地位基本被否定。1979 年《地方各级人民代表大会和地方各级人民政府组织法》、1982 年《宪法》恢复了对地方立法的规定。1979 年《地方各级人民代表大会和地方各级人民政府组织法》第 6 条规定："省、自治区、直辖市的人民代表大会根据本行政区域的具体情况和实际需要，在和国家宪法、法律、政策、法令、政令不抵触的前提下，可以制订和颁布地方性法规，并报全国人民代表大会常务委员会和国务院备案。"1982 年《宪法》第 100 条规定："省、直辖市的人民代表大会和它们的常务委员会，在不同宪法、法律、行政法规相抵触的前提下，可以制定地方性法规，报全国人民代表大会常务委员会备案。设区的市的人民代表大会和它们的常务委员会，在不同宪法、法律、行政法规和本省、自治区的地方性法规相抵触的前提下，可以依照法律规定制定地方性法规，报本省、自治区人民代表大会常务委员会批准后施行。"第 116 条规定："民族自治地方的人民代表大会有权依照当地民族的政治、经济和文化的特点，制定自治条例和单行条例。自治区的自治条例和单行条例，报全国人民代表大会常务委员会批准后生效。自治州、自治县的自治条例和单行条例，报省或者自治区的人民代表大会常务委员会批准后生效，并报全国人民代表大会常务委员会备案。"同时，第 31 条规定："国家在必要时得设立特别行政区。在特别行政区内实行的制度按照具体情况由全国人民代表大会以法律规定"。港澳基本法据此对特别行政区立法作出了规定。《立法法》对此也作了类似的规定。这些规定，以国家根本大法或基本法律的形式，确定了地方立法在现行中国立法体制中具有合法地位。同时，明确了地方立法地位低于中央立法。地方立法既有合法性，又低于中央立法，这就是现行中国地方立法的法定地位。

（二）中国地方立法的实践地位

地方立法实际上是否发挥作用和怎样发挥作用，是地方立法的实践地位。① 中华人民共和国成立初期，由于废除了国民党政府的伪法统，法制建设一片空白，百废待兴，加之全国政法、经济形势很不一致，为了迅速稳定局势，恢复和发展国民经济，单靠中央立法已经难以满足国家和社会生活的实际需要，因此，必须给予地方以一定的立法权来激活地方的积极性、主动性以发展地方经济，维持地方秩序。虽然当时的地方立法主体、立法程序与现在相比有很大的不同，制定的法律也比较粗糙，但是当时的地方立法不仅于社会经济发展起着关键的作用，还是不可缺少的立法形式。1954 年《宪法》实施后，地方立法整体上处于萎缩状态。除了民族自治地方仍保留地方立法权外，其他地方立法权被取消，地方立法积极性被严重扼杀。地方立法事实上几乎不起作用，也没有什么地位。1979 年《地方各级人民代表大会和地方各级人民政府组织法》、1982 年《宪法》恢复对地方立法规定以来，地方立法开始步入了正轨：（1）通过执行立法，贯彻执行国家法律、行政法规。我国是一个幅员辽阔、人口众多、政治经济社会文化发展极度不平衡的国家。面对此种情况，很多时候国家立法不可能制定得非常详细，只可能是原则性规定。这就需要地方立法进行细化、补充、完善，从

① 参见胡戎恩：《中国地方立法研究》，法律出版社 2018 年版，第 9 页。

而使中央立法落到实处。例如 2005 年国务院制定了《信访条例》，然而《信访条例》中的大部分内容难以落地。2013 年广东省人大常委会为贯彻中共十八届三中全会“要改革信访工作制度，实行网上受理信访制度，健全及时就地解决群众合理诉求机制，把涉法涉诉信访纳入法治轨道解决，建立涉法涉诉信访依法终结制度”的精神，制定了《广东省信访条例》，建立了诉访分离制度，完善了信访工作和涉法涉诉两个渠道和平台，从而实现依法规范源头预防、依法规范接访行为、依法规范信访秩序，创造性地贯彻执行了国务院《信访条例》。(2) 通过职权立法，有效解决地方性事务。地方性事务很难由中央立法来解决，基本上要靠地方立法来解决。例如，城市停车难、停车贵、停车乱问题是一个城市经济社会快速发展的民生议题。广州市人大常委会针对广州停车难、停车贵、停车乱的具体实际，制定了《广州停车场条例》，围绕住宅停车场、城市道路临时泊位、机械式立体停车设备等建立了一系列有特色、可操作的制度，有效地缓解了停车难、停车贵、停车乱问题。(3) 通过先行性立法，为中央立法提供经验。以信息公开立法为例，2002 年 11 月，广州市人民政府在全国率先出台了政府规章——《广州市政府信息公开规定》，在打造“阳光政府”上先行先试，迈出了关键的一步。随后，全国各地纷纷效仿广州进行政府信息公开地方立法。2004 年 3 月，国务院印发《全面推进依法行政实施纲要》，该纲要吸取了广州等地政府信息公开的成功经验，明确提出要推进政府信息公开。2007 年，国务院根据地方立法经验制定了《政府信息公开条例》。由此可见，地方立法在整个中国特色社会主义立法体制中是不可或缺的，是中国特色社会主义立法体制中重要的、有机的组成部分，在立法实践中占据着重要的地位，发挥着重要作用。

(三) 中国地方立法的国情地位

中国要不要有地方立法，从根本上说，由国情需要程度所决定。这主要取决于国情中具有稳定性、长久性的因素是否需要有地方立法存在。历史上，中国是世界上中央集权最长久、传统最深厚、影响最广泛的国家，是世界上重农抑商的历史最悠久、商品观念最薄弱因而权利与义务观念也最薄弱的国家，是幅员辽阔、民族和人口众多、各地区各民族的人口状况和经济文化发展很不平衡的国家，也是实行“一国两制”的国家。这些国情因素的综合作用，就是中国地方立法据以存在和发展且具有稳定性、长久性、客观性的原因。它们从根本上决定着中国地方立法在国家立法体制中应当占有不可或缺的位置。[①]

二、地方立法的功能

立法的功能是立法对人们的行为和社会关系所起的正面积极的影响和作用，分为立法的规范功能和社会功能。立法的规范功能包括规范指引功能、评价与预测功能、强制与教育功能。其中，最基本的是规范指引功能。[②] 立法的社会功能包括社会秩序功能、社会构建功能和社会调控功能。[③] 地方立法作为一种立法活动，自然也具有立法的这些规范功能和社会功能。但地方立法与中央立法相比较而言，又具有自身独特的价值和功能。

---

① 参见胡戎恩：《中国地方立法研究》，法律出版社 2018 年版，第 10 页；周旺生：《论中国地方立法的地位》，载《政治与法律》1994 年第 5 期。

② 参见邓世豹主编：《立法学：原理与技术》，中山大学出版社 2016 年版，第 66 ~ 69 页。

③ 参见侯淑雯主编：《新编立法学》，中国社会科学出版社 2010 年版，第 42 ~ 46 页。

（一）利益衡平功能

“虽然法律并不创造利益，但某种法律制度要达到既定的目的，就必须承认某些利益。法的主要任务就在于确认和衡平利益，并保障合法利益的实现。同时规定各种界限，在这些界限之内，上述各种利益将得到法律的承认，并通过法律规范使之有效。”① 因此，立法是一个利益表达、利益识别、利益选择与利益整合的交涉过程，利益衡平成为立法不可或缺的功能选择。相对于中央立法而言，地方立法处在社会主义法治建设的第一线，更接地气，与公众有着更直接的千丝万缕的联系，更贴近民众生活。社会学的研究表明，人们对某一事务的注意和关切程度同该事务与其私人利益的关联性密切相关。② 根据《立法法》的有关规定，地方立法的范围主要是地方性事务，这类事务与公众的切身利益联系较为紧密。因而，利益衡平更是地方立法不可或缺的功能。地方立法实践中，通过公民参与，“让社会各个利益集团中个别的和分散的意见、愿望和要求，运用自己的公共理性，在立法中得到体现，并在进一步的协商中作出适当的妥协，进而达成共识，从而使立法能最大程度实现各方权益的均衡，避免成为精英集团权力游戏和利益的交易场”；“通过一定范围内比较充分的公开辩论、对话和双向交流，广泛采纳民意，平衡各方利益，提升政府公共决策的民主基础，实现公共利益的最大化”。③

（二）规范内化功能

立法不仅要公正，而且要让公正以看得见的方式在立法过程中实现。当立法程序远离人们的时候，无论立法者做得如何公正，也不能令人信服。相对于中央立法而言，地方立法处在社会主义法治建设的第一线，更接地气，与公众有着更直接的千丝万缕的联系，更贴近民众生活。因而，地方立法公众参与更为普遍、更为方便、更直接。而公众对法律的认可程度与立法过程中公众参与的力度是成正比的。公众参与地方立法，能最大程度实现各方权益的均衡，使地方立法获得广泛的社会基础，使地方性法规、规章得到公众的广泛认同和拥护。地方性法规、规章一旦得到公众的支持和认同，就会产生“规范内化”效应。“法律的外在控制功能也就由一种外在于人的约束力量转化为行为者的‘自律’机制。”④ 当公众行为不符合已内化的规范时，其内心深处就会产生一种自责感。这种自我约束机制与地方性法规、规章的外在约束机制相结合，将大大降低违法行为发生的概率，也将大大降低执法成本，从而有效提升地方立法的实效。

（三）贯彻国家法律的功能

我国幅员辽阔，经济、社会、文化、历史、人文风情千差万别，中央立法不仅只能就全国共性的问题作出规范，即使是作出规范的事项，中央立法也无法把各种可能情况都涵盖进去，有的只能作出原则性、概括性的规定。为了使中央立法适应本地的具体情况，需要地方立法机关在维护国家法制统一的前提下，从本地实际情况出发，进行实施性立法，对中央立法进行补充、完善、细化和创新，增强其现实针对性和可操作性，保证宪法、法律、

① ［美］庞德：《法理学》（第三卷），廖德宇译，法律出版社 2007 年版，第 147 页。

② 参见冼庆彬主编：《和谐社会与人大工作》，广州出版社 2006 年版，第 184 页。

③④ 饶世权、饶艾：《地方立法公众参与的概念、主体与价值》，载《西北大学学报（哲学社会科学版）》2008 年第 1 期。

行政法规在本行政区域内得到有效实施。如果没有地方立法的这种作用，国家法律和行政法规的作用、实效就会层层递减，有些可能会成为空中楼阁，永难在实践中得以贯彻。为此，《立法法》第 73 条规定，地方性法规可以为执行法律、行政法规的规定，根据本行政区域的实际情况作具体规定。第 82 条规定，地方政府规章可以为执行法律、行政法规、地方性法规的规定需要制定规章。因而，确保国家法律的有效实施，既是形成和完善中国特色社会主义法律体系对地方立法的必然要求，也是地方立法的重要使命和不可或缺的功能。据初步统计，广东省人大及其常委会制定的现行有效的地方性法规中，约有 50% 以上属于实施性、配套性法规。[①] 这些法规的出台是地方立法确保国家法律有效实施功能的充分体现。

（四）试验功能

在立法存在中央与地方分权的国家，中央立法、地方立法都有着各自的调控范围。有的事项由中央管理，有的事项由地方解决，有的事项实行中央和地方共管。在我国，有的事项按理应当由中央管理或中央和地方共管，但由于各种因素影响，中央无法及时予以立法解决。在这种情况下，地方可以通过中央授权，或《立法法》规定的先行性立法权进行立法。例如广东省、上海市对自贸区事项的先行先试的立法实践。现实中，地方先行性立法主要有两种情况：一是中央尚无此类立法之需要，而地方急需，则地方先行立法；二是中央有此类立法的需要，但因各种原因要求地方先行立法。这些地方先行性立法具有试验功能。地方立法通过这种方式可以避免发生全局性的失误，减少社会试错成本，并“积累经验、等待时机、创造其他必要条件，为其后的中央立法或中央和地方共同立法做好准备”[②]。

（五）地方性功能

地方立法的地方性功能，[③] 也就是如何让地方立法在促进地方事业发展方面发挥更大作用。何为地方事业？所谓地方事业，通俗地讲，就是指地方的发展规划和利益诉求，是地方的关切所在。毋庸置疑，地方有地方的事业和追求，地方有地方的利益和关切。而地方立法的重要功能之一，就是要通过立法的途径实现地方的利益和追求，解决应当由地方自己解决且国家立法不可能解决的地方性问题。《宪法》第 3 条第 4 款规定：“中央和地方的国家机构职权的划分，遵循在中央的统一领导下，充分发挥地方的主动性、积极性的原则。”这里的地方主动性、积极性，大概就可以理解为追求地方利益的主动性、积极性，换言之也就是要考虑地方利益，放手让地方把地方性事务办好。依据这种理解，只要是地方性事务，只要不影响国家法制统一，地方立法机关都可以放手为之，通过立法途径，促进地方事业发展。这是地方立法的重要功能。地方立法中必须高度重视地方特色，是地方立法地方性功能的集中体现。当然，在实践中我们必须注意，确切区分什么是地方性事务、什么是国家事务并非易事，而且，即使是确定了一个区分标准，这个标准也会随着时间的变化而变化。

---

① 参见黄龙云主编：《广东地方立法实践与探索》，广东人民出版社 2015 年版，第 20 页。

② 胡戎恩：《中国地方立法研究》，法律出版社 2018 年版，第 11 页。

③ 以下内容参见沈桥林：《论地方立法的地方性功能》，载《江西行政学院学报》2011 年第 3 期。

第三节　地方立法的分类与效力等级

一、地方立法的分类

分类是指按照事物的一定特征分别归类，是按照不同特征划分事物，使表面上看起来无规律的事物呈现出规律性，从而帮助人们科学地认识事物。地方立法的分类是按照地方立法的不同特征划分，揭示地方立法的规律性，从而有助于人们科学认识地方立法。由于世界各国的人口、面积、经济、文化、民族、历史、政治状况存在巨大差异，立法体制也各不相同，有的国家实行中央一级立法体制，不设立地方立法，如欧洲的法国、匈牙利、罗马尼亚、阿尔巴尼亚、保加利亚，美洲的多米尼加、哥斯达黎加、格林纳达、古巴、海地、洪都拉斯、牙买加，非洲的阿尔及利亚、博茨瓦纳、布隆迪、刚果、加纳、多哥、冈比亚、喀麦隆、肯尼亚、利比亚，卢旺达、毛里求斯、马达加斯加、赞比亚，大洋洲的斐济、瑙鲁、西萨摩亚、新西兰等。同时，也有很多国家实行两级或三级立法体制，设立了地方立法。例如，欧洲的捷克和斯洛伐克、德国、奥地利、荷兰、南斯拉夫、爱尔兰、意大利、葡萄牙，美洲的加拿大、美国、墨西哥、委内瑞拉等，大洋洲的澳大利亚，非洲的尼日利亚，亚洲的印度、日本等国家。[①] 在实行地方立法的国家，从不同视角，地方立法可以分为不同种类。在此，我们仅对我国地方立法进行分类。

（一）地方国家权力机关立法和地方行政立法

按照地方立法的主体不同，我国地方立法可以划分为地方国家权力机关立法和地方行政立法两类。

1. 地方国家权力机关立法，即享有立法权的地方国家权力机关进行的立法活动。根据《宪法》《地方各级人民代表大会和地方各级人民政府组织法》（简称《地方组织法》）和《立法法》等法律的相关规定，省、自治区、直辖市的人民代表大会及其常务委员会根据本行政区域的具体情况和实际需要，在不同宪法、法律、行政法规相抵触的前提下，可以制定地方性法规。设区的市的人民代表大会及其常务委员会根据本市的具体情况和实际需要，在不同宪法、法律、行政法规和本省、自治区的地方性法规相抵触的前提下，可以对城乡建设与管理、环境保护、历史文化保护等方面的事项制定地方性法规，法律对设区的市制定地方性法规的事项另有规定的，从其规定。自治州的人民代表大会及其常务委员会可以依法行使设区的市制定地方性法规的职权。经济特区所在地的省、市的人民代表大会及其常务委员会根据全国人民代表大会的授权决定，制定法规，在经济特区范围内实施。民族自治地方的人民代表大会有权依照当地民族的政治、经济和文化的特点，制定自治条例和单行条例。自治区的自治条例和单行条例，报全国人民代表大会常务委员会批准后生效。自治州、自治县的自治条例和单行条例，报省、自治区、直辖市的人民代表大会常务委员会批准后生效。

2. 地方行政立法，也称地方政府立法，是指享有立法权的地方行政机关进行的立法活

---

① 参见黄蒙地：《国外地方立法概况》，载《人大研究》1993 年第 3 期。

动。根据《宪法》《地方组织法》和《立法法》等法律的相关规定，省、自治区、直辖市和设区的市、自治州的人民政府，可以根据法律、行政法规和本省、自治区、直辖市的地方性法规，制定规章。

（二）普通地方立法、民族地方立法、经济特区立法和特别行政区立法

按照我国宪法和法律规定的立法权限和立法内容的不同，地方立法可分为普通地方立法、民族地方立法、经济特区立法和特别行政区立法四种类型。

1. 普通地方立法，即普通行政区域内特定地方国家机关在不同宪法、法律和行政法规相抵触的前提下，结合当地具体情况和实际需要，制定地方性法规和规章的活动。普通地方立法包括：省级人民代表大会及其常务委员会制定地方性法规，以及同级人民政府制定地方政府规章的活动；设区的市的人民代表大会及其常务委员会制定地方性法规，以及同级人民政府制定地方政府规章的活动。

2. 民族地方立法，即民族自治地方的人民代表大会，行使民族自治权，制定自治条例和单行条例的活动。具体包括自治区、自治州、自治县的人民代表大会制定的自治条例和单行条例的活动。

3. 经济特区立法，即经济特区所在地的省、市的人民代表大会及其常务委员会以及同级人民政府[①]根据全国人民代表大会的授权决定制定有关经济特区的各项单行经济法规的活动。目前，经济特区立法主要有海南省人大及其常委会和深圳市、厦门市、珠海市、汕头市的人大及其常委会以及同级人民政府在经济特区行使“变通立法权”的地方立法。因而，经济特区立法包括经济特区人大立法和经济特区政府立法。

4. 特别行政区立法，即根据《宪法》第 31 条规定设立的特别行政区依照特别行政区基本法进行的地方立法。目前，特别行政区的地方立法主要有香港特别行政区立法和澳门特别行政区立法。

（三）执行性地方立法、职权性地方立法和先行性地方立法

按照地方立法的功能不同，地方立法可以分为执行性地方立法、职权性地方立法和先行性地方立法三类。

1. 执行性地方立法，即地方立法机关为了执行或实现特定法律、行政法规的规定，根据本行政区域的实际情况而进行的立法。执行性地方立法的表现形式的名称一般为“实施条例”“实施细则”“实施办法”。

2. 职权性地方立法，即地方立法机关根据宪法和组织法的规定，对其职权范围内的地方性事务，根据本行政区域的实际情况而进行的立法。

3. 先行性地方立法，即国家尚未制定法律或行政法规的事项，地方立法机关根据宪法、法律的规定，对法律保留事项以外的事项，根据本地方的具体情况和实际需要，先行进行的试验性立法。

（四）独立地方立法和需补充地方立法

按是否需要其他国家机关批准作为生效要件为标准，地方立法可以分为独立地方立法和

---

① 海南省是个例外，即在海南经济特区，全国人大只授权海南省人大及其常委会的经济特区立法权，但却没有授予海南省政府经济特区立法权。

需补充地方立法两类。

1. 独立地方立法，即不需要其他国家机关批准行为就能够生效的地方立法。例如，地方行政立法、省级人大及其常委会的立法、经济特区立法等。

2. 需补充地方立法，即需要其他国家机关批准才能生效的地方立法。例如，设区的市的人大及其常委会的立法、民族地方立法。

二、地方立法的效力等级

地方立法的效力等级，是指地方立法在一国法律体系中的纵向地位，是指在一国法律体系中，地方立法的结果——各种规范性法律文件在法律效力上的等级差别。地方立法的效力等级以法的渊源的多元性、效力的多层次性为前提，以地方制定的现行有效的各种规范性法律文件为研究对象。目前我国地方立法的内容包括“二类四区”，“二类”即地方国家权力机关立法和地方行政立法两个部分，“四区”即普通地方立法、民族地方立法、经济特区立法和特别行政区立法。其中，普通地方立法又包括省级地方立法和设区的市地方立法；民族地方立法又包括自治区地方立法、自治州地方立法和自治县地方立法。

（一）普通地方立法的效力等级

根据地方立法主体的地位和立法权的性质，普通地方立法的效力等级应当作如下划分：（1）普通地方立法与法律、行政法规的效力等级。根据《立法法》的相关规定，普通地方立法的效力要低于法律、行政法规。（2）地方国家权力机关立法的效力等级。根据《宪法》《地方组织法》和《立法法》的相关规定，设区的市地方国家权力机关立法不得抵触省、自治区、直辖市地方国家权力机关立法。因此，省、自治区、直辖市地方国家权力机关立法的效力要高于设区的市地方国家权力机关立法的效力。根据《宪法》规定，各级人大常委会是同级人大的常设机构，各级地方人民代表大会有权改变或者撤销它的常务委员会制定的和批准的不适当的地方性法规。因此，各级人大立法效力高于同级人大常委会立法。（3）地方政府立法的效力等级。根据《宪法》和《地方组织法》的规定，地方各级人民政府对上一级国家行政机关负责并报告工作，上级人民政府有权改变或者撤销下级人民政府的不适当的决定、命令，省、自治区的人民政府有权改变或者撤销下一级人民政府制定的不适当的规章。因而省、自治区、直辖市政府立法的效力要高于设区的市人民政府立法。（4）地方国家权力机关立法与地方政府立法的效力等级。根据《宪法》《地方组织法》和《立法法》的相关规定，地方各级人民政府对本级人民代表大会负责并报告工作，县级以上的地方各级人民代表大会及其常委会有权撤销本级人民政府的不适当的决定和命令，地方人民代表大会常务委员会有权撤销本级人民政府制定的不适当的规章。因此，地方国家权力机关制定的地方性法规的效力要高于同级人民政府制定的规章。

（二）民族地方立法的效力等级

根据地方立法主体的地位和立法权的性质，民族地方立法的效力等级应当作如下划分：（1）自治条例和单行条例与法律、行政法规的效力等级。《立法法》第 75 条第 2 款规定：“自治条例和单行条例可以依照当地民族的特点，对法律和行政法规的规定作出变通规定，但不得违背法律或者行政法规的基本原则，不得对宪法和民族区域自治法的规定以及其他有关法律、行政法规专门就民族自治地方所作的规定作出变通规定。”第 90 条规定：“自治条例和单行条例依法对法律、行政法规、地方性法规作变通规定的，在本自治地方适用自治条例和单行条例的规定。”据此，自治条例和单行条例与法律、行政法规的效力等级是：自治条例和单行条例的效力低于宪法和民族区域自治法的规定以及有关法律、行政法规专门就民族自治地方所作的规定；自治条例和单行条例的效力低于法律和行政法规中的基本原则；自治条例和单行条例的效力可高于法律和行政法规除基本原则以外的其他条款。（2）上下级人大制定的自治条例和单行条例中的“变通规定”之间的效力等级。我国民族自治地方分为自治区、自治州、自治县三级，因而民族地区各级人大制定的自治条例和单行条例也可分为自治区自治条例和单行条例、自治州自治条例和单行条例、自治县自治条例和单行条例。在不同级别的地方人大通过制定自治条例和单行条例来对法律和行政法规作出“变通规定”时，如何识别这些不同级别制定主体制定的“变通规定”之间的效力位阶关系呢？如果上级人大制定的自治条例中的“变通规定”和下级人大制定的单行条例中的“变通规定”以及上级人大制定的单行条例的“变通规定”和下级人大制定的自治条例的“变通规定”之间产生了冲突，则按照《立法法》第75条规定，应该按照“当地民族特点的变通规定优先适用”原则来进行识别，即低级别人大制定的“变通规定”优于高级别人大制定的“变通规定”。[①]（3）同级人大制定的自治条例中的“变通规定”和单行条例中的“变通规定”之间的效力等级。对此应该按《立法法》第95条中的“特别法优于一般法”原则来处理，即单行条例中的“变通规定”具有优先适用的效力。当然，如果二者的制定时间有先后，则按“新法优于旧法”原则来处理。[②]（4）自治条例和单行条例中“变通规定”与地方性法规的效力等级。《立法法》第90条规定：“自治条例和单行条例依法对法律、行政法规、地方性法规作变通规定的，在本自治地方适用自治条例和单行条例的规定。”据此，自治条例和单行条例中的“变通规定”在法律效力上应该优于地方性法规。（5）自治条例和单行条例中“变通规定”与规章的效力等级。《立法法》没有对二者的法律地位作出明确规定，但可以根据《立法法》第90条规定进行法理推论。第90条既然规定了自治条例和单行条例在对法律、行政法规作出“变通规定”后，在自治地方优先适用该自治条例和单行条例的规定，意味着这里的“变通规定”在该自治地方取得了优于法律和行政法规的效力位阶。而根据《立法法》规定，法律和行政法规又高于规章，则这里的“变通规定”在该自治地方的适用效力当然高于规章。[③]

（三）经济特区立法的效力等级

经济特区的地方立法有两种情况：一种是根据宪法和法律规定进行的职权立法，此种情况属于普通地方立法范畴，其法律效力前面已经论述，在此省略。另一种情况就是根据全国人大授权进行的授权立法，即经济特区立法。经济特区立法的效力等级如何，需具体问题具体分析：（1）经济特区立法与法律、行政法规、地方性法规之间的效力等级。《立法法》第90条第2款规定：“经济特区法规根据授权对法律、行政法规、地方性法规作变通规定的，在本经济特区适用经济特区法规的规定。”因此，在经济特区内，经济特区立法的效力高于法律、行政法规和地方性法规。（2）经济特区立法与政府规章之间的效力等级。根据《立

---

①②③ 参见韦志明：《论民族自治地方的“法律变通”的规范认识》，载《学术论坛》2014年第12期。

法法》的规定，规章有部委规章、省级政府规章和经济特区所在市政府规章三种。经济特区所在市政府是同级人大及其常委会的执行机关，由其产生，对其负责并报告工作。因此，经济特区立法中的人大立法要高于经济特区所在市政府规章。根据《立法法》第 90 条第 2 款规定，“经济特区法规根据授权对法律、行政法规、地方性法规作变通规定的，在本经济特区适用经济特区法规的规定”，在经济特区内经济特区立法的效力高于法律、行政法规和地方性法规。而法律、行政法规效力要高于部委规章，省级地方性法规效力要高于省级政府规章。

（四）特别行政区立法的效力等级

香港绝大部分的现行成文法，都是立法会在本地订立并载于《香港法例》中。香港很多法例都是根据获转授的权力而订立的，称为附属法例。例如，某条例可转授权力予行政长官会同行政会议（即行政长官经咨询行政会议的意见），就条例实施的细节订立规例。目前，中央立法没有对特别行政区立法的效力等级作出明确规定。然而，特别行政区立法是根据《宪法》第 31 条规定设立的特别行政区依照基本法进行的地方立法。因此，虽然特别行政区立法的成果形式称为“法律”，但其效力要低于宪法、基本法以及基本法附件三规定的中央立法。这从基本法的相关规定可以得到证明。例如《香港特别行政区基本法》第 17 条规定：“全国人民代表大会常务委员会在征询其所属的香港特别行政区基本法委员会后，如认为香港特别行政区立法机关制定的任何法律不符合本法关于中央管理的事务及中央和香港特别行政区的关系的条款，可将有关法律发回，但不作修改。经全国人民代表大会常务委员会发回的法律立即失效。”特别行政区立法与其他中央立法不具有在法律效力上的等级差别，与其他地方立法也不具有在法律效力上的等级差别。

［拓展阅读］

香港的法律制度

思考题：

1. 什么是地方立法？
2. 地方立法有哪些基本特征？
3. 地方立法有哪些功能？
4. 试从不同角度对地方立法进行分类，并说明分类的意义。
5. 试述地方立法的效力等级。

第二章　地方立法的历史发展

第一节　中华人民共和国成立以前的地方立法

一、清末的地方立法

基于“主独制于天下而无所制也”之政治定律，自秦朝确立封建专制主义以来的中国古代社会均遵循“大一统”政体，封建皇帝作为中央政权的代表垄断各项国家权力。作为一项重要的国家权力，立法权也未能由中央分配至地方。1840 年鸦片战争以后，西方殖民国家的坚船利炮打开了中国大门。在侵略者的炮火攻击和制度冲击之下，中国封建社会自我封闭的中央集权体制难以为继。为挽救风雨飘摇的封建统治，清政府实行“新政”，宣示“预备立宪”“仿行宪政”，两千年中央皇权立法一脉相承的状态也随之被打破，近现代意义上的中国地方立法于清末萌生。

（一）清末地方立法产生的条件

1. 民族资本主义的发展为清末地方立法的产生提供了经济条件

鸦片战争后，中国开始沦为半殖民地半封建社会，列强侵略使中国原有的自给自足的自然经济逐渐瓦解，再加上资本主义近代工业利润的刺激，部分官僚、地主和商人开始通过“官督商办”“官商合办”等形式投资工业，客观上促使了中国民族资本主义的萌芽。甲午战争后，中日签订《马关条约》，允许日本在通商口岸开设工厂，其他各国也援例进行，列强对中国的经济侵略由商品输出为主转为资本输出为主。为与外国企业相抗衡，清政府放宽了对民族资本主义的限制。此外，为扩大税源，偿还数额巨大的对外赔款，解决财政危机，清政府还采取了一系列扶持和促进民族资本主义的措施。多重因素之下，中国民族资本主义得到了较为迅速的发展。中国近代民族工业自 19 世纪六七十年代兴起后，至 19 世纪末 20 世纪初，有了较大的发展。据统计，中日甲午战争以前，中国民族资本近代企业共 100 多家，1895 年至 1913 年间，共新设厂矿 549 家，资本总额 12 000 多万元。[①] 中国民族资本主义的发展促使了社会阶级力量结构的变化，民族资产阶级的力量进一步强大。为维护自身经济利益，民族资产阶级参加政治活动的意愿也日益增强。对于民族资产阶级而言，通过仿照西方代议制，借助议会立法充分表达阶级意志，成为民族资产阶级巩固自身阶级利益的重要途径。可见，民族资本主义的发展为清末地方立法的产生提供了经济条件。

2. 地方自治思潮的萌发为清末地方立法的产生提供了思想条件

经过两次鸦片战争之后，清政府部分当权者和一些知识分子开始反思战败的原因。在反思过程中，这些当权者和知识分子承继了魏源在《海国图志》中主张“师夷长技以制夷”的救国思想，先后提出了“师夷长技以自强”和“师夷长技以自富”的口号，在 1861 年至

---

① 参见汪敬虞编：《中国近代工业史资料》（第二辑），科学出版社 1957 年版，第 654 页。

1894年间掀起了学习西方、救亡图存的洋务运动。随着洋务运动的爆发，不仅西方的科学技术、机器设备和军事装备开始进入中国，西方的政治制度也在中国得到了传播，地方自治制度开始进入国人的视野，并得到了诸多学者的推崇。比如严复认为，“夫所谓富强云者，质而言之，不外利民云尔。然政欲利民，必自民各能自利始；民各能自利，又必自皆得自由始；欲听其皆得自由，尤必自其各能自治始；反是且乱”。① 梁启超也认为，“民权之有无，不徒在议院参政也，而犹在地方自治”。② 地方自治思想的萌发，推动了地方立法观念和理论的形成，为清末地方立法的产生提供了思想条件。

3. 预备立宪的实施为清末地方立法的产生提供了制度条件

1904年至1905年间爆发的日俄战争，以小国日本战胜大国俄国而告终，日本由此跨入列强的行列。清政府朝廷上下认为日本是因立宪而胜，俄国则因专制而败。清政府开始放松对立宪言论的控制，立宪之议遍于朝野。而且，孙中山等资产阶级“革命派”联合反清团体组成的中国同盟会提出“驱除鞑虏，恢复中华，创立民国，平均地权”的十六字革命纲领，直接对清政府的统治造成了威胁。内外交困之下，清政府被迫于1906年9月1日宣布“预备立宪”。预备立宪宣示后，地方自治成为立宪运动的一个重要组成部分。1908年，清政府颁布《钦定宪法大纲》，定九年之后开国会，并颁布逐年应行筹备事宜，内容主要涉及实行地方自治等七个方面。1908年，宪政编查馆拟定的逐年筹备立宪清单，对地方自治的实施作出具体安排，规定地方自治的次序，先是城镇乡地方自治，然后是厅州县地方自治，将省级作为中央的一级地方行政机关，不作为地方自治机关对待。1908年，即实施地方自治的第一年，由民政部与宪政编查馆共同主办，颁布《城镇乡地方自治章程》；1909年，由资政院与各省督抚共同筹备城镇乡地方自治，设立自治研究所，颁布《厅州县地方自治章程》；1910年，由民政部、各省督抚共同续办城镇乡地方自治，并筹办厅州县自治；1911年，续办城镇乡地方自治，并开始办理厅州县自治；1912年，城镇乡地方自治初具规模；1913年，城镇乡地方自治一律成立，厅州县地方自治初具规模；1914年，厅州县地方自治一律成立。③ 可见，预备立宪的实施，拟定了清末地方自治的相关制度，为清末地方立法的产生提供了制度条件。

4. 谘议局的设立为清末地方立法的产生提供了组织条件

1907年10月，清政府发布《着各省速设谘议局谕》，认为“各省亦应有采取舆论之所，俾其指陈通省利弊，筹计地方治安，并为资政院储才之阶。著各省督抚均在省会速设谘议局，慎选公正明达官绅创办其事”。1908年7月，清政府颁布《各省谘议局章程》和《谘议局议员选举章程》，要求各省设立谘议局筹办处作为筹办机关，以一年为期筹办谘议局。④ 谘议局的职权主要有立法权、监督行政权、监督财政权和其他职权。时任东三省总督徐良与吉林巡抚陈昭常曾言，“今者谘议局将次成立，固已建设一省之立法机关”。⑤ 对此，有学者认

① 参见王栻主编：《严复集》（第一册），中华书局1986年版，第27页。

② 参见张品兴主编：《梁启超全集》（第二册），北京出版社1999年版，第979页。

③ 参见陈建平：《地方立法研究——民国初期四川地方立法的理论与实践》，知识产权出版社2016年版，第16～17页；田芳：《地方自治法律制度研究》，法律出版社2008年版，第271页。

④ 参见陈建平：《地方立法研究——民国初期四川地方立法的理论与实践》，知识产权出版社2016年版，第18页。

⑤ 梁彦：《清末的地方立法机关——谘议局及其立法初探》，载《法学研究》1988年第5期。

为，“谘议局的设立类似于资产阶级地方议会机关，是中国地方立法机关的最初萌芽，开创了我国地方立法先端”。[①] 因此，谘议局的设立，催生了专司地方立法的机构和人员，为清末地方立法的产生提供了组织条件。

（二）清末地方立法的特征

清末地方立法作为我国地方立法的起源，体现了进步性和局限性的特征。

1. 清末地方立法的进步性

第一，设立了专门的地方立法机关。清政府要求各省设立谘议局专门负责地方立法事务，不仅是清末地方立法得以产生的重要原因，也是清末地方立法进步性的重要体现。首先，谘议局的设立，规定了清末地方立法的权限，从而使中央立法权限和地方立法权限得以明确，进而使地方立法作为一种相对独立的立法形态从国家立法中区分出来。谘议局的立法权限主要包括议决本省税法及公债、议决本省担任义务之增加、议决本省单行章程规则之增删修改、议决本省权利之存废的权力等。[②] 而这也基本构成了清末地方立法的主要权限范围。其次，谘议局的设立也推动了地方立法人员遴选制度的形成，为清末地方立法人才储备起到了积极作用。根据《谘议局议员选举章程》规定，参选谘议局议员的选民资格为：[③]（1）曾在本省地方办理学务及其他公益事务满 3 年以上之有成效者；（2）曾在本国或外国中学堂或同等以上之学堂毕业得有文凭者；（3）有举贡生员以上之出身者；（4）曾任实缺职官文七品、武五品以上未被参革者；（5）在本省地方有 5 000 元以上之营业资本或不动产者；（6）具有上列条件之一，年满 25 岁之男子；（7）寄籍本省 10 年以上、年满 25 岁之男子，或寄居地方有 1 万元以上之营业资本或不动产者。作为候选的则必须年满 30 岁以上。但有下列情事之一的，不得作为选民或候选人：（1）品行悖谬，营私武断者（指宗旨歧邪，干犯名教及讼棍土豪而言）；（2）曾处监禁以上之刑者；（3）营业不正者；（4）失财产上之信用被人控告实未清结者；（5）吸食鸦片者；（6）有心疾者（指有疯狂痴呆等疾，精神已异常人者）；（7）身家不清白者（指娼优隶卒等贱业之人）；（8）不识文义者。可见，《谘议局议员选举章程》从积极条件和消极条件两个方面对议员选举资格作出了较为细致的规定，有助于保证地方立法人员的素质和水平，促进清末地方立法的发展。

第二，规定了相应的地方立法程序。各省谘议局成立后，先后制定了内部议事规则，对地方立法程序作出规定。各省谘议局制定的立法程序一般如下：[④]（1）提案。凡是关于本省应兴应革、税出入预决算、税法及公债等事件，都应由督抚先期起章，并于谘议局开会时提出议案。议员除对本省预决算事件无法提案外，对上述几方面均可在会上提出议案。（2）审议。审议是地方立法程序的重要一环，主要由谘议局内设的委员会、科或股等负责。（3）讨论通过。各省谘议局一般参考西方议会的做法，通过“三读”来讨论通过议案。以四川谘议局的“三读”程序为例，先由议长宣布原案为“一读”，认为有必要审议即交付有

---

① 梁彦：《清末的地方立法机关——谘议局及其立法初探》，载《法学研究》1988 年第 5 期。

② 参见陈建平：《地方立法研究——民国初期四川地方立法的理论与实践》，知识产权出版社 2016 年版，第 25 页。

③ 参见陈建平：《地方立法研究——民国初期四川地方立法的理论与实践》，知识产权出版社 2016 年版，第 20 页。

④ 参见《谘议局章程》，转引自梁彦：《清末的地方立法机关——谘议局及其立法初探》，载《法学研究》1988 年第 5 期。

关委员会审查；审查后再交付议会讨论为“二读”；如二读后遭多数否决，便不再进行三读；若多数赞成则进入三读。三读中，除个别字句修改外，即应当以起立或以记名、无记名投票等方法对议案进行表决。（4）公布。谘议局通过议案后，便呈督抚公布施行。谘议局上述关于地方立法程序的规定，是清末地方立法作为一种国家正式立法过程的重要标志，也体现出清末地方立法又一进步性。

2. 清末地方立法的局限性

由于清末地方立法在本质上是清政府为维持封建专制统治而被迫“仿行宪政”背景下的产物，因而也存在较大的局限性。清末地方立法的局限性主要表现在以下五个方面：①

第一，地方立法机关立法权能的不完整性。各省谘议局的设立是催生清末地方立法的关键因素，也是清末地方立法进步性的重要体现。然而，各省谘议局虽然享有提出、审议、讨论通过议案等权力，但议案是否能够成为正式立法得以公布施行，权力并不在谘议局。谘议局通过的议案都必须报督抚批准，督抚可以对谘议局通过的议案进行修改。“若督抚不同意，需交局覆议。督抚与谘议局存在歧义又互不妥协时，交资政院决断。”② 而且，督抚还有停止甚至解散谘议局的权力。可见，作为专门的地方立法机关，谘议局却不能决定议案最终能否转化为正式立法，议员对议案表决的效力仅限于谘议局内部通过，地方立法通过与否仍受制于督抚和资政院。谘议局这种立法权能不完整的情况，与近现代立法机关的权限与运作仍存在较大差别。对此，有学者认为，“谘议局并不是真正意义上的立法机关”，它只是“具有一定独立性的准立法机构”。③

第二，地方立法发展的区域不平衡性。总体而言，清末地方立法在东南沿海地区相当活跃，而东北、西北等地区的地方立法活动则相对沉寂。这首先表现在谘议局建立之初，各省谘议局议员名额的差别之上。其中，位处东南沿海的江苏、浙江、广东三省议员名额分别为121人、114人、91人，但东北地区的吉林、黑龙江两省分别仅有30人，西北地区的甘肃为43人，新疆更是名额暂缺。④ 其次，这种区域不平衡性也表现在地方立法的数量上。例如第一届常年会时，位处东南沿海的江苏议决案109件，福建49件，但位处东北的吉林只有28件。⑤

第三，地方立法内容的妥协性。清末地方立法内容具有妥协性的成因在于，作为地方立法机关的谘议局从其产生、成员、权力三个方面均表现出妥协性：⑥一是从产生来看，谘议局的设立，实际上是清政府为了维护自身封建专制统治而在资产阶级冲击之下被迫作出的局部改良措施，因而地方立法机关本身就是旧有封建阶级与新生民族资产阶级相互妥协的产物。这种妥协性也将经由地方立法机关的立法活动反映到其立法内容上来。二是从成员来

① 对于清末地方立法的局限性，有学者在论及清末地方立法特点时指出，其包括地区上的不平衡性、内容上的妥协性、条文上的粗糙性和实施上的有限性。参见梁彦：《清末的地方立法机关——谘议局及其立法初探》，载《法学研究》1988年第5期。

② 参见《谘议局章程》第24条及说明，转引自梁彦：《清末的地方立法机关——谘议局及其立法初探》，载《法学研究》1988年第5期。

③ 陈婴虹：《民国前期浙江省议会立法研究（1911—1926）》，华东政法大学2015年博士学位论文，第1页。

④ 参见张朋园：《立宪派与辛亥革命》，吉林出版集团有限责任公司2007年版，第12页。

⑤⑥ 参见梁彦：《清末的地方立法机关——谘议局及其立法初探》，载《法学研究》1988年第5期。

看，谘议局成员多是资产阶级立宪派人士，他们成长于封建势力和帝国主义的夹缝之中，存在与封建势力、帝国主义既斗争又妥协的两面性。这种两面性使得他们在提出地方立法议案时也表现出一定的妥协性。三是从权力来看，谘议局只有法案的议决权但没有公布权。因此，谘议局为了使法案能顺利公布，不得不向掌握法案公布权的督抚作出妥协。不少地区谘议局在一些重要法案上都与督抚发生过冲突并以妥协告终，这也在地方立法的内容中有所反映。

第四，地方立法技术的粗糙性。新设立的谘议局受制于内部组织不够完善，议员缺乏足够的民主训练等因素，再加上谘议局是初次独立于行政机构行使立法权，毫无经验，且议案多，会期有限，造成了清末地方立法技术相对粗糙。这种粗糙性较大程度地体现在当时地方立法的内容中。例如，四川谘议局的《保护森林案》，对官有森林未列明保护方法，对公有、私有森林保护规定得很含混，缺乏规范性。[①]

第五，地方立法实施的有限性。由于各省谘议局的不少议案具有革新意义，因而在实施过程中受到了封建官吏的抵触，实施效果相对有限。例如，根据山东谘议局第一届常年会后作的一次议案执行情况调查，在被调查的96个州县中，议案执行情况如下：（1）禁革差徭案，已革州县31，占32.2%；未革州县45，占46.8%；未尽革州县20，占20.83%。（2）禁革官价案，已革州县33，占34.37%；未革州县29，占30.21%；未尽革州县34，占35.04%。（3）整顿词讼案，已行州县13，占13.54%；未行州县78，占81.25%；未尽行州县5，占5.21%。[②] 可见，在山东谘议局上述三类议案中，未（完全）执行议案州县的数量远远多于执行议案州县的数量。这不仅表明清末地方立法实施的有限性，也反映出清末地方立法在现实中起到的作用相当有限。

二、北洋政府时期的地方立法

（一）北洋政府时期的地方立法制度

1912年1月1日，南京临时政府成立。1912年3月8日，南京临时参议院通过《中华民国临时约法》，规定了中华民国的基本政治制度，但并未涉及中央与地方关系的规定，因而也没有形成相应的地方立法制度。袁世凯窃取政权后，于1914年5月1日颁布《中华民国约法》（“袁记约法”），规定“大总统为国之元首，总揽统治权”，“大总统召集立法院，宣告开会、停会、闭会”等，使总统权力凌驾于国家权力之上，中央与地方关系基本倒退至封建帝制时期高度集权化之状态，地方并不享有立法权等自治权力。为此，北洋政府时期的地方立法直至袁世凯倒台后才出现，且不同阶段的地方立法制度差别较大，主要包括“联省自治”下的地方立法制度、1923年《中华民国宪法》规定的地方立法制度和1925年《中华民国国民政府组织法》规定的地方立法制度。

1. “联省自治”下的地方立法制度

1915年，袁世凯宣布废除共和政体，实行帝制，建立中华帝国，改用“洪宪”年号。

---

① 参见梁彦：《清末的地方立法机关——谘议局及其立法初探》，载《法学研究》1988年第5期。

② 参见耿云志：《清末资产阶级立宪派与谘议局》，载《纪念辛亥革命七十周年学术讨论会论文集》（中册），中华书局1983年版，第1222页。

孙中山等人极力反对袁世凯恢复帝制，在云南发起讨伐袁世凯的护国战争。此外，北洋政府内部部分将领以及帝国主义列强也对袁世凯称帝十分不满。1916 年，袁世凯被迫宣布取消帝制，恢复民国年号，但仍称“大总统”。起义各省不承认袁世凯的总统资格，湖南、浙江、广东等省纷纷通电宣告独立或断绝与袁世凯的关系。北洋政府高度集权的政治体系开始瓦解，地方军阀割据的格局逐渐形成。在此背景下，“联省自治”的主张得到部分地方军阀的支持，并在 1920 年至 1924 年间席卷全国。期间，湖南、浙江两省制定了“宪法”，广东、四川等省制定了“宪法草案”，这些“省宪”规定地方享有广泛的立法权，由此形成了“联省自治”下的地方立法制度。其中，以湖南最为典型。

1920 年 7 月，湖南督军谭延闿借口避免转入南北战争，通电全国，表示要“顺应民情”，“采民选省长制，以维湘局”。1920 年 11 月，湖南宣布自治，并组织省自治根本法起草委员会起草《湖南省宪法》。经全省人民投票公决后，《湖南省宪法》于 1922 年 1 月 1 日公布实施。《湖南省宪法》从以下三个方面建立起一套地方立法的制度体系：

第一，确认地方立法的地位。《湖南省宪法》第 25 条规定，省有议决执行权的事项包括“各种职业团体之组织，及关于劳动之法规”“制定户籍法，及登记法”“各种公共实业，及关于实业之法规”等。同时，第 26 条规定，“其他关于省以内之事项，在与国宪不相抵触之范围内，省得制定法规，且执行之”。可见，《湖南省宪法》一方面明确了省就自身事权范围内的事项可制定法规，另一方面也明确了省法规的位阶在“国宪”之下，不得与“国宪”相抵触。

第二，建立地方立法机关。《湖南省宪法》设“省议会”专章，第 39 条规定省议会之职权包括“议决第二十五条及第二十六条之事项”，从而明确了省议会作为地方立法机关，并规定“省议会闭会时，设常驻委员会”。该章还对省议会议员的条件、选举方式及权利等作出规定。

第三，规范地方立法程序。《湖南省宪法》第 6 章为“立法”专章，该章对地方立法程序作出了较为细致的规定，主要包括：（1）提案。《湖南省宪法》第 64 条至第 66 条分别对“由省议会议员，或省务院，以省长之名义”提案、“法定之省教育会、农会、工会、商会、律师公会，及其他依法律组织之各职业团体”提案以及“全省公民百分之一以上连署动议，或全省系议会及一等市议会三分之一以上连署动议”提案三种情形予以规定。（2）议决和公布。《湖南省宪法》第 67 条对法律案的议决和公布作出规定，主要涉及法律案议决后公布的期限、法律案的复议等问题。

2. 1923 年《中华民国宪法》规定的地方立法制度

1923 年 10 月，直系军阀曹锟通过贿赂议员选举当选大总统。为掩盖贿选行径，议会又在极短时间内颁布《中华民国宪法》。虽然这部宪法史称“贿选宪法”，被认为是近代宪法史上极不光彩的一页，但从研究地方立法制度的角度来看，1923 年《中华民国宪法》在立法技术上采用了“概况加列举”的方式，明确了地方立法的权限范围，建立起相应的地方立法制度。1923 年《中华民国宪法》第 22 条规定，“中华民国之国权，属于国家事项，依本宪法之规定行使之，属于地方事项，依本宪法及各省自治法之规定行使之”，从而将国权分为国家（中央）事权和地方事权，以概括方式明确国家（中央）立法与地方立法之间的权限界分。《中华民国宪法》以此为前提，对中央和地方立法进行了四级划分，并主要以列举方式予以明确：

第一级是“由国家（中央）立法并执行”之事项。具体包括：（1）外交；（2）国防；（3）国籍法；（4）刑事、民事及商事之法律；（5）监狱制度；（6）度量衡；（7）币制及国立银行；（8）关税、盐税、印花税、烟酒税、其他消费税及全国税率应行划一之租税；（9）邮政、电报及航空；（10）国有铁道及国道；（11）国有财产；（12）国债；（13）专卖及特许；（14）国家文武官吏之佳试、任用、纠察及保障；（15）其他依本宪法所定属于国家之事项。以上15项内容实际上构成了中央立法保留权限，地方立法无权涉及。

第二级是“由国家（中央）立法并执行，或令地方执行”之事项。具体包括：（1）农、工、矿业及森林；（2）学制；（3）银行及交易所制度；（4）航政及沿海渔业；（5）两省以上之水利及河道；（6）市制通则；（7）公用征；（8）全国户口调查及统计；（9）移民及垦殖；（10）警察制度；（11）公共卫生；（12）救恤及游民管理；（13）关于文化之古籍、古物，及古迹之保存。而且，根据第24条规定，上述“第一、第四、第十一、第十二、第十三各款，在国家未立法以前，省得行使其立法权”。可见，对于“农、工、矿业及森林”“航政及沿海渔业”“公共卫生”“救恤及游民管理”“关于文化之古籍、古物，及古迹之保存”五类事项，实际上属于中央立法相对保留权限，省有权在中央未立法以前通过地方立法对它们予以调整。

第三级是“由省立法并执行，或令县执行”之事项。具体包括：（1）省教育、实业及交通；（2）省财产之经营处分；（3）省市政；（4）省水利及工程；（5）田赋、契税及其他省税；（6）省债；（7）省银行；（8）省警察及保安事项；（9）省慈善及公益事项；（10）下级自治；（11）其他依国家法律赋予事项。这11类事项即构成了省地方立法的主要权限范围。

第四级是县有立法权的“于县以内之自治事项”。根据1923年《中华民国宪法》第128条规定，地方立法并非只存在省级地方立法，而“一县设县议会，于县以内之自治事项，有立法权”。可见，1923年《中华民国宪法》也赋予了县相应的地方立法权限，从而建立起省、县两级地方立法体系，省、县两级议会则分属两级地方立法机关。

3. 1925年《中华民国国民政府组织法》规定的地方立法制度

为结束军阀割据，统一全国，中国国民党中央政治委员会决议筹组“国民政府”，并于1925年7月1日成立广州国民政府，并通过《中华民国国民政府组织法》。《中华民国国民政府组织法》也对中央与地方关系作出了直接调整，规定“国民政府受中国国民党之指导及监督，掌理全国政务”，是最高行政机关，地方一切行政机关均须服从于国民政府。凡关于一省之事，由省政府立法解决；凡两省以上关系之事，或全国关系之事，归国民政府立法解决；外交之事归国民政府解决。①

（二）北洋政府时期地方立法的特征

北洋政府时期的地方立法尽管在制度构建上较之清末地方立法有了一定进步，但总体而言，这一时期的地方立法也存在较大局限，并表现出以下特征：

1. 地方立法合法性基础存疑

虽然北洋政府时期各个阶段的地方立法均存在相应的宪法性文件依据，但由于这些宪法

① 参见封丽霞：《中央与地方立法关系法治化研究》，北京大学出版社2008年版，第289页。

性文件自身的正当性存疑，因而也造成了地方立法缺乏合法性基础。例如，“联省自治”下的各省省宪，实际上已经突破了常态的中央与地方分权行为，省宪所确立的地方自治制度基本使各省成了“国中之国”，而且“这种自治不是基于国家法律，而是自治宣布，并且没有取得中央政府的认可，实质上是一种分立行为”。[①] 因此，建立在省宪地方自治基础上的地方立法也是这种分立行为的一部分，其合法性存在疑问。又如，1923 年《中华民国宪法》尽管是一部“国宪”，但由于宪法是由接受贿赂的议员制定的，且仅经三次会议审议、用时十余小时即通过公布，严重违背了宪法的正当性要求，因而该宪法所确立的地方立法权限也难以获得充分的合法性。

2. 地方立法受制于地方势力

北洋政府时期的地方立法呈现出中央集权能力与地方立法权限成反比的关系：在中央集权强大时，地方立法存在的空间即被压缩甚至消失，如在袁世凯掌权时，其个人复辟帝制、独揽大权，地方并没有获得包括立法权在内的自治权力；但在地方势力强大时，地方立法存在的空间又会得到扩张甚至极度膨胀，如“因为组织化程度最高的军队，主导着政治运行，其他组织力量均无法与之抗衡。而地方实力派正因为有了这种保证，对制作法律也就表现出了一种慷慨大方的态度”，[②]因而在以地方实力派主导的“联省自治”期间，地方立法的权限扩张至“地方宪法”之范畴。可见，北洋政府时期的地方立法某种意义上是地方军阀扩张地方势力的表现，其权限范围受制于地方势力。

3. 地方立法制度变更频繁难以落实

北洋政府时期的中央政权在各种势力的较量中不断更迭，政局动荡不安，地方立法制度随之几度变更，难以获得稳定的实施环境。例如，根据 1913 年南京临时政府颁布的《划一现行各省地方行政官厅组织令》，仍保留清末的城镇乡一级地方自治，但袁世凯任大总统后，于 1914 年下令停止地方自治。此后迫于压力，由袁世凯掌权的北洋政府于几个月后颁布《地方自治试行条例》，次年又颁布《地方自治试行条例实施细则》。但两部立法所规定的地方自治制度随着袁世凯复辟帝制失败也难以产生实际效力。这也基本成为整个北洋政府时期地方立法制度实施情况的一个缩影。

三、南京国民政府时期的地方立法

（一）南京国民政府时期的地方立法制度

尽管“国民政府从来没有牢固地掌握过对全国领土、人口及资源的控制”，但南京国民政府的成立基本结束了中央与地方关系频繁动荡的格局，至少在形式上实现了国家统一。因此，相较于北洋政府时期，南京国民政府时期的地方立法在制度体系及其实施等方面，更加完善和稳定。

1. 南京国民政府时期的地方立法权限划分

南京国民政府时期，涉及中央立法和地方立法权限划分问题的法律主要是 1931 年国民会议通过的《中华民国训政时期约法》和 1946 年国民党制宪会议通过的《中华民国宪法》。

①② 田芳：《地方自治法律制度研究》，法律出版社 2008 年版，第 279 页。

1931 年《中华民国训政时期约法》中有关中央与地方关系的规定以孙中山“均权主义”思想为基本依据。“均权主义”是孙中山处理民族国家中央与地方关系的理想形式和基本观点。对此，他在《建国大纲》第 17 条中写道：“中央与地方之权限，采取均权制度。凡事务有全国一致之性质者，划归中央。有因地制宜之性质者，划归地方，不偏于中央集权或地方分权。”1922 年，在《中华民国建设之基础》一文中，他再次强调：“权之分配，不当以中央或地方为对象，而当以权之性质为对象。权之宜属中央者，属之中央可也；权之宜属地方者，属之地方可也。例如军事、外交、宜统一不宜分歧，此权之宜属中央者也。教育、卫生随地方情况而异，此权之宜属地方者也”。“事之非举国一致不可者，以其权属于中央，事之应因地制宜者，以其权属于地方。”[①] 据此，1931 年《中华民国训政时期约法》第 59 条规定：“中央与地方之权限，依建国大纲第十七条之规定，采均权制度。”同时，第 60 条规定“各地方于其事权范围内，得制定地方法规。但与中央法规牴触者无效”，由此明确了地方法规的地位和位阶。此外，根据第 61 条和第 62 条规定，中央与地方课税的权限划分，以及为限制中央对于地方课税发生妨害社会公共利益、妨害中央收入之来源、复税、妨害交通、为一地方之利益对于他地方货物之输入为不公平之课税、各地方之物品通过税等“弊害”而需要立法的，应当由中央制定法律。

1931 年《中华民国训政时期约法》对中央立法和地方立法权限划分的规定相对原则，相比之下，1946 年《中华民国宪法》则以列举形式对“中央与地方之权限”作出较为明确的四级划分：

第一级是中央立法事项。1946 年《中华民国宪法》第 107 条规定，以下事项“由中央立法并执行之”：（1）外交；（2）国防与国防军事；（3）国籍法及刑事、民事、商事之法律；（4）司法制度；（5）航空、国道、国有铁路、航政、邮政及电政；（6）中央财政与国税；（7）国税与省税、县税之划分；（8）国营经济事业；（9）币制及国家银行；（10）度量衡；（11）国际贸易政策；（12）涉外之财政经济事项；（13）其他依本宪法所定关于中央之事项。这 13 项事权专属中央立法，地方立法不能涉及。

第二级是中央和省共同立法事项。1946 年《中华民国宪法》第 108 条规定，以下事项“由中央立法并执行之，或交由省、县执行之”，且“省于不抵触国家法律内，得制定单行法规”，主要包括：（1）省、县自治通则；（2）行政区划；（3）森林、工矿及商业；（4）教育制度；（5）银行及交易所制度；（6）航业及海洋渔业；（7）公用事业；（8）合作事业；（9）二省以上之水陆交通运输；（10）二省以上之水利、河道及农牧事业；（11）中央及地方官吏之铨叙、任用、纠察及保障；（12）土地法；（13）劳动法及其他社会立法；（14）公用征收；（15）全国户口调查及统计；（16）移民及垦殖；（17）警察制度；（18）公共卫生；（19）赈济、抚恤及失业救济；（20）有关文化之古籍、古物及古迹之保存。这 20 项事权原则上属于中央立法，但省立法有就这些事项制定单行法规的权力。

第三级是省立法事项。1946 年《中华民国宪法》第 109 条规定，以下事项“由省立法并执行之，或交由县执行之”：（1）省教育、卫生、实业及交通；（2）省财产之经营及处

---

① 参见黄子毅主编：《中央和地方职权划分的法律问题》，中共中央党校出版社 1998 年版，第 44 页。

分；(3) 省市政；(4) 省公营事业；(5) 省合作事业；(6) 省农林、水利、渔牧及工程；(7) 省财政及省税；(8) 省债；(9) 省银行；(10) 省警政之实施；(11) 省慈善及公益事业；(12) 其他依国家法律赋予之事项。

第四级是县立法事项。1946 年《中华民国宪法》第 110 条规定，以下事项“由县立法并执行之”：(1) 县教育、卫生、实业及交通；(2) 县财产之经营及处分；(3) 县公营事业；(4) 县合作事业；(5) 县农林、水利、渔牧及工程；(6) 县财政及县税；(7) 县债；(8) 县银行；(9) 县警卫之实施；(10) 县慈善及公益事项；(11) 其他依国家法律及省自治法赋予之事项。

此外，1946 年《中华民国宪法》还就有关地方联合立法的问题作出规定。根据第 109 条和第 110 条规定，若由省、县立法之事项涉及两个以上省、县的，应当由有关各省、县“共同办理”。也就是说，对于省、县立法权限范围内跨省、县的事项，有关省、县共同享有立法权限，应当进行联合立法。

2. 南京国民政府时期的地方立法主体

南京国民政府时期的地方立法主体主要包括省、市、县三级地方立法机关。而且，除作为民意机关的议会享有立法权外，作为行政机关的政府也行使一定的立法权。

(1) 省级地方立法机关

南京国民政府时期存在的省级地方立法机关主要包括省政府委员会和省参议会。

对于省政府委员会作为立法机关，其主要原因是依照孙中山《建国大纲》的主张，军政时期不设立民意立法机关，因而军政时期的省制中并未建立省议会制度。受此影响，南京国民政府时期仍长期不设立专门的省级地方立法机关。1925 年 7 月 1 日，广东国民政府最早颁布了《省政府组织法》，当时的广东省长公署正是根据这一组织法改组为广东省政府。其间全国各省次第改变。1926 年 11 月修正的《省政府组织法》创设省政府委员会。依据《省政府组织法》的规定，省单行规程的制定、省政府所属官吏的任免、地方行政区划的确定及变更、省预算与决算的议决、省公有财产的处分或省公营事业的筹划等立法、行政权均须经委员会会议的议决，因此，省政府委员会为一省的最高权力机关，并在实际上掌握了省级的立法权。①

1938 年 9 月，南京国民政府颁布《省临时参议会组织条例》，建立省临时参议会。省临时参议会参议员，依照各该省名额，从其所属县、市居民中遴选十分之六，从曾在各该省重要文化团体或经济团体的服务人员中遴选十分之四，由省政府呈送行政院转呈国防最高会议决定；临时参议会正、副议长由行政院从各省参议员中遴选，提请国防最高委员会决定。省临时参议会的职权主要有决议权、建议权、听取报告权和询问权等。根据这些职权，省政府重要之施政方针，于实施前必须提交临时参议会决议；临时参议会对于省政兴革，则应向省政府提出建议案等。② 抗日战争胜利后，临时参议会改为参议会，增加了“议决省单行法规”之职权，由此替代省政府委员会行使省立法权，省参议会开始成为省级地方立法机关。

① 参见卞琳：《南京民国政府训政前期立法体制研究》，华东政法大学 2006 年博士学位论文，第 89 页。
② 参见陈洪波、蒋永松主编：《中国地方立法概论》，中国地质大学出版社 1992 年版，第 17～18 页。

(2) 市级地方立法机关

南京国民政府时期的市级地方立法机关主要有市参议会和市政会议。

对于市参议会，根据1930年颁布的《市组织法》第28条和第29条规定，“设立市参政会为市立法机关，由公民选举之参议员组织之，任期三年，每年改选三分之一，市参议会为无给职”，“市参议会于区长民选时设立之”。因此，设立市参议会的初衷是以其作为民意机关，行使一定的立法权和对市政府行使监督权。此后，《市参议会组织法》等一系列法律确定了市参议会的立法主体地位，规定市参议会属于民选机关代议性质，行使基于自治实现之后的自治立法权。然而，1934年2月21日，中央政治会议改变了地方自治原则，使市参议会成为官治之下由政府指定人员组成的机关，其民意机关的性质发生蜕变，因而其行使的立法权也不是基于自治而获得的自治立法权，市参议会立法主体资格由此丧失。①

对于市政会议，根据《市组织法》第13条至第15条规定，市政府置市长一人，并设社会、公安、财政、工务等局，必要时经上级机关之核准，并得增设教育、卫生、土地、港务等局。市政府为进行行政管理，也须进行一些行政立法，而市政府的立法职能则主要由市政会议承担。市政府可根据需要不定期召开市政会议进行立法。在市参议会成立遥遥无期的情况下，市政会议实际上进行了大量的地方立法活动。②

(3) 县级地方立法机关

南京国民政府时期的县级地方立法机关有县参议会和县行政会议。

国民政府成立后，1928年颁布的《县组织法》和1929年修订的《县组织法》均有关于县参议会的规定，但实际上县参议会并未成立。1932年公布的《县参议会组织法》和《县参议员选举法》也未真正施行。1934年，内政部要求各省成立县参议会，但由于县参议会需要以区、乡、镇自治的完成为基础，选举程序复杂，实际筹设者寥寥无几。同年，国民党中政会会议通过改进地方自治原则，接着行政院本着此原则制定“扶持自治时期”《县、市参议会暂行组织法》。但实际组织县参议会的，也仅有甘肃、贵州、云南三省而已。③

县行政会议，是在县参议会制度难以付诸实行的情况下，试图用于代行县参议会职能的组织。1928年10月，国民政府内政部公布了《县政府行政会议规程》，规定县行政会议负责议决县长交议的议案、出席会员提议的议案和地方各团体之建议经会员三人以上连署介绍的议案。县行政会议所议决的事项“由县长采择办理”。在县参议会未能成立以前，县行政会议实际上充当了准民意机构而行使了县立法权。④

(二) 南京国民政府时期地方立法的特征

1. 地方立法以地方自治为基础

南京国民政府通过地方自治制度建设来推动地方立法的发展。例如，在训政时期，南京国民政府就颁布《县组织法》《县组织法施行法》《县参议会组织法》《县参议会选举法》等法律，形成了较为完整的地方自治法律体系。根据地方自治法律的规定，县成立县议会作

---

① 参见卞琳：《南京民国政府训政前期立法体制研究》，华东政法大学2006年博士学位论文，第93~95页。

② 参见卞琳：《南京民国政府训政前期立法体制研究》，华东政法大学2006年博士学位论文，第96页。

③ 参见陈洪波、蒋永松主编：《中国地方立法概论》，中国地质大学出版社1992年版，第18页。

④ 参见卞琳：《南京民国政府训政前期立法体制研究》，华东政法大学2006年博士学位论文，第97~98页。

为县级立法机关，行使议决县单行规则等权力。这直接推动了县级地方立法的产生和发展。又如，《中华民国宪法》规定由省民代表大会依据省县自治通则制定自治法，由县民代表大会依据省县自治通则制定县自治法等，从而通过地方自治配套立法的制定，为地方立法的运作提供了地方自治的制度基础。

2. 地方立法制度化程度较高

一方面，通过《中华民国训政时期约法》《中华民国宪法》两部法律，对地方制度、中央与地方之权限等问题的规定，不仅使南京国民政府时期的地方立法得到了合法性支撑，也明确了中央立法和各级地方立法之间的权限划分。另一方面，通过《省政府组织法》《省临时参议会组织条例》《市组织法》《市参议会组织法》《县组织法》《县参议会组织法》等法律，对省、市、县三级地方立法机关的设置及其人员组成等作出规定。由此，建立起完善的地方立法制度体系，表现出较高的制度化程度。

3. 地方立法出现议会立法与行政立法的类型界分

根据《市组织法》和《县政府行政会议规程》，市政会议和县行政会议可进行地方立法活动，这实际上就是由作为行政机关的政府行使行政立法权。至此，中国地方立法开始出现了议会立法与行政立法的类型界分。但从南京国民政府时期地方立法实践来看，由于市、县参议会制度难以实施，市政会议和县行政会议实际上承担了大量的立法工作，如县行政会议也接受出席会员提议的议案和地方各团体之建议经会员三人以上连署介绍的议案而具有"准民意机构"的性质。可见，这一时期议会立法和行政立法之间的界限并不十分明确，甚至出现了一定的混同。

四、新民主主义革命时期的地方立法

（一）新民主主义革命时期的地方立法制度与实践

蒋介石、汪精卫集团抛弃了孙中山的革命主张和新三民主义思想，叛变革命，分别在南京和武汉发动"四一二"和"七一五"反革命政变，造成了国民革命的失败，也宣告国共第一次合作的破裂，共产党员遭到大肆剿杀。在此背景下，中国共产党于 1927 年 8 月 1 日发动南昌起义，中国共产党由此建立起新民主主义革命政权，并在革命根据地创建和发展新民主主义法制。自 1927 年革命根据地建立起，到 1949 年新民主主义革命取得胜利，革命根据地的法制建设主要经历了土地革命、抗日战争、解放战争三个时期。在这三个时期，各根据地也展开了相应的地方立法实践。

1. 土地革命时期

土地革命战争时期，中国共产党在江西、福建、湖南、安徽、河南、广东、广西、浙江等省的一部分地区建立了十多个革命根据地。各根据地都创立了政权机关，并组织开展地方立法活动。1931 年 11 月中华苏维埃共和国成立后，召开了两次全国工农兵代表大会，系统制定了《宪法大纲》《选举法》《苏维埃政权组织法》《土地法》《婚姻法》《劳动法》《惩治反革命条例》《司法组织条例》等多部法律法规，初步形成了新民主主义法律体系。[①] 由

---

① 参见张晋藩：《中国法制史》，高等教育出版社 2003 年版，第 360 页。

于这一时期正值中国共产党领导广大人民进行土地革命，因而土地立法也成为当时革命根据地立法的重点，如1928年12月湘赣边界政府制定了《井冈山土地法》，1929年4月红四军制定了《兴国土地法》，1929年7月闽西第一次党代表大会通过了《土地问题决议案》等。①

2. 抗日战争时期

抗日战争时期，革命根据地法制建设推进较快，地方立法制度日益健全，地方立法实践也取得了较大进展。其中，陕甘宁边区的法制建设较有代表性。下文将以陕甘宁边区为例，就抗日战争时期的地方立法制度与实践进行阐述。

（1）陕甘宁边区的立法制度

抗日战争时期，各抗日根据地的边区和县的最高权力机关是边区参议会和县参议会。其中，边区参议会的立法职权主要是制定边区的单行法规，县参议会的立法职权主要是制定本县的单行法规。根据1939年和1941年颁布的《陕甘宁边区各级参议会组织条例》和《各级参议会选举条例》，陕甘宁边区以参议会制度为基础建立起较为完善的地方立法制度，主要包括以下内容：一是开会提案。参议会开会时，有过半数参议员出席，就可开始。凡参议员和民众、文化、学术团体，都可以向参议会提出议案。议案应详细写明议题、理由及办法，经参议员五人署名提出。二是审查讨论。参议会在开会时设立政治审查委员会、财政审查委员会、经济建设审查委员会、文教审查委员会、特种审查委员会，提案须经由主席团分交各审查委员会审查后再提交大会审查议决。讨论依议事日程所定的顺序进行。三是表决通过。规定了会议讨论的结果，如果有几种意见，则其表决的顺序由主席决定。表决的方式，是无记名投票或举手。有出席参议员过半数的赞成，即可通过决议。②

（2）陕甘宁边区的立法实践

抗日战争时期，基于抗战需要和革命根据地的性质，陕甘宁边区立法在立法任务、法律渊源、法律形式、法律实施等方面均表现出自身特点。在立法任务上，陕甘宁边区主要法律、条例的制定、修改或废除，都是围绕着抗战，以抗日的政治、军事需要为中心。在法律渊源上，党中央的决议、政策、指示成为边区法律主要的、直接的渊源。在法律形式上，边区的法律形式呈现多样性，除了“参议会所通过的各项条例”“边区政府所颁布的各种文告和决定”，国民党政府的法律中符合“五项条件”的法令，以及经高等法院批准的“习惯法”之外，党中央的决议、决定、指示、通知，领袖的谈话、意见、批示、指示，军队的布告和命令、通知、决定、指示信、工作报告等也都具有实际的法律效力。在法律实施上，根据形势的需要，边区曾制定、颁布了一些法律、条例，但大量的法律性规定是以司法机关、政府机构内部文件的形式存在的。同时，还有很多虽已制定出来并在实际中发生效力的法律，一直没有颁布，而是采取“草案”的形式长期“试行”。③

3. 解放战争时期

解放战争时期，各解放区先后建立起人民民主政权，来领导、组织人民夺取解放战争的全面胜利。这一时期的地方各级权力机关，逐步由抗日战争时期的参议会过渡到人民代表会

---

① 参见陈洪波、蒋永松主编：《中国地方立法概论》，中国地质大学出版社1992年版，第19页。

② 参见陈洪波、蒋永松主编：《中国地方立法概论》，中国地质大学出版社1992年版，第20页。

③ 参见杨永华、段秋关：《统一战线中的法律问题——边区法制史料的新发现》，载《中国法学》1989年第5期。

议。由于革命形势发展很快，来不及制定全国统一的法典，法制建设只能由中国共产党的政策方针来引导。在中共中央方针政策的指引下，各解放区先后制定过各种条例、办法、原则、草案、纲领、方针等法规和文献，都属于地方立法的范畴。① 这一时期的地方立法成果主要有 1946 年《陕甘宁边区宪法原则》、1946 年《陕甘宁边区宪法草案》、1947 年《内蒙古自治政府施政纲领》、1948 年《华北人民政府施政方针》等。

（二）新民主主义革命时期地方立法的特征

1. 在中国共产党的领导下，以毛泽东思想为指导方针进行地方立法

革命根据地是由中国共产党建立的民主政权，其立法等各项工作均接受中国共产党的直接领导。毛泽东作为党的领袖，在全党、全国以及边区人民中具有崇高威望，他的指示、批示、谈话等往往成为根据地立法的指导方针和主要根据，对革命根据地立法产生了深远影响。② 例如 1941 年《陕甘宁边区施政纲领》即多处体现了毛泽东的法制思想。其中，《陕甘宁边区施政纲领》第 7 条“坚决废止肉刑，重证据不重口供”的规定，即是以 1940 年毛泽东“对任何犯人，应坚决废止肉刑，重证据而不轻信口供”的指示作为法律原则写入立法的。同时，《陕甘宁边区施政纲领》中“保证一切抗日人民（地主、资本家、农民、工人等）的人权、财权，及言论、出版、集会、结社、信仰、居住、迁徙之自由权”的规定，则是毛泽东“应规定一切不反对抗日的地主资本家和工人农民有同等的人权、财权、选举权和言论、集会、结社、思想、信仰的自由权，政府仅仅干涉在我根据地内组织破坏和举行暴动的分子，其他则一律加以保护，不加干涉”之观点的直接体现。而且，边区政府还根据这一观点，在 1942 年制定了《保障人权财权条例》，从诉讼程序上作了保障人权、财权措施的规定。③

2. 地方立法依照政策展开，凸显了新民主主义革命的政策路线

在新民主主义革命时期，革命根据地立法多以党的政策为依据。新民主主义革命的总政策总路线是无产阶级领导的，人民大众的，反对帝国主义、封建主义和官僚资本主义的革命。革命根据地立法也紧扣这一总政策总路线展开。以土地立法为例，不同时期的土地政策均影响了当时的土地立法。在土地革命时期，《井冈山土地法》在党内最早将党的土地政策法律化，主要涉及土地没收、土地分配和土地所有权三个方面；抗日战争时期，面对空前的民族危机，为建立和巩固抗日民族统一战，实现全民族团结抗战，土地政策由“没收地主土地分配给农民”调整为“农民交租交息，地主富农减租减息”，其土地立法按照“双交双减”的土地政策展开，继续有条不紊地解决农民土地问题；解放战争时期，土地立法遵循“依靠贫农、雇农，团结中农，有步骤地有分别地消灭封建剥削制度，发展农业生产”的土地政策，既克服了土地革命时期的“左”倾错误，又及时调整了抗日战争时期所推行的减租减息的土地政策，在解放区实行了彻底的土地改革，满足了广大农民对土地的要求。④

---

① 参见陈洪波、蒋永松主编：《中国地方立法概论》，中国地质大学出版社 1992 年版，第 20 页。

② 参见杨永华、段秋关：《统一战线中的法律问题——边区法制史料的新发现》，载《中国法学》1989 年第 5 期。

③ 参见梁宏坤：《毛泽东延安时期法制思想研究》，载《四川党史》1999 年第 5 期。

④ 参见陈非文：《新民主主义革命时期毛泽东土地立法的主要特点及启示》，载《湘潭大学学报（哲学社会科学版）》2017 年第 2 期。

3. 地方立法反映人民大众的根本利益，具有鲜明的阶级性

新民主主义法制的民主原则，是它同一切剥削阶级法律的根本区别。[①] 因此，革命根据地立法"一直强调与国民党六法体系的对立和资产阶级法律的本质区别"，反映人民大众的根本利益，具有鲜明的阶级性。革命根据地立法坚持群众路线，强调为了群众、相信群众、依靠群众、深入群众、便利群众，发动人民群众行使民主权利，制定法律，因而相关法律规定表现出鲜明的阶级性。例如，1946 年《陕甘宁边区征购地主土地条例草案》对于从地主手中征购的土地的分配问题，规定"按征购原价之半数，分配给无地或地少之农民承购，地价分为 10 年付清"，而家境贫穷没有能力支付地价的贫雇农及佃农，"经县政府呈请边区政府批准后可予免付"。[②]

第二节 中华人民共和国成立以来的地方立法

一、中华人民共和国成立初期的地方立法

（一）中华人民共和国成立初期的地方立法制度与实践

1949 年至 1953 年中华人民共和国成立初期，《中国人民政治协商会议共同纲领》简称《共同纲领》起到了临时宪法的作用，对国家生活重大问题作出规定。对于中央与地方的职权划分，《共同纲领》第 16 条规定："中央人民政府与地方人民政府间职权的划分，应按照各项事务的性质，由中央人民政府委员会以法令加以规定，使之既利于国家统一，又利于因地制宜。"由此，地方立法从临时宪法层面获得了依据。

这一时期各级地方立法主体及其权限划分如下：[③]（1）大行政区人民政府。根据 1949 年《大行政区人民政府委员会组织通则》规定，大行政区人民政府委员会有权拟定与地方政务有关的暂行法令条例，报政务院批准或备案。（2）省人民政府。根据 1950 年《省人民政府组织通则》，省人民政府有权拟定与本省政务有关的暂行法令条例，报主管大行政区人民政府转请政务院批准或备案。（3）直辖市、大行政区辖市和省辖市人民政府。根据 1950 年《市人民政府组织通则》，直辖市、大行政区辖市和省辖市人民政府，有权拟定与本市政有关的暂行条例，报上级人民政府批准。（4）县人民政府。根据 1950 年《县人民政府组织通则》规定，县人民政府有权拟定与县政有关的单行法规，报请省人民政府批准或备案。（5）民族自治地方的自治机关。根据 1952 年《民族区域自治实施纲要》规定，各民族自治区的自治机关在中央人民政府和上级人民政府法令所规定的范围内，依其自治权限，可以制定本自治地方的单行法规，报上两级人民政府核准并报政务院备案。

各级地方立法主体根据上述地方立法权限，积极进行地方立法活动，先后制定了一系列地方性暂行法令条例、单行法规。这些地方立法的出台，对于调整地方社会关系，巩固地方政权，推进人民民主建设和社会主义法制建设具有积极意义。

---

① 参见曾宪义主编：《中国法制史》，北京大学出版社 2000 年版，第 345 页。

② 闫庆生、黄正林：《论〈陕甘宁边区征购地主土地条例草案〉》，载《西北师大学报（社会科学版）》2000 年第 6 期。

③ 参见封丽霞：《中央与地方立法关系法治化研究》，北京大学出版社 2008 年版，第 298 页。

（二）中华人民共和国成立初期地方立法的特征

1. 地方立法具有过渡性

中华人民共和国成立初期，国家由新民主主义向社会主义过渡，地方立法也具有过渡性。一方面，“在这段历史时期，大行政区立法是中央立法与地方立法之间的中介和沟通的桥梁”。[①] 而当时把全国划分为东北、华北、西北、西南、中南、华东六个大行政区实际上就是沿袭了解放战争时期的行政区划，因此这种地方立法制度的设置显然具有过渡性。另一方面，中华人民共和国成立初期，地方社会关系发展变化较快，各地出台的地方立法往往需要根据形势与政策发生变化，因而这个时期出台的不少地方立法称“暂行法令条例”，表现出鲜明的过渡性特征。

2. 地方立法活动开展活跃

中华人民共和国成立后，废除了国民党时期的旧法，社会主义法制亟待建设，再加上国家百废待兴，如何通过立法把革命胜利的成果固定下来，实现良好的社会秩序，恢复国民经济，成为立法工作的重要任务。但由于各地经济、社会及法制状况并不一致，中央立法难以解决不同地区的特殊问题。因此，为调整地方社会关系，推动地方经济社会稳步发展，中央赋予地方相应的立法权并十分重视地方立法。在此背景下，这一时期的地方立法活动相当活跃。其中，浙江省在 1950 年至 1953 年间制定有关民政、财政、税务、粮食、盐务、实业、交通、工商、公安、司法、教育、卫生等方面的暂行法令条例和单行法规 653 件，年均立法约 163 件；内蒙古自治区在 1950 年至 1954 年间制定各种规范性文件 368 件，年均立法近 74 件；上海市在 1950 年至 1954 年间制定暂行法令条例和单行法规 799 件，年均立法近 160 件。[②]

3. 地方立法的主要主体是地方政府

中华人民共和国成立之初，人民代表大会制度仍未正式建立，也没有设立专门的立法机构，根据《共同纲领》第 12 条规定，人民行使国家政权的机关是各级人民代表大会和各级人民政府，各级人民代表大会闭会期间，各级人民政府为行使各级政权的机关。因此，大行政区的人民政府，省人民政府，直辖市、大行政区辖市和省辖市人民政府，县人民政府被赋予地方立法权，成了主要的地方立法主体。

二、计划经济时期的地方立法

（一）计划经济时期地方立法制度与实践

1952 年年底，中央决定改变大行政区的设置与职能，各大行政区不再作为一级地方政府，而只是中央派驻各区的代表机关，其职能大大萎缩，机构也大大精简。自 1953 年开始，我国进入计划经济建设时期。为了便于中央直接领导省市，中央于 1954 年撤销大行政区一级行政机构，同时增加中央政府机构的数量，扩大中央政府机构的职能。政务院各部门对各自职能所辖单位进行垂直领导，形成高度一体化的政治经济体制。自此，中央全面掌握了关系行政管理和经济发展命脉的人、财、物大权。在高度集中的计划经济体制与行政管理体制

---

① 封丽霞：《中央与地方立法关系法治化研究》，北京大学出版社 2008 年版，第 297 页。

② 参见吴大英等：《中国社会主义立法问题》，群众出版社 1984 年版，第 36 ~ 37 页。

之下，地方逐渐成为中央政府机构的延伸，成为中央计划的执行者和中央向各地企业发布命令的中介。[①] 这种政治体制也直接决定了这一时期中央立法与地方立法的关系格局，中央逐渐垄断了国家立法权，地方立法权限范围随之缩减。

1954 年 9 月 20 日，第一届全国人民代表大会通过新中国首部《宪法》。根据 1954 年《宪法》第 22 条规定，“全国人民代表大会是行使国家立法权的唯一机关”。在地方层面，根据 1954 年《宪法》第 70 条第 4 款规定，“自治区、自治州、自治县的自治机关可以依照当地民族的政治、经济和文化的特点，制定自治条例和单行条例，报请全国人民代表大会常务委员会批准”。但对于一般行政区域，无论是地方各级人民代表大会，还是地方各级人民委员会，均不享有地方立法权。

虽然高度集权的体制在短时期能产生高效率和强大的社会动员，但随着我国经济社会的发展，这种体制的弊端逐渐显现。为此，在第一个五年计划末期，党中央开始尝试着向地方分权。在 20 世纪 50 年代中后期和 70 年代初期，中央曾有过两次大规模向地方放权的实践，但最终都以中央重新收权告终，陷入“中央收权”与“向地方放权”的循环状态。[②] 总体上看，1954 年《宪法》颁布后的 20 余年时间，中央与地方立法关系还是以中央化和集权化为主导。对于中央与地方立法权限的划分，在中央立法权以外，仅保留了民族自治地方的立法权，但“从 1957 年到 1976 年，整整 20 年，随着共和国的坎坷历史命运，我国民族法制除了 1955—1958 年有暂时的繁荣以外，也留下了一段长长的空白岁月，这不能不说是一个难以弥补的遗憾”。[③]

（二）计划经济时期地方立法的特征

1. 地方立法主体数量大大减少

1954 年《宪法》除了保留民族自治地方制定自治条例和单行条例的地方立法权限以外，根据其第 60 条、第 64 条规定，地方各级人民代表大会只能依照法律规定的权限通过和发布决议，地方各级人民委员会也仅有权发布决议和命令，即地方立法权基本被中央收回。1975 年《宪法》甚至删除了 1954 年《宪法》关于民族自治地方制定自治条例和单行条例的规定，仅规定“民族自治地方的自治机关除行使宪法第二章第三节规定的地方国家机关的职权外，可以依照法律规定的权限行使自治权”。直到 1978 年《宪法》修订时，才又将“民族自治地方的自治机关可以依照当地民族的政治、经济和文化的特点，制定自治条例和单行条例，报请全国人民代表大会常务委员会批准”重新写入宪法。但三部宪法均未规定一般行政区域享有地方立法权。因此，在计划经济时期，地方立法主体数量相比中华人民共和国成立初期大大减少。

2. 地方立法发展思路不明确

从宪法的规定来看，计划经济时期一般行政区域并不享有正式的地方立法权，但“在这段历史时期，中央与地方关系又经历了‘两上两下’的反复与循环”。[④] 从国家领导人对

---

① 参见封丽霞：《中央与地方立法关系法治化研究》，北京大学出版社 2008 年版，299 页。

② 参见封丽霞：《中央与地方立法关系法治化研究》，北京大学出版社 2008 年版，第 301 页。

③ 吴大华：《中国 50 年民族法制建设的问题与前瞻》，载《贵州民族学院学报》2000 年增（特）刊，第 4 页。

④ 参见封丽霞：《中央与地方立法关系法治化研究》，北京大学出版社 2008 年版，第 303 页。

地方立法的观点也并非一直强调中央的集权。毛泽东在《论十大关系》中谈及“中央和地方的关系”时即指出，“我们的宪法规定，立法权集中在中央。但是在不违背中央方针的条件下，按照情况和工作需要，地方可以搞章程、条例、办法，宪法并没有约束。我们要统一，也要特殊。为了建设一个强大的社会主义国家，必须有中央的强有力的统一领导，必须有全国的统一计划和统一纪律，破坏这种必要的统一，是不允许的。同时，又必须充分发挥地方的积极性，各地都要有适合当地情况的特殊”。其中，“地方可以搞章程、条例、办法”，在某种意义上也就是对地方立法持肯定的态度。因此，立法权是收是放？地方立法是留是撤？其思路并不明确。

三、改革开放以来的地方立法

改革开放之前，“我国的中央与地方关系一直呈现出强烈的‘非制度化’色彩，两者的关系一直缺乏制度创新和明晰的制度边界、制度保障，依据的是当时历史条件下的政治局势和个人主观意志”。[①] 1978 年，党的十一届三中全会提出，“为了保障人民民主，必须加强社会主义法制，使民主制度化、法律化，使这种制度和法律具有稳定性、连续性和极大的权威”。据此，我国地方立法自 1979 年起开始进入制度化、规范化的发展轨道，民主立法、科学立法水平不断提升。这一时期地方立法的进程主要包括起步探索阶段、逐步完善阶段、规范提高阶段和全面发展阶段。

（一）起步探索阶段（1979—1992 年）

自 1979 年开始，地方立法的合法性逐步从宪法和组织法层面得到确认。1979 年 7 月 4 日，五届全国人大二次会议通过《地方各级人民代表大会和地方各级人民政府组织法》，规定“省、自治区、直辖市的人民代表大会根据本行政区域的具体情况和实际需要，在和国家宪法、法律、政策、法令、政令不抵触的前提下，可以制订和颁布地方性法规，并报全国人民代表大会常务委员会和国务院备案”。1982 年 12 月 4 日，五届全国人大五次会议通过《宪法》，规定“省、直辖市的人民代表大会和它们的常务委员会，在不同宪法、法律、行政法规相抵触的前提下，可以制定地方性法规，报全国人民代表大会常务委员会备案”。1982 年 12 月 10 日，五届全国人大五次会议修改通过《地方各级人民代表大会和地方各级人民政府组织法》，规定“省、自治区、直辖市的人民代表大会常务委员会在本级人民代表大会闭会期间，根据本行政区域的具体情况和实际需要，在和国家宪法、法律、政策、法令、政令不抵触的前提下，可以制订和颁布地方性法规，并报全国人民代表大会常务委员会和国务院备案”。1986 年 12 月 2 日，六届全国人大常委会十八次会议修改通过《地方各级人民代表大会和地方各级人民政府组织法》，规定省、自治区的人民政府所在地的市和经国务院批准的较大的市的人民代表大会及其常务委员会根据本市的具体情况和实际需要，在不同宪法、法律、行政法规和本省、自治区的地方性法规相抵触的前提下，可以制定地方性法规，报省、自治区的人民代表大会常务委员会批准后施行，并由省、自治区的人民代表大会常务委员会报全国人民代表大会常务委员会和国务院备案。

① 封丽霞：《中央与地方立法关系法治化研究》，北京大学出版社 2008 年版，第 304 页。

除省级人大及其常委会、省会城市和经国务院批准的较大的市人大及其常委会获得制定一般地方性法规的权力以外，部分省、市根据全国人大常委会的授权获得了经济特区立法权。例如，1981 年，授权广东省、福建省人大及其常委会，根据有关的法律、法令、政策规定的原则，按照各该省经济特区的具体情况和实际需要，制定经济特区的各项单行经济法规，并报全国人大常委会和国务院备案；1988 年，授权海南省人大及其常委会，根据海南经济特区的具体情况和实际需要，遵循国家有关法律、全国人大及其常委会有关决定和国务院有关行政法规的原则制定法规，在海南经济特区实施，并报全国人大常委会和国务院备案；1992 年，授权深圳市人大及其常委会根据具体情况和实际需要，遵循宪法的规定以及法律和行政法规的基本原则，制定法规，在深圳经济特区实施，并报全国人大常委会、国务院和广东省人大常委会备案等。这一阶段，地方立法表现出以下特征：

1. 地方立法数量迅速增长

省、市两级人大及其常委会地方立法权的明确，加之改革开放对地方立法的需求，使得这一阶段地方立法数量快速增长，地方立法的领域涉及经济、治安、文化、环境等方方面面。这一阶段的地方立法已逐步形成规模，从数量上来说，到 1992 年年末，全国地方性法规已经有近 3 000 件。①

2. 地方立法先行先试作用明显

这一阶段，中央开始了授权经济特区所在省、市进行经济特区立法的尝试。例如，广东省人大及其常委会获得制定经济特区各项单行经济法规的授权后，出台了关于土地、税收、投资等多部具有先行先试意义的经济特区立法。其中，1981 年制定的《深圳经济特区土地管理暂行规定》首次将土地使用权和所有权分开，确立了经济特区土地有偿使用和转让制度，为《土地管理法》的修订提供了参考；1986 年制定的《广东省技术市场管理规定》，创造性地建立了技术成果商品化等制度。②

3. 地方立法民主化进程加快

在草案起草上，开始由人大牵头组织起草，甚至委托大专院校、科研单位起草。在意见征求上，开始将征求法规草案意见的范围进一步扩大到各市、县人大常委会，省级人大代表，有关专家学者，大专院校等。在审议方式上，不再一审通过，而是区分情况，逐步实行“两审制”。③

（二）逐步完善阶段（1993—1999 年）

1993 年 3 月 29 日，八届全国人大一次会议通过宪法修正案，将“国家实行社会主义市场经济”和“国家加强经济立法，完善宏观调控”写入《宪法》，经济立法开始成为地方立法的重点任务。1999 年 3 月 15 日，九届人大二次会议通过宪法修正案，增加了“中华人民共和国实行依法治国，建设社会主义法治国家”的规定，将法治的地位上升到了新的高度，也推动地方立法进入了新的发展阶段。这一阶段的地方立法具有两个主要特征：

① 参见何晓明：《地方立法民主化进程的回顾与展望》，载《人大研究》2005 年第 7 期。

② 参见黄龙云主编：《广东地方立法实践与探索》，广东人民出版社 2015 年版，第 3 页。

③ 参见何晓明：《地方立法民主化进程的回顾与展望》，载《人大研究》2005 年第 7 期。

1. 地方立法围绕社会主义市场经济建设展开

1993 年宪法修正案确立了我国实行市场经济体制，而“市场经济就是法制经济”，这使得市场经济立法成为地方立法的重中之重。以广东省为例，其先后出台了《广东省公司条例》《广东省合伙经营条例》《广东省公司破产条例》《广东省股份合作企业条例》《广东省专利保护条例》《广东省实施〈中华人民共和国消费者权益保护法〉办法》等地方性法规，着力培育市场主体，激发市场活力，规范市场秩序，起到了引导、保障和促进社会主义市场经济健康快速发展的作用。为了适应广东房地产市场快速发展的需要在国家未制定相关法律和行政法规的情况下，广东省创制性地制定了有关房地产产权登记、开发、经营、转让、评估、租赁、预售、物业管理等系列法规。其中，1993 年制定的《广东省公司条例》，在全国率先以地方性法规的形式倡导产权明晰、管理科学的现代企业制度。1996 年制定的《广东省专利保护条例》，对知识产权的研究和成果转化作出明确规定，增强了专利保护的执法力度，促进了专利事业发展。①

2. 地方立法由注重数量转向注重质量

这一阶段，地方立法的进程进一步加快，地方性法规大量出台，仅 1998 年至 1999 年两年间，全国地方性法规就增加了 1 700 多件。但相比地方立法的数量，这一阶段各级地方立法主体更加关注地方立法的质量。不少地方开始通过完善立法程序和提升立法技术，以提高地方立法的质量。具体包括：制定立法规划和年度立法计划，使地方立法有计划、有步骤、有重点地进行；探索拓宽起草渠道，采用以人大为主起草、委托起草等起草方式；充分发挥专家学者的作用，并通过聘请立法咨询员、召开专家论证会、通过新闻媒体等方式，广泛征求意见；实行公民旁听制度，举行立法听证会，推进立法公开等。②

（三）规范提高阶段（2000—2014 年）

2000 年 3 月 15 日，九届全国人大三次会议通过《立法法》。作为重要的宪法相关法，《立法法》对中央和地方立法权限划分、立法主体、立法程序等作了系统规定，我国地方立法由此进入规范提高阶段。这一阶段地方立法的特征主要有：

1. 中央与地方立法权限划分进一步明确

2000 年《立法法》根据《宪法》和《地方组织法》有关中央和地方立法权限的规定，进一步以列举的方式明确了法律保留的事项。根据 2000 年《立法法》第 8 条规定，属于法律保留的事项包括：（1）国家主权的事项；（2）各级人民代表大会、人民政府、人民法院和人民检察院的产生、组织和职权；（3）民族区域自治制度、特别行政区制度、基层群众自治制度；（4）犯罪和刑罚；（5）对公民政治权利的剥夺、限制人身自由的强制措施和处罚；（6）对非国有财产的征收；（7）民事基本制度；（8）基本经济制度以及财政、税收、海关、金融和外贸的基本制度；（9）诉讼和仲裁制度；（10）必须由全国人民代表大会及其常务委员会制定法律的其他事项。

2. 地方立法程序进一步完善

根据 2000 年《立法法》第 68 条规定，地方各级人大及其常委会的立法程序应当参照

① 参见黄龙云主编：《广东地方立法实践与探索》，广东人民出版社 2015 年版，第 4 页。

② 参见何晓明：《地方立法民主化进程的回顾与展望》，载《人大研究》2005 年第 7 期。

《立法法》有关法律制定程序由地方各级人大予以规定。因此，2000年《立法法》实施后，省、市两级有立法权的人大纷纷出台地方立法条例以及有关地方立法程序的专门法规。以广东省为例，2001年1月12日，珠海市五届人大三次会议通过《珠海市人民代表大会及其常务委员会制定法规规定》；2001年2月19日，广东省九届人大四次会议通过《广东省地方立法条例》；2001年3月2日，广州市十一届人大四次会议通过《广州市地方性法规制定办法》；2001年3月4日，汕头市十届人大四次会议通过《汕头市立法条例》；2001年3月31日，深圳市三届人大二次会议通过《深圳市制定法规条例》。此外，广东省4个较大的市还相继修改、制定多部有关地方立法程序的专门法规，如2001年，珠海市修改通过了《珠海市人民代表大会常务委员会议事规则》；2001年，深圳市制定了《深圳市人民代表大会常务委员会听证条例》；2002年，广州市制定了《广州市人民代表大会常务委员会立法听证办法》；2003年，汕头市制定了《汕头市人民代表大会常务委员会立法听证条例》等。这些地方性法规的施行，推动了地方立法程序进一步规范化，也提高了地方立法程序的可操作性。

3. 地方经济领域立法与社会领域立法并重

随着改革的深入，经济社会发展过程中的深层次矛盾日渐显现，通过地方立法解决社会矛盾，促进社会公平正义的需求与日俱增。因此，这一阶段的地方立法在继续加强经济领域立法的同时，也开始注重社会领域立法。以广东省为例，一方面注重以立法促进民生改善，制定了《广东省农村扶贫开发条例》《广东省社会保险基金监督条例》《广东省工伤保险条例》《广东省食品安全条例》《广东省饮用水源水质保护条例》《广东省工资支付条例》《广东省老年人权益保障条例》等法规，着力解决好人民群众最关心最直接最现实的利益问题；另一方面注重以立法促文化繁荣，制定了《广东省公共文化服务促进条例》《广东省非物质文化遗产条例》《广东省实施〈中华人民共和国文物保护法〉办法》等，加强公共文化服务，促进文化事业健康发展，以满足广大人民群众日益增长的精神文化需求。[①]

（四）全面发展阶段（2015年至今）

2015年3月15日，十二届全国人大三次会议表决通过了《关于修改〈中华人民共和国立法法〉的决定》，《立法法》迎来了实施15年以来的首次修改。《立法法》对地方立法权限作了较大调整：一是增加了法律保留事项。根据《立法法》第8条第6项规定，“税种、纳税人、征税对象、计税依据、税率和税收征收管理等税收基本制度”也属于法律保留事项，地方立法无权对其作出调整。二是实现了地方立法主体的扩容。根据《立法法》第72条、第82条规定，设区的市的人民代表大会及其常务委员会根据本市的具体情况和实际需要，在不同宪法、法律、行政法规和本省、自治区的地方性法规相抵触的前提下，可以制定地方性法规；设区的市、自治州的人民政府，可以根据法律、行政法规和本省、自治区、直辖市的地方性法规，制定规章。据此，过去49个较大的市才享有的地方立法权扩大至全部282个设区的市。[②] 三是划分了设区的市的立法权限。根据《立法法》第72条、第82条规定，设区的市只能对城市建设、城市管理、环境保护等方面的事项，制定地方性法规或地方

① 参见黄龙云主编：《广东地方立法实践与探索》，广东人民出版社2015年版，第4～5页。

② 根据《全国人民代表大会关于修改〈中华人民共和国立法法〉的决定》，广东省东莞市和中山市、甘肃省嘉峪关市、海南省三沙市，也比照适用有关赋予设区的市地方立法权的规定。

政府规章。在此背景下，“绝大多数设区的市开启了本市立法的新篇章，制定了本市历史上第一部地方性法规或政府规章”，[①] 我国地方立法进入全面发展阶段。这一阶段的地方立法呈现出以下特征：

1. 有序推进设区的市地方立法工作

为了贯彻落实《立法法》关于设区的市立法的规定，各省、自治区人大和设区的市积极为行使地方立法权做好准备，一些省、自治区根据设区的市行使立法权条件是否适合分批进行授权，一些省、自治区人大对设区的市能否行使好立法权进行广泛调研。辽宁省人大常委会确定9个设区的市开始行使地方立法权，安徽省人大常委会分3批确定14个市开始行使立法权，江西省人大常委会确定九江、景德镇、赣州等7个市为首批行使立法权的设区的市，湖北省人大常委会确定12个设区的市、自治州人大及其常委会行使立法权，广东省人大常委会分3批确定全省所有设区的市开始行使地方立法权，四川省人大常委会确定了13个设区的市为第一批行使地方立法权的市。西藏自治区人大常委会则确定日喀则、昌都、林芝3市人大及其常委会分别从2016年3月1日、5月1日、7月1日起开始制定地方性法规。为确保设区的市如期行使好地方立法权，各省、自治区人大常委会积极加强设区的市立法能力建设，协调有关部门支持设区的市人大常委会增设立法工作机构、配备立法工作人员。通过举办立法培训班，开展立法讲座，组织立法干部到省区人大机关挂职学习，提升设区的市立法能力和水平。[②]

2. 重视地方立法工作机制创新

为做好新时期的地方立法工作，提高地方立法质量，各级地方立法主体普遍重视地方立法工作机制创新，主要包括四个方面：[③]一是建立党对地方立法工作的领导机制。例如北京市委加强对立法工作的领导，对每项重要立法的进展情况和主要内容都听取市人大常委会党组的专题汇报，及时给予重要指导；天津市人大专门制定了地方立法重大事项向市委请示报告的意见，确保重大立法决策体现党的主张和人民意愿；河北省根据省委重大发展战略和决策部署，确定并及时调整年度立法计划等。二是强化人大主导立法的工作机制。例如各省市人大加强了自己起草或组织第三方起草法规案的比重，对政府起草的法规草案，采取提前介入等方式及时把握立法工作动向等。三是构建地方立法的社会参与机制。例如河北、山西、上海、江苏、安徽、福建、四川、陕西、宁夏等省区市人大都建立了基层立法联系点；山西、上海、西藏等省区市人大分别建立立法专家库；广东省人大利用在线交流平台等拓宽基层代表参与立法工作的渠道，通过召开电视讨论会和网络听证等方式听取意见等。四是完善地方立法的过程机制。例如北京市人大要求市政府向市人大常委会提请审议的法规草案，由主管法制工作的副市长或委托政府法制部门负责人作说明；上海市人大加强立法工作组织协调，完善立法起草、论证、协调、审议流程；安徽省人大制定了全国第一个立法程序示范文本，来增强立法过程的规范化；湖北省人大对涉及群众切身利益、社会普遍关注的重要法

---

① 参见石佑启、潘高峰、朱最新主编：《中国地方立法蓝皮书：中国地方立法发展报告（2016）》，广东教育出版社2016年版，第5页。

②③ 参见石佑启、潘高峰：《2015年度中国地方立法评析——以地方性法规为观察对象》，载《地方立法研究》2016年第1期。

规，实行隔次审议、“三审四通过”等。

3. 突出重点领域立法

中共十八届四中全会提出，“法律是治国之重器，良法是善治之前提。建设中国特色社会主义法治体系，必须坚持立法先行，发挥立法的引领和推动作用，抓住提高立法质量这个关键。”为此，各级地方立法主体加强重点领域立法，积极发挥地方立法的引领和推动作用：在重大改革领域，坚持立法和改革决策相衔接，做到“重大改革于法有据”。例如天津、福建、广东、浙江等省（市）人大常委会相继出台自由贸易试验区条例，鼓励先行先试，推动改革创新，为中央立法进行了有益探索。在民生领域，各级地方立法主体关注民生建设，推进社会矛盾解决，增进社会和谐。例如青海、湖南、宁夏、吉林、河北、贵州、山西等省区人大常委会均制定了有关扶贫开发的地方性法规。在环境领域，各级地方立法主体加强污染防治和生态保护立法，促进环境问题的解决。以广东省为例，不少新获立法权的设区的市就以环境立法作为本市首部地方立法的选题，如中山市人大常委会制定了《中山市水环境保护条例》、惠州市人大常委会制定了《惠州市西枝江水系水质保护条例》、汕尾市人大常委会制定了《汕尾市水环境保护条例》、江门市人大常委会制定了《江门市潭江流域水质保护条例》、茂名市人大常委会制定了《茂名市高州水库水质保护条例》、清远市人大常委会制定了《清远市饮用水源水质保护条例》、潮州市人大常委会制定了《潮州市韩江流域水环境保护条例》等。

4. 彰显地方立法的地方特色

“地方特色是地方立法存在的价值所在，没有特色的地方立法犹如没有灵魂的躯壳。坚持地方立法的地方特色既具有客观必然性，也具有重大的现实意义，需要不断地探索与挖掘。”① 对此，这一阶段不少地方立法都体现出鲜明的地方特色，充分发挥了地方立法在解决地方问题上的特有优势。以广东省为例，在省的地方性法规方面，广东省人大常委会制定的《广东省岭南中药材保护条例》凸显广东特色，及时、有效地回应了当前岭南中药材在保护、利用等方面的现实需求；在设区的市的地方性法规方面，佛山市人大常委会制定的《佛山市历史文化街区和历史建筑保护条例》、河源市人大常委会制定的《河源市恐龙地质遗迹保护条例》、惠州市人大常委会制定的《惠州市历史文化名城保护条例》、湛江市人大常委会制定的《湛江市湖光岩景区保护管理条例》、肇庆市人大常委会制定的《肇庆古城墙保护条例》等地方性法规，均充分地表现出广东省设区的市立法的地方特色，使设区的市立法能够真正地契合地方实际而“接地气”，从而有效发挥设区的市立法的功用，并在一定程度上避免了设区的市立法对法律法规照搬照抄而造成的重复立法。②

① 石佑启：《论地方特色：地方立法的永恒主题》，载《学术研究》2017 年第 9 期。

② 参见石佑启、潘高峰、朱最新主编：《中国地方立法蓝皮书：中国地方立法发展报告（2016）》，广东教育出版社 2016 年版，第 250 页。

思考题：

1. 清末地方立法产生的条件有哪些？
2. 北洋政府时期存在哪些地方立法制度？
3. 南京国民政府时期有哪些地方立法主体？
4. 新民主主义革命时期的地方立法有哪些特征？
5. 改革开放以来的地方立法经历了哪些阶段？其中全面发展阶段地方立法有哪些特征？

第三章　地方立法原则

第一节　地方立法原则的含义与功用

一、地方立法原则的含义

在印欧语系中，“原则”一词源自拉丁语 principium，意为“起源”和“基础”，后演变成英语中的 principle。但是，英美法律圈对法律原则的确认要晚于欧陆法理论，直到罗纳德·德沃金从法学角度阐述了“规则”与“一般原则”的关系后，“法的一般原则”才得到英美法理论的广泛认同。[①] 在我国，一般认为，法学中的“原则”，即“法律原则”是指众多法律规则之基础或者本源的综合性、稳定性的原理和准则。[②] 按照不同的标准，法律原则亦可划分为不同类型。比如，按照内容的性质不同，可分为政策性原则和公理性原则；按照原则指引范围的不同，可分为基本原则、一般原则和具体原则；按照调整的社会关系的不同，又可以分为宪法原则、民法原则、刑法原则、诉讼原则；[③] 按原则在法律调整中所起作用的不同，可分为立法原则和法律实施原则。

立法是政治性、科学性和实用性很强的活动，必须遵循一定的立法原则。何谓“立法原则”，学界存在不同的观点。有的学者认为：“立法原则是立法主体在立法活动中所应当遵循的基本准则和总体要求。”[④] 有的学者认为：“立法原则是立法主体据以进行立法活动的重要准绳，是立法指导思想在立法实践中的重要体现。”[⑤] 有的学者认为：“立法原则是指在一国立法活动中起指导作用的思想和具有基础或本源意义的稳定的法律原理和准则。”[⑥] 有的学者认为：“立法原则是贯彻于整个国家立法和地方立法过程中的、反映立法活动的客观规律与基本要求的、具有普遍指导意义的准则。”[⑦] 综上表述，我们认为，立法原则是指立法主体据以进行立法活动的主要准绳或基本准则，是立法指导思想在立法实践中的重要体现，是立法的内在精神品格之所在。

地方立法遵循什么样的原则，直接关系到地方立法的内容与效力，关系到地方立法的质量与效益。何谓“地方立法原则”，学界也存在不同的观点。有学者认为：“地方立法的基本原则是指享有地方立法权的地方国家机关在进行立法活动时应当遵循的基本立场和准则。这些

---

① 参见［德］阿图尔·考夫曼、温弗里德·哈斯默尔主编：《当代法哲学和法律理论导论》，郑永流译，法律出版社 2013 年版，第 151 页。

② 参见张文显主编：《法理学》，法律出版社 1997 年版，第 71 页。

③ 参见李龙主编：《法理学》，武汉大学出版社 2011 年版，第 128 ~ 129 页。

④ 沈宗灵主编：《法理学》（第二版），高等教育出版社 2004 年版，第 293 页。

⑤ 周旺生主编：《法理学》，西安交通大学出版社 2006 年版，第 203 页。

⑥ 朱力宇、张曙光主编：《立法学》（第三版），中国人民大学出版社 2009 年版，第 55 页。

⑦ 汤唯、毕可志等：《地方立法的民主化与科学化构想》，北京大学出版社 2002 年版，第 53 页。

立场和准则是保证地方立法有效和其作用得以实现的最起码条件。”① 也有学者认为：“所谓地方立法的基本原则，即指地方立法机关在整个地方立法过程中所应遵循的基本准则。”② 我们认为，地方立法原则，是指贯穿于地方立法过程中、指导地方立法主体进行地方立法活动的基础性和本源性的法律准则。它由我国地方立法的实践和经验总结、提炼而来，直接关系着地方立法的内容及效力，集中体现了我国地方立法的基本立场和价值取向。

二、地方立法原则的功用

地方立法原则在地方立法中居于基础性的地位，具有重要功用。主要体现在：

1. 保障地方立法活动符合国家的根本性质

立法原则总是随着时代嬗进而不断变化。不同性质的国家往往会借助立法原则，确保所制定的法律能够满足统治阶级的统治要求，宣示法律的性质和特点。例如，我国封建社会的立法是在神权和宗法思想指导下进行的，立法活动中体现了“君权神授”“亲亲”“尊尊”等基本原则。在欧陆国家结束中世纪的黑暗后，随着资本主义发展，各国制定宪法或者其他法律中也先后对立法原则作出了规定，从法国1789年《人权和公民权宣言》、美国1776年《独立宣言》开始到现在，资本主义国家都要求立法应当坚持“主权在民”“平等自由”等基本原则。社会主义国家登上历史舞台后，尽管各国国情和发展状况有所不同，但都坚持在马克思主义思想的指导下确立了相应的立法原则，并以维护社会主义国家性质为导向，我国亦是如此。而且，这在国家与地方两个层级的立法中均得到了体现。就地方立法而言，通过地方立法原则的设定，使《立法法》所要求的坚持人民民主专政的指导思想在地方立法活动中得以贯彻，从而使地方立法活动获得了一以贯之的价值理念和行为方向，并以此保障地方立法活动符合国家的根本性质。

2. 维护国家法制统一

为适应我国地域辽阔、民族众多以及区域经济社会发展不平衡的实际情况，我国形成了“一元两级多层”的立法体制。其中，“一元”是指，我国只存在一个统一的立法体系；“两级”是指，在国家统一的立法体系内，存在着中央与地方两个立法层级；“多层次”则是指，我国中央与地方立法具体又可以分为若干层次和类别。在此前提下，我国中央立法及各级地方立法在立法主体、适用范围等方面会存在差异，且在规范效力方面也存在不同的位阶之分。这就有必要设定相应的地方立法原则对各级地方立法予以引导，以保证所有的地方立法活动都在宪法和法律的框架内进行，从而防止越权立法及法律法规冲突等问题的发生，并以此维护我国社会主义法制的统一性。

3. 指引地方立法的发展方向

从某种意义上讲，地方立法是对本地区范围内利益格局所进行的调整，因而地方立法实际上也是一个利益博弈的过程。在这一过程中，必然存在着不同认识、不同诉求以及不同主张之间的交锋，所以立法者必须平衡不同利益并作出某种选择后，才能最终创制规则。地方立法原则作为一种“应然”的“先在”，能够帮助立法者从宏观的价值层面理清有关的社会

---

① 王广辉：《论我国地方立法的基本原则》，载《法商研究》1996年第6期。

② 马英娟：《论地方立法的基本原则》，载《河北大学成人教育学院学报》2000年第4期。

关系，并就不同的诉求和主张予以理性地判断，从而作出符合社会基本常识、基本伦理观念且适应本地区经济、政治和文化发展方向的选择。

第二节 地方立法的一般原则

地方立法作为整个国家立法的有机组成部分，相对于中央立法而言，它具有从属性，其从属性决定了它必须遵循国家立法的原则，这称之为地方立法的一般原则。根据《立法法》的规定，国家立法应遵循合宪性原则、依法立法原则、民主立法原则和科学立法原则。

一、合宪性原则

《立法法》第3条规定："立法应当遵循宪法的基本原则，以经济建设为中心，坚持社会主义道路、坚持人民民主专政、坚持中国共产党的领导、坚持马克思列宁主义毛泽东思想邓小平理论，坚持改革开放。"这就确立了立法应当遵循的合宪性原则。合宪性原则是对所有立法主体立法活动的普遍要求，地方立法当然也不能例外。合宪性原则就是指一切立法活动，包括立法的主体与权限、立法的内容、立法的程序，都必须符合宪法规定，不得违反宪法。《中国共产党第十八届四中全会公报》（简称《公报》）指出："坚持依法治国首先要坚持依宪治国，坚持依法执政首先要坚持依宪执政。"这不仅是对宪法至高无上的法律地位的概括，同时也对宪法实施提出了明确要求。宪法是国家的根本大法，是各项法律、行政法规、地方性法规的依据和效力来源，各级人大和政府在制定法律、行政法规和地方性法规的过程中必须以宪法为依据，不能超越宪法的规定，不能违背宪法的基本原则。

1. 宪法的至上性

宪法至上性是宪法相对于法律而言的。人们称：宪法是万法之源，宪法是万法之最，宪法是万法之根，宪法作为国家根本大法的地位决定了一切法律和法律活动都必须与宪法的原则精神相一致，地方立法也必须维护宪法的统一和尊严。[①] 从历史发展的角度看，用宪法来管理国家事务的思想，源自古希腊的民主政治实践，此后发展成为当代世界多数国家的共同选择。各国宪法不仅确立了主权在民的原则、代议制原则、依法行政原则、权力制衡原则等，而且通过各种护宪措施使国家各种权力受控于宪法，使宪法获得了普遍的尊重。宪法在内容上具有根本性，它界定了立法机关和其他国家机关的不同职能和地位，规范着国家机关之间的权力界限；宪法赋予了公民的基本权利，规定了国家和公民之间的相互关系。可见，宪法既规范"权力"体系，又规范"权利"体系，还调节"权力"和"权利"的关系。这使宪法成为国家社会之运作的基本准则。在地方立法领域，地方国家机关是否有立法权力，有什么范围和性质的立法权力，以及人民对于立法的知情权利、参与权利、监督权利等，也都是由宪法规定或者根据宪法授权的。[②]

宪法在国家法律体系中具有最高的法律地位，是其他法律的立法基础和立法依据。一切

---

① 参见汤唯、毕可志等：《地方立法的民主化与科学化构想》，北京大学出版社2002年版，第61页。

② 参见王建华、杨树人：《地方立法制度研究》，四川人民出版社2009年版，第53～55页。

法律规范都必须从宪法那里取得合法效力，一切法律法规都不得与宪法相冲突或相抵触。在地方立法中，即要保证地方立法作为国家法制体系的组成部分，不能与宪法相抵触，地方立法如果与宪法相抵触，就不具有法律效力。由此，违宪的地方立法无效，这是宪法至上的一个合乎法理和逻辑的推论。

宪法是一切组织和个人的根本活动准则。我国《宪法》序言中明确规定："全国各族人民、一切国家机关和武装力量、各政党和各社会团体、各企业事业组织，都必须以宪法为根本活动准则，并且负有维护宪法尊严、保证宪法实施的职责。"《宪法》第 5 条规定："一切国家机关和武装力量、各政党和各社会团体、各企业事业组织都必须遵守宪法和法律。一切违反宪法和法律的行为，必须予以追究。任何组织或者个人都不得有超越宪法和法律的特权。"中共十八届四中全会通过的《中共中央关于全面推进依法治国若干重大问题的决定》（简称《决定》）强调："全国各族人民、一切国家机关和武装力量、各政党和各社会团体、各企业事业组织，都必须以宪法为根本的活动准则，并且负有维护宪法尊严、保证宪法实施的职责。一切违反宪法的行为都必须予以追究和纠正。"

2. 宪法的实施

合宪性原则还要求当不同立法主体所立之法不符合宪法或互相冲突时，应当适用宪法加以判断和裁量，从而使宪法能在法的运行中真正确立起最高效力，真正能发挥作用。《立法法》第 87 条规定："宪法具有最高的法律效力，一切法律、行政法规、地方性法规、自治条例和单行条例、规章都不得同宪法相抵触。"如何确保宪法的最高效力？这就有赖于进一步明确宪法实施的任务，完善宪法的实施机制。宪法实施的目的，在于使宪法规范的理想价值与法律行为的控制之间建立起良性互动关系，沟通文本上的宪法和运行中的宪法之间的联系。宪法至上并不等于宪法高不可及。宪法不仅仅是一种政治口号、政治宣言、政治纲领，宪法的生命在于实施，宪法的权威也在于实施。当宪法通过地方立法的贯彻、政府的推行、人们的遵守、法院的维护而获得实际效力时，它的最高效力才能真正获得体现。而如果宪法制定后得不到执行，如果现实生活中出现了宪法问题不能通过宪法适用来解决，则实践中作为治国纲领的宪法就很难从"纸上"走入"现实"，必然导致宪法被架空。

在我国，全面贯彻实施宪法，是建设社会主义法治国家的首要任务和基础性工作。宪法实施的任务在于维护宪法权威，避免下位法、特别是地方立法与之冲突。因此，需要设立专门机构，来确定在立法过程中宪法是否被遵守，来判断和处理与宪法不一致的"立法违宪"问题。在地方立法与宪法的关系方面，作为下位法，地方立法必须从宪法那里找到合法性源泉，因而地方性法规和地方政府规章的制定和颁布、遵守和执行，是否符合宪法的原则，这就需要有完善的宪法适用和法律监督机制。① "总结经验和教训，理智的人们已经深刻地认识到，仅有写在纸上的宪法远远不够，必须有强有力的宪法监督机制。"② 中共十八届四中全会《决定》提出：健全宪法实施和监督制度。完善全国人大及其常委会宪法监督制度，健全宪法解释程序机制。加强备案审查制度和能力建设，把所有规范性文件纳入备案审查范围，依法撤销和纠正违宪违法的规范性文件，禁止地方制发带有立法性质的文件。中共十九

---

① 参见王建华、杨树人：《地方立法制度研究》，四川人民出版社 2009 年版，第 54 ~ 55 页。

② 参见汤唯、毕可志等：《地方立法的民主化与科学化构想》，北京大学出版社 2006 年版，第 58 页。

大报告提出：加强宪法实施和监督，推进合宪性审查工作，维护宪法权威。只有在对立法行为的宪法监督方面采取有效的监督措施，通过违宪审查机制的建立健全，切实解决现实中客观存在的立法违宪问题，才能达到纸上的成文宪法与鲜活的宪法实践的有机统一。

二、依法立法原则

《立法法》第4条规定："立法应当依照法定的权限和程序，从国家整体利益出发，维护社会主义法制的统一和尊严。"这就确立了依法立法的原则。依法立法，对于维护社会主义法制的统一和尊严，是非常重要的。依法进行立法活动，主要体现在两个方面：一是立法应当依照法定的权限，二是立法应当依照法定的程序。

1. 立法应当依照法定的权限

职权法定，是社会主义法治的一项重要内容。我国的法律体系是以宪法为统帅、法律为主干，包括行政法规、地方性法规、自治条例和单行条例、规章在内的统一的、分层次的法律体系。在立法活动中，要保证法律体系内部和谐统一，一切法律、行政法规、地方性法规、自治条例和单行条例、规章都不得同宪法相抵触，下位阶的法不得同上位阶的法相抵触，同位阶的法之间也要互相衔接和一致。为了维护社会主义法制的统一和尊严，保障各个层次的立法活动和谐、有序地进行，必须合理地划分中央与地方、权力机关与行政机关的立法权限。《宪法》和有关法律对立法权限的划分，已经作了原则性规定。《立法法》以《宪法》为依据，对立法权限的划分进一步作了规定。制定法律、行政法规、地方性法规、自治条例和单行条例的活动，以及国务院部门和地方政府制定规章的活动，都必须依照《宪法》《立法法》和有关法律关于立法权限划分的规定。各有关机关都必须在宪法、法律规定的范围内行使职权，不能超越法定的权限范围。国家机关超越法定权限的越权行为，是违法的、无效的。

为了保障各有关机关在法定权限内进行活动，《宪法》和有关法律对监督机制作了规定，《立法法》根据我国立法的实际情况，规定了立法监督机制，主要是备案审查制度、改变和撤销制度，这是维护国家法制统一的重要制度。对立法监督机制的规定，主要表现为：第一，行政法规、地方性法规、自治条例和单行条例、规章，应当依法报有关机关备案。备案是为了进行审查，是进行监督的需要。第二，上级机关对下级机关进行监督，国家权力机关对本级国家行政机关进行监督。《立法法》第96条规定："法律、行政法规、地方性法规、自治条例和单行条例、规章有下列情形之一的，由有关机关依照本法第97条规定的权限予以改变或者撤销：（一）超越权限的；（二）下位法违反上位法规定的；（三）规章之间对同一事项的规定不一致，经裁决应当改变或者撤销一方的规定的；（四）规章的规定被认为不适当，应当予以改变或者撤销的；（五）违背法定程序的。"根据《立法法》第97条的规定，全国人民代表大会有权改变或者撤销它的常务委员会制定的不适当的法律，有权撤销全国人民代表大会常务委员会批准的违背《宪法》和《立法法》第75条第2款[①]规定的自治条例和单

① 《立法法》第75条第2款规定："自治条例和单行条例可以依照当地民族的特点，对法律和行政法规的规定作出变通规定，但不得违背法律或者行政法规的基本原则，不得对宪法和民族区域自治法的规定以及其他有关法律、行政法规专门就民族自治地方所作的规定作出变通规定。"

行条例；全国人民代表大会常务委员会有权撤销同宪法和法律相抵触的行政法规，有权撤销同宪法、法律和行政法规相抵触的地方性法规，有权撤销省、自治区、直辖市的人民代表大会常务委员会批准的违背《宪法》和《立法法》第 75 条第 2 款规定的自治条例和单行条例；国务院有权改变或者撤销不适当的部门规章和地方政府规章；省、自治区、直辖市的人民代表大会有权改变或者撤销它的常务委员会制定的和批准的不适当的地方性法规；地方人民代表大会常务委员会有权撤销本级人民政府制定的不适当的规章；省、自治区的人民政府有权改变或者撤销下一级人民政府制定的不适当的规章；授权机关有权撤销被授权机关制定的超越授权范围或者违背授权目的的法规，必要时可以撤销授权。加强对立法工作的监督，是立法活动能够依法进行的保障。

2. 立法应当依照法定的程序

国家机关的立法活动，不仅应依照法定的权限，还必须严格遵守法定的程序。遵守法定程序是实施法治的基本要求。人民代表大会及其常务委员会的立法活动，政府的行政立法活动，都必须严格遵循法定的程序。《全国人民代表大会组织法》《全国人民代表大会议事规则》《全国人民代表大会常务委员会议事规则》等法律，对全国人大及其常委会的立法程序作了一些规定。《国务院组织法》对国务院行使职权包括制定行政法规的程序作了规定。《地方组织法》对地方人大及其常委会、地方政府行使职权包括制定地方性法规和规章的程序作了规定。《立法法》在上述法律规定的基础上，对全国人大及其常委会的立法程序，国务院制定行政法规的程序以及地方人大及其常委会制定地方性法规的程序、行政机关制定规章的程序，作了进一步的规定。《立法法》按照党的中共十八届三中全会、四中全会提出的健全立法起草、论证、协调、审议机制，扩大公民有序参与立法途径等要求，总结实践经验，对立法程序又作了进一步补充和完善。严格按照法定程序进行立法活动，对于规范立法行为，保障立法质量是非常重要的。

遵守法定程序之所以重要，是因为程序性规定反映了民主原则，民主的实质必须通过相应的程序表现出来，违反程序也就违反了民主原则。严格遵循有关的程序性规定，是立法工作中坚持社会主义民主原则，保障立法体现人民意志，保障人民群众通过多种途径参与立法活动所必需的。严格遵守法定程序，也是国家机关的行为具有合法性不可或缺的条件。对于违反法定程序的法律、法规或规章，有关机关可以决定予以撤销。① 遵守法定程序是提高立法质量的重要保证。根据《立法法》的规定，全国人大及其常委会的立法程序主要包括法律案的准备程序、法律案的提出程序、法律案的审议程序、法律案的表决程序、法律案的公布程序；行政法规的制定程序包括立项、起草、审查、决定，依照《国务院组织法》的有关规定办理；地方性法规的制定程序，参照法律的制定程序，由地方人大制定；规章的制定程序参照行政法规的制定程序，由国务院规定。2015 年修正的《立法法》完善了行政法规的制定程序，增加规定：国务院年度立法计划中的法律项目应当与全国人大常委会的立法规划和年度立法计划相衔接；重要行政管理的法律、行政法规草案由国务院法制机构组织起草；行政法规在起草过程中，应当采取多种形式广泛听取有关机关、组织、人大代表和社会

① 参见全国人大常委会法制工作委员会国家法室编著：《中华人民共和国立法法释义》，法律出版社 2015 年版，第 18～20 页。

公众的意见。这些规定都要得到严格遵循。

三、民主立法原则

《立法法》第5条规定:“立法应当体现人民的意志,发扬社会主义民主,坚持立法公开,保障人民通过多种途径参与立法活动。”这就确立了民主立法原则。民主立法原则,是指立法要反映人民的意志和利益,保障人民的权利,其核心在于立法必须为了人民、依靠人民。实现民主立法,必须坚持人民的主体地位,充分发扬民主,保证人民通过多种途径有序参与立法,使立法更好地体现民情、汇聚民意、集中民智。在现代法治国家,民主立法是普遍遵循的原则,我国是人民民主专政的社会主义国家,立法权源于人民,立法活动理应尽可能地吸纳广大人民群众的参与,使不同的利益诉求在立法程序中得以表达与交流,以保证立法成果既反映人民的共同意志和利益,又能体现对少数群体的尊重,减少因法律变化所致利益格局调整而引起的社会矛盾,确保社会的和谐与稳定。

1. 立法必须恪守“以民为本、立法为民”的理念

“立法为民、人民至上,历来是立法工作的根本出发点和归宿,这是我国的国家性质所决定的。”① 在我国,一切权力属于人民,人民行使国家权力的机关是全国人民代表大会和地方各级人民代表大会。立法是人民代表大会及其常委会代表人民行使国家权力的重要体现,必须恪守“以民为本、立法为民”的理念。这要求必须健全立法机关主导、社会各方有序参与立法的途径和方式,强化对授权立法的控制与监督,被授权机关应当切实遵照授权目的和范围进行立法,不得将该项权力转授其他机关。当前有的法律法规质量不高、在实践中不能得到很好执行的一个重要原因就是,立法未能全面反映客观规律和人民意愿,针对性、可操作性不强,立法工作中部门保护主义、地方保护主义严重,争权诿责的现象突出,这实质上是立法活动没有严格坚持“以民为本、立法为民”理念的表现。故“立法为民”不是一句空洞的口号,它包含着立法者对人民的信托责任。作为人民选举出来行使立法权的代表,立法者必须为了人民利益来立法,多倾听人民的意见,集中人民的智慧,获取立法的“最大公约数”,广泛凝聚社会共识,这样才有助于提高立法的质量,所立之法才会有尊严与权威。

2. 立法的内容要最大限度地反映民意

依法治国的根本在于充分保障人民的权利和自由。因此,立法是否真正反映人民的利益和愿望,是否能够切实保证人民的权利和利益得以实现,直接关系着依法治国的成败。我国过去存在“义务本位”的立法倾向,这种立法强调公民的义务与责任,公民的权利没有得到应有的保护,从而导致公民对法律产生一种排斥情绪,很难主动去接受,更不会积极参与,久而久之,公民便会远离法律、不信仰法治。要全面推进依法治国,在立法方面就必须实现从“义务本位”向“权利本位”立法的转变,着重加强保护公民权利、增进公民利益的立法,对关系广大人民群众切身利益和群众反映强烈的、需要通过立法解决的问题,立法机关应注意从立法角度加以研究和考虑,切实解决人民群众最关心、最直接、最现实的利益

① 参见贾璋炜:《我国地方立法原则探微》,载《内江师范学院学报》2008年第1期。

问题，确保每项立法都符合宪法精神、反映人民意志、维护人民利益、得到人民拥护。

3. 立法要尽可能畅通民意表达渠道

要在立法过程中贯彻民主原则，增强地方立法程序的民主性，要坚持开放性立法，尽可能地保障人民群众参与到立法活动中来，疏浚民意表达渠道。重点应抓好以下几个环节：第一，在广泛征求各方面意见的基础上形成符合实际需要的立法规划。在编制立法规划时，除考虑各主管部门的立法建议外，还应考虑民众的意见，建立便捷畅通的渠道，设置专门的组织和人员，及时准确地征集社会各方面的立法建议和意见，完善立法项目征集和论证制度。这是从源头上保证地方立法的民主性。第二，在地方性法规、规章的起草到审议阶段，应广泛听取有关机关、组织和公民的意见。这一方面要求立法机关应当依法主动向社会公开立法活动，公开说明立法意图及筹备工作，公布法规草案及调研论证报告，并创造条件逐步公开每个法案讨论及表决过程，及时公布立法结果。公民参与地方立法有多种形式，既可以通过听证会、座谈会等方式表达自己对法案的意见，也可以通过报刊、杂志、媒体、网络等途径讨论法案，还要建立立法联系点和立法顾问制度等形式，开辟多种渠道，保障广大人民群众能够更经常地参与地方立法活动，使地方立法具有深厚的实践基础和群众基础。另一方面又要求立法机关应当充分尊重民意，无论意见是否采纳，均应当对不同意见进行辨析以阐释条文的制定理由，健全公众意见采纳情况反馈机制，确保民意表达的有效性。第三，在地方性法规、规章实施过程中，地方立法机关应注意收集社会各阶层的意见，做好定期评估。根据评估结果，提出完善立法的具体意见、建议。

4. 立法机关应当自觉接受人民监督

任何权力都应当受到监督与制约，立法权亦不例外。若疏于对地方立法的监督，立法者可能会背弃人民的信赖和约束，那么所制定出来的法律就不是民主制度追求的结果。为防范立法权的滥用，确保立法者能真正代表人民，反映民意民情，就必须健全人民监督立法权运行的机制使地方立法机关能够自觉地接受人民监督，避免立法活动产生的负面效应。客观地说，我国当前地方立法实践中，仍然存在“立法不作为”和“立法乱作为”的现象。要克服这些现象，就要将《宪法》《立法法》赋予公民的批评权、建议权、监督权等落到实处，建立相应制度来受理群众对立法行为的申诉、控告，强化上级人大及其常委会指导与监督下级人大及其常委会的立法活动。当然，选民还可以通过罢免不称职的人大代表来间接监督立法机关及立法活动。

四、科学立法原则

《立法法》第6条规定：“立法应当从实际出发，适应经济社会发展和全面深化改革的要求，科学合理地规定公民、法人和其他组织的权利与义务、国家机关的权力与责任。法律规范应当明确、具体，具有针对性和可执行性。”这就确立了科学立法原则。科学立法原则，是指地方立法要符合理性，准确反映和体现所调整社会关系的客观规律，同时遵循法律体系的内在规律。科学立法的核心要求立法活动应当在科学的理论指导下，尊重和体现规律，避免立法的主观随意性与盲目性，减少立法失误，提高立法质量。所谓立法质量，归根到底，在于法律规范能够反映客观规律，具有科学性、合理性，且具有可操作性，能够解决实际问题。在我国，强调科学立法，最重要的是在尊重立法活动内在规律的前提下，使立法符合我国现阶段的基本国情，以满足社会主义现代化建设和国家治理的需要，地方立法亦不例外。就地方立法中的科学性原则而言，可以从以下几个方面进行阐释：

1. 立法应当遵循社会发展的客观规律

立法是立法者确立社会普遍规则的主观意志活动，这些规则在多大程度上能够满足社会客观现实的需要，取决于立法者分析社会现象的理论方法对客观世界的发展规律的认知程度，而要发现社会发展的客观规律，就必须深入调查研究，做到一切从实际出发，理论联系实际，这是科学立法的前提条件，唯有如此才可能制定出符合社会客观需要的法律法规。当前我国最大的实际和国情是正处于并将长期处于社会主义初级阶段，所以立法工作必须从这个实际出发，才能够发现立法所应解决的事项和制约立法的因素，才能够正确分析与评估现实社会状况，也才能够理性区分立法的轻重缓急，科学地制定出立法规划。同时，我国还处于从传统社会向现代社会的转型时期，社会经济发展日新月异，文化思想与社会阶层日趋多元，改革与发展正步入深水区，越来越触及根本性问题。立法要解决这些问题，就必须立足国情，了解问题所在，研究解决路径。深入开展调查研究，就既要广泛听取工人、农民、公务员、知识分子等各方面的意见，也要听取不同利益主体的意见；既要听取赞同意见，也要尊重反对意见；既要认真总结我国传统与现实中的立法经验，也要合理借鉴他国立法成果；既要综合运用经济学、社会学、统计学等领域的理论方法来解释社会现象，也要重视法学理论的指导作用，这样才能准确把握社会的发展规律，使地方立法切合实际，增强地方性法规、地方政府规章的生命力。

2. 立法应当科学合理配置权利与义务、权力与责任

权利与义务、权力与责任是法律的基本范畴，立法工作的核心就是为不同法律关系主体设定权利和义务或者权力和责任。实质上，这个过程又是对社会资源的初次配置，是对各种利益的协调与取舍，从而形成新的制度化、法律化的利益格局。所以，立法对权利与义务、权力与责任的规定必须科学合理。在法律规范中，权利与义务相对应；当法律规定一个主体享有某项权利时，必然意味着其他主体要承担相应的法律义务；法律规定一个主体负担某项义务时，亦必然意味着其他主体享有了相应的法律权利。因此，地方立法务必审慎考量权利与义务的设定，使之在法律规范之中总量等值，不允许存在部分人只享受权利但不履行义务的法律规范，任何人都没有超越法律的特权，也不允许存在部分人只履行义务但不享受权利的法律规范；科学的立法应尽可能地保障法律主体在自由行使权利的同时，能够自觉履行应尽之义务，最大限度地降低权利滥用与义务懈怠的发生。法律权力与法律责任是法律的另一基本范畴，与前者在法律中的普遍性存在不同的是，权力与责任只是法律中的特殊物。[①] 但是，权利的实现需要一定的保障机制，其中最为重要的保障机制亦须依托权力来设定。然而，凝聚性的权力一旦建立起来，权力的无序扩张与责任的自然放任又会时有发生，反而成为践踏权利的负能量。权力对权利的保护与冲击的双重效用，敦促人们必须关注权力及其责任的问题。这就要求地方立法要树立权责一致，“有权必有责，权责相统一”的理念，不能为了有法可依而仅强调权力的设定，更要重视对权力的规范和控制，建立权力清单制

① 参见谢晖：《法学范畴的矛盾辨思》，山东人民出版社1999年版，第252页。

度，使之公开透明运行，还要用责任划定权力的边界，任何怠于履行职责或者滥用职权的行为都应承担相应的法律责任，通过理性制约权力来解决各种利益纠纷，维护公众的合法权益。

3. 立法应当自觉接受实践检验

实践是法律的基础，法律是实践经验的总结和升华。一部法律自诞生之日起即面临着实践的挑战，处于不断地自我完善之中，而一部法律是否科学与良善也只能由法律实践来考查。同时，由于我国地方立法工作起步较晚，区域间的政治、经济、文化的发展水平亦不平衡，一些地方又面临着民族团结、国防安全等问题，经济社会的加速转型又不可避免地引发一些难以预见的新情况，这使得过去的地方立法往往原则性规定较多。所以，地方立法不应仅满足于科学、民主的制定过程和内容设置，还应自觉地追踪执法进度，科学地分析法规、规章的实施效果，及时修改或者废止不适应生产力和生产关系、经济基础和上层建筑发展的法律规范，并总结经验以指导今后立法，使法律规范更为明确、具体，增强其及时性、针对性、可操作性和有效性。

第三节 地方立法的特有原则

地方立法具有相对独立性，因此，它除了遵循国家立法的原则外，还要遵循其特有的原则，如不抵触原则、有特色原则和可操作原则。这样才能既保持国家法制的统一性，又能充分调动地方的积极性和创造性，提高地方立法质量，健全中国特色社会主义法律体系，发挥好地方立法在全面推进依法治国中的引领和推动作用。

一、不抵触原则

不抵触原则是地方立法应坚持的特有原则，是对地方立法最基本的要求，也是地方立法最重要的特点。

不抵触原则是国家法制统一的客观反映。《立法法》第87规定："宪法具有最高的法律效力，一切法律、行政法规、地方性法规、自治条例和单行条例、规章都不得同宪法相抵触。"第88条规定："法律的效力高于行政法规、地方性法规、规章。行政法规的效力高于地方性法规、规章。"第89条规定："地方性法规的效力高于本级和下级地方政府规章。省、自治区的人民政府制定的规章的效力高于本行政区域内的设区的市、自治州的人民政府制定的规章。"这些规定表明，相对于国家法律、行政法规而言，地方性法规、地方政府规章属于下位法。上位法优于下位法，下位法必须服从上位法，这是解决法律、法规冲突的一般规则。所谓"不抵触"，就是地方立法应当在立法法确定的立法范围内作出规定，不得越权，不得与国家法律、行政法规相矛盾。上位法以授权规范的方式或者以确定规范赋予地方管理权的，或者对某些事项仅有一些原则性规定的，地方无疑有制定具体办法的权力，但必须恪守其权限。对上位法未授权的事项，不得作出规定。具体来说，一是对法律、行政法规设定的行政许可、行政处罚、行政征收和行政强制等，不得扩大或者缩小管理事项范围，增加或者减少种类，提高或者降低幅度；二是在有关市场经济活动的地方性法规、规章中，不得违反上位法的规定，自行设定实行地区封锁的内容；三是不得违反上位法的规定，自行设定增加或者减少管理相对人权益的内容。[①]

目前，就不抵触原则学界尚有不同的理解。有学者认为，“不抵触”是不与上位法的精神和基本原则相抵触，地方立法若符合国家法律基本精神，朝着健全社会主义法制的方向发展，尽管与上位法规定不一，甚至有新的规定，国家法律都是允许的，从根本上讲就不存在抵触的问题。[②] 也有学者认为，地方立法既不得与上位法的精神或者基本原则相抵触，也不得与上位法的具体规定相抵触。[③] 还有学者认为，地方立法须有上位法作为立法依据。[④] 这些观点从不同角度解释了“不抵触”的内涵。显然，“不抵触”并不要求地方立法必须对应上位法的具体条款来制定，否则地方立法完全变成中央立法的简单反复，会导致地方立法脱离地方实际。我们认为，“不抵触”包括两个方面含义：一是不得与宪法、法律、行政法规的具体条文内容相冲突、相违背，即不得直接抵触。上位法对某一事项作了明确的规定，地方立法的规定与之不一致甚至相反，就是直接抵触。例如上位法对违法行为已经作出行政处罚规定的，地方立法应在上位法规定的行为、种类、幅度范围内结合地方实际加以具体化，不能突破上位法规定的范围设定处罚。二是不得与宪法、法律、行政法规的精神实质、基本原则相冲突、相违背，即不得间接抵触。这样理解“不抵触”，才能在地方立法实践中，既维护国家法制的统一，又不至于使地方立法仅仅是对宪法、法律或行政法规的转抄、模仿而失去其应有价值。总之，必须准确把握“不抵触”的内涵，既要强调地方立法相对于中央立法的从属性，又要承认地方立法在符合上位法的基本精神与原则，且不与上位法具体规定相抵触的基础上，具有一定的自主性和灵活性。

二、有特色原则

有特色原则是指地方立法应当具有地方特色，这是地方立法的生命力所在。根据《立法法》第 72 条第 1 款、第 2 款的规定，省、自治区、直辖市的人民代表大会及其常务委员会根据本行政区域的具体情况和实际需要，在不同宪法、法律、行政法规相抵触的前提下，可以制定地方性法规；设区的市的人民代表大会及其常务委员会根据本市的具体情况和实际需要，在不同宪法、法律、行政法规和本省、自治区的地方性法规相抵触的前提下，可以对城乡建设与管理、环境保护、历史文化保护等方面的事项制定地方性法规。此处所规定的“根据本行政区域（市）的具体情况和实际需要”，实际上是要求地方立法必须从本地区的实际出发，体现出地方特色。而且，不仅是地方性法规应当如此，《立法法》对于自治条例和单行条例、经济特区法规和地方政府规章亦存在相同的规定。所谓“地方特色”，主要就是要求地方立法能反映本地的特殊性，符合本地实际，解决本地的实际问题。具体地说，就是要求：第一，地方立法能充分反映本地经济、政治、法制、文化、风俗、民情等对立法调整的需求程度，适合本地实际情况；第二，地方立法要有较强的针对性，能解决本地突出的

① 参见陈洪江主编：《地方立法简本》，天津人民出版社 2007 年版，第 50 页。

② 参见沈关成：《对地方立法权的再认识》，载《中国法学》1996 年第 1 期。

③ 参见许俊伦：《地方立法论》，中国民主法制出版社 1997 年版，第 35 ~ 36 页。

④ 参见李林：《走向宪政的立法》，法律出版社 2003 年版，第 221 页。

而中央立法尚未解决或不宜解决的问题。

地方立法突出地方特色，是由地方立法的特殊性所决定的。没有地方特色，地方立法存在的意义与价值就会大打折扣甚至丧失。因为单有中央立法不足以解决地方的特殊问题，不足以反映各地不平衡的状况。地方立法的主要任务之一，就是要用地方立法的形式，补中央立法之不足，反映地方之需求，解决好地方的特殊问题。当然，坚持地方特色原则，要反对和防止地方保护主义，即地方立法既要从本地经济、文化发展水平、社会实际状况出发，又要从全国经济、政治、文化的大局着想，把二者尽可能好地结合起来，切忌把地方特色原则变为地方保护主义的代名词。具体来说，地方立法坚持有特色原则，要求：

1. 地方立法应当立足于地方的自然资源与人文文化。我国地理状况复杂，自然资源分布不均，气候多样，发展环境的区域性特征明显，这就决定了地方立法必须重视区域发展的生态资源承受力，以及不同区域内人民的生产生活方式。例如广东韶关的丹霞山自然保护区作为特殊的自然与人文景观，无论是保护、研究，还是管理、开发，都面临着特殊的问题。解决这些问题，仅仅依据《风景名胜区条例》《自然保护区条例》等国家性立法明显是不够的，这就需要广东省的有关立法机关立足于丹霞山地区的实际情况，运用全国性立法确立的一般原则和精神，对丹霞山保护管理、开发利用、科学研究等涉及的各类主体，设定具体的法律权利与义务、权力与责任。为此广东省人民政府制定了《广东省丹霞山保护管理规定》。显然，该规定所确立的事项是其他地区没有的。因此，地方立法关注地域性事务，需要以本地区的地理、资源、环境等为立法基点，反映特定地区的立法需求。同时，各地人文文化也存在不同，这又决定了地方立法必须重视各地的传统观念、文化习俗、宗教信仰、人口结构等问题，有些事项在此地亟须立法，在彼地则并非如此。所以，地方立法在确定本地普遍适用的规则时，更要关注对特定群体文化传统的尊重，以保障其正当的权益。然而，由于当前我国各地普遍存在着超限开发自然与人文资源的情形，要实现人与自然的和谐，延续优秀传统文化，地方立法尤其应当注重对自然与人文的尊重与保护，使经济发展与自然资源存量、环境承载能力相适应，减少商业化开发对人文文化的侵蚀，坚持可持续发展战略。

2. 地方立法应当反映地方经济社会发展的实际需要。我国幅员辽阔，东、中、西部地区以及同一行政区划内的城乡之间的经济结构和社会发展状况存在着较大差异，区域发展不平衡已经成为困扰国民经济持续发展的焦点难题。由于经济基础决定上层建筑，故各行政区域在政治、经济、文化等方面亟须立法调整和解决的问题是不一样的，而国家立法在某些方面也只能作出原则性的规定甚至是无法规定。各地区如果不能按照本地实际情况制定相关法规，宪法、法律就可能无法得以有效执行，社会经济发展也可能会面临无法可依的状况。所以，地方立法必须立足于本地区的经济社会发展水平，充分调研分析本地的产业结构及增长方式、基础设施建设水平、地区发展的比较优势、经济发展要素以及城乡生活方式和公众心理方面的差异，等等，发现制定某项具体立法的客观需要，既要通过立法来保护改革发展的成果，又要有适当的前瞻性，以立法来促进和引领改革发展的方向。这种反映各地方发展不平衡的实际情况，解决各地方经济、社会的特殊问题的立法，才突出了地方立法的特色和存在价值。值得注意的是，我们不能将“反映地方经济社会发展需要”狭隘地理解为地方保护主义。如前所述，地方立法具有从属性，不能与国家立法的规定、原则和精神相抵触；而地方保护主义则是以违背中央政策、国家法律的方式滥用或者消极行使权力来维护或者扩大地方局部利益，阻碍和干扰社会主义市场经济体制的建立，这与地方立法的基本原则是相违背的。因此，地方立法还要将本地经济社会发展的实际，置于国家整体的实际以至国际经济发展趋势的实际中来权衡，全面系统地观察、分析这些实际，再上升为理性和规律性认识，如此才能真正提升地方立法的质量。

3. 地方立法应当积极发挥地方自主性。地方立法要维护国家立法的权威，但地方的立法权也须受到应有的尊重和保护，这样其才能切实地根据本地方的具体情况和实际需要，因地制宜、灵活多样地解决本地方的特殊问题，突出立法的地方特色。当然，作为一项职能性权力，地方立法的自主程度取决于在中央和地方的权力分配中，法律赋予地方国家机关的权限和职能；地方立法应当在其权限范围内积极能动地发挥自身功能，这样才既有利于国家立法在本行政区域的贯彻与执行，也有利于及时化解地方的突出矛盾，还可为国家立法积累一定的实证经验，加快推进国家的法治进程。这种自主性表现为：一是先行立法。在国家立法尚未成熟而地方迫切需要立法来解决现实问题时，或者国家立法尚处于酝酿中，需要一定的调研、论证和实证经验时，地方可以就相关事项先行立法。例如，2013 年年底国家才正式启动《电子商务法》的立法工作，在此之前电子商务领域仅有的法律是 2005 年施行的《电子签名法》，这显然无法满足广东省等电子商务迅猛发展地区的需要，为此广东省九届人大会常委会于 2002 年底通过了《广东省电子交易条例》。这就是典型的先行立法。二是特别授权立法。根据《立法法》第 74 条的规定，全国人民代表大会可以授权决定经济特区所在地的省、市的人民代表大会及其常务委员会制定在经济特区范围内实施的法规。这种特别授权有别于一般地方立法，其目的在于为经济特区探索建立社会主义市场经济体制拓展立法空间，稳妥推进经济领域的诸多改革，更强调立法的创造性和探索性，所以经济特区根据授权还可以对法律、行政法规和地方性法规作变通规定。三是特殊规范立法。对于某些国家立法没有涉及，或者不宜由国家立法规范的事项，地方国家机关可以根据具体情况和实际需要予以规范。例如，城镇居民燃放烟花爆竹等事宜。四是区域性合作立法。我国区域发展不平衡，各地又都有自身独特的立法事项，也都有发展经济、改善民生的需要，所以地方立法之间会存在不协调、不一致的现象，必须建立一套平等协商解决问题的程序机制，使各地方可以通过协商方式共同解决发展中面临的跨区域问题，如跨区域环境治理、生态保护的利益补偿等，形成区域性合作立法，实现地方立法的自主协调和共同发展。

4. 地方立法要从实际需要出发，科学合理地确定立法体例。要以解决实际问题为目标，不局限于追求形式上的完整性，而是需要几条就制定几条，成熟几条就写几条，不搞“大而全”，注重“小而精”，要在立法的精细化上下工夫，尽量不要重复上位法的内容[①]，防止“小法抄大法”、法繁扰民，以有效回应人民群众对地方立法的关切和期盼。这也是地方立法有特色原则的要求。

三、可操作原则

1. 可操作原则的含义与特征

可操作原则，是指地方立法在实践中能够行得通、真管用，即切实可行。它也是地方

① 根据《立法法》第 73 条规定，制定地方性法规，对上位法已经明确规定的内容，一般不作重复性规定。

立法的生命，地方立法只有具有可操作性，才能得到有效实施。实践证明，不具有可操作性或者可操作性不强的地方立法，即使立法的出发点再好，立法思路再好，框架设计再好，也是不成熟的，达不到立法要取得实效的目的。可操作原则具有以下两个主要特征：

（1）具体化。地方立法是需要直接适用的。因此，地方立法条款的针对性要强，要具体。只有这样，才能使执行者和遵守者易于理解，易于把握，易于执行和遵守。具体而言，要努力做到在语言文字、表达技术、结构形式、构造技术、立法修正、完善技术、立法解释、注释技术等方面科学、明确、规范、精致等。

（2）宜操作。宜操作是可操作的题中应有之义。也就是说，要做到可操作，必须做到宜操作，只有宜操作才能有效地实现可操作。其中重要的一条就是，应当考虑立法和执法的成本。如果一项地方立法的实施是建立在耗费社会资源的基础上，“投入大于产出”，即使实现了“可操作”，也不会取得实效，甚至可能造成多数群众不愿遵守、执法部门不愿实施的情况。因此，地方立法必须认真研究立法的经济效益、社会效益，使立法的调整性和可控性更为具体，尽可能选择那些使社会和公民负担最小的手段和措施，最大限度地降低守法成本和执法成本，保证地方立法能真正落到实处。

2. 实现可操作性的途径

在地方立法实践中，重点可从下列方面着手增强地方立法的可操作性：

（1）要加强调查研究。地方立法涉及的范围很广，调整的事项也很复杂，往往遇到种种矛盾。如果不深入实际，不调查研究，就难以做出正确的判断。因此，要“针对问题立法、立法解决问题”，要下工夫研究问题，把地方立法涉及的理论问题、实际问题、法律问题研究透彻，找出切实可行的对策和措施，然后再立项、起草。如果调查研究不够，脱离实际，在立项上就缺乏可行性，使可操作性失去了基础。

（2）处理好前瞻性与现实性的关系。立法应当从实际出发，解决现实中的问题。同时立法必须有前瞻性，否则出台后就会很快不适应社会生活的需要。当然，立法如果过分强调前瞻性，过分搞超前立法，立法的内容就会失去现实的基础，也会失去可操作性。立法工作中应当把握好前瞻性与现实性的关系，在现实性的基础上，依照客观规律或者发展趋势的要求作出预测，制定出前瞻性的法规、规章，这是增强地方立法可操作性的重要措施，当然其难度是相当大的，但却是我们要追求的高水平。

（3）克服部门利益倾向。在立法实践中，有些部门力图通过地方立法来争取或者强调、巩固本部门的权力和利益，力图使“部门权力利益化，部门利益法制化”；有的重本部门的职权，轻公民、法人和其他组织的合法权益；有的重本部门的“威严”，轻便民利民；有的重对违法行为的制裁，轻对日常行为的引导；有的重对管理相对人的治理，轻对自身的规范。这种立法中的部门利益倾向，破坏了法制的统一，也影响了立法的可操作性。因此，在地方立法中要特别注意对权力的制约和对权利的保护，即注意强化和保护公民、法人和其他组织的合法权益，注意权利与义务、权力与责任、管理与服务的统一平衡，促进地方立法从“单纯管制型”向“综合服务型”转变，从而使所制定的地方性法规、规章便于操作执行。

（4）增强便民性和服务型。一是地方立法要体现便民原则，这是尊重公民权利和提高行政效率的要求，也是增强地方立法可操作性的内在要求。立法归根结底是以维护广大人民群众的根本利益为出发点和落脚点的，是要靠广大人民群众的支持才能实施和真正取得实效的。要坚持少而精的原则。地方立法不是越多越好，要做到便民利民，而不扰民。二是立法内容要简明扼要，文字要通俗易懂，使法言法语与大众语言统一起来，切不可成为“天书”。三是立法机构和相关执法部门要加强普法宣传和法律服务，使广大群众知法，并利用法律武器维护自身的权益，自觉抵制违法行为。①

思考题：

1. 什么是地方立法原则？
2. 地方立法原则有哪些功用？
3. 地方立法的一般原则有哪些？
4. 地方立法的特有原则有哪些？
5. 地方立法有特色原则的要求有哪些？

① 参见陈洪江主编：《地方立法简本》，天津人民出版社 2007 年版，第 59～61 页。

第四章　地方立法体制

第一节　地方立法体制概述

一、地方立法体制的概念

何为立法体制？学界尚无完全统一的概念。产生理解上的差异主要源于两个方面的原因：(1) 对立法概念存在认识上的差异，导致对立法体制概念理解不同。人们对立法概念的认识通常有广义和狭义之分。广义上的立法概念与法的制定含义相同，泛指一切有权的国家机关依法制定各种规范性法律文件的活动。狭义上的立法概念是国家立法权意义上的概念，仅指国家最高权力机关制定、修改、废止宪法和法律的活动。本章所称立法体制里的"立法"和"立法权限"，是就广义上的立法概念而言的。(2)"体制"一词具有多种含义，致使对立法体制概念理解不同。在《汉语大词典》里，"体制"一词有"格局、规格、结构、组织制度、礼制、规矩"[①] 等含义，在《现代汉语词典》里，"体制"被解释为"国家机关、企业事业单位的组织制度"[②]，在《辞海》里，则将"体制"界定为"国家机关、企业和事业单位管理权限划分的制度"[③]。"体制"的词语含义告诉我们，体制涉及的是制度的问题，这种制度是关于格局、结构、规则、组织等问题。也就是说，体制不等于制度，是制度的组织化、结构化。因此，"体制"主要涉及的是组织管理形式、组织管理机构的设置、组织管理权限的划分、组织管理的方式方法等问题。

有学者指出，"立法体制一词不是古老的或外国人习用的概念，而是中国学者近些年来在经济体制、政治体制这些词汇大量使用的背景下采用的一个概念"。[④]"在各种文献中，甚至日常生活中，对经济体制、政治体制等的解释并不完全一致的情况下，当人们将'立法'和'体制'两个概念相加，形成'立法体制'这一中国特有的概念时，理解上的差异也就是自然而然了。"[⑤]

目前对立法体制概念的理解，通常有以下五种主要观点：(1) 认为立法体制是指关于立法权限划分的制度；[⑥] (2) 认为立法体制就是立法权限划分体系和制度；[⑦] (3) 认为立法体制是指立法主体的组织体系和立法权限的划分制度；[⑧] (4) 认为立法体制是有关立法权

① 汉语大词典编辑委员会、汉语大词典编纂处编：《汉语大词典》（第 12 卷），上海辞书出版社 1986 年版，第 414 页。

② 中国社会科学院语言研究所词典编辑室编：《现代汉语词典》，商务印书馆 1978 年版，第 1119 页。

③ 《辞海》，上海人民出版社 1977 年版，第 200 页。

④ 周旺生：《立法学》（第二版），法律出版社 2009 年版，第 146 页。

⑤ 朱力宇、张曙光主编：《立法学》（第三版），中国人民大学出版社 2009 年版，第 117 页。

⑥ 参见朱力宇、张曙光主编：《立法学》（第三版），中国人民大学出版社 2009 年版，第 117 页。

⑦ 参见孙琬钟主编：《立法学教程》，中国法制出版社 1990 年版，第 70 页。

⑧ 参见张根大、方德明、祁九如：《立法学总论》，法律出版社 1991 年版，第 112 页。

限、立法运作和立法权载体诸方面体系和制度的有机整体，其核心是有关立法权限的体系和制度；[①]（5）认为立法体制包括参与立法活动的主体具有什么影响立法的手段、在立法过程中如何运作的制度。[②] 从上述观点来看，立法权限的划分是立法体制的核心和关键内容。

我们认为，立法体制就是一国关于立法机关的设置、立法权限的划分以及立法权运行的基本原则和基本制度的总称。立法体制既包括立法机关的设置、立法权限的划分静态的内容，还包括立法权运行动态的内容。

通常情况下，立法体制由三方面要素构成。一是有关立法权的载体体系和制度，包括行使立法权的主体或机构的建置、组织原则、活动形式、活动程序等方面的体系和制度；二是有关立法权限的体系和制度，包括立法权的归属、立法权的性质、立法权的种类和构成、立法权的范围、立法权的限制、各种立法权之间的关系、立法权在国家权力体系中的地位和作用、立法权与其他国家权力的关系等方面的体系和制度；三是有关立法权的运行体系和制度，包括立法权的运行原则、运行过程、运行方式等方面的体系和制度。[③] 这三方面的体系和制度构成了立法体制的有机整体。在这一体制中，立法权限是核心和基础，立法权的载体和立法权的运行是基于立法权限产生和存在的，并成为立法体制的组成部分。

对地方立法体制而言，我们认为，地方立法体制，是指一国在中央和地方立法分权的基础上形成的关于地方立法机关的设置、立法权限的设定以及立法权运行的基本原则和基本制度的总和。它是一国立法在地方所作的体系、制度上的具体安排，是发挥地方立法积极性、主动性的根本保证和必要前提。

二、决定和影响立法体制的因素

立法体制是一个国家法律制度的重要组成部分。一个国家采取什么样的立法体制，往往受到该国国体、政体、国家结构形式、民族状况、历史传统以及经济、文化等一系列因素的决定和影响。可以说，任何一个国家的立法体制都应当与该国政治、经济、文化、社会发展等方面的需要相适应，与该国的历史和现实国情相符合。同时，一个国家选择什么样的立法体制，也与该国立法者对立法体制的主观认识有关系。统治阶级往往按照本国实际情况，将自己的主观认识符合于客观实际，使二者相统一，从而形成自己国家的立法体制。通常情况下，各国都由宪法对立法体制加以规定。

国体是指国家的性质或阶级属性。立法权作为一种最重要的国家权力，由谁来行使，归根结底是由该国的国家性质决定的。掌握国家政权的统治阶级，为维护其有效统治，必然要采取与其统治相适合的立法体制。例如，奴隶制或封建制国家，君主或国王一言九鼎，国家立法权由国王一人行使，其立法体制则是单一的一级立法体制。而在民主共和国家，由民主体制所决定，立法权由民主选举产生的国家权力机关行使，则其立法体制并非仅限于单一的一级立法体制。

一个国家的国家形式是该国立法体制的直接决定因素。国家本质在实质上决定了立法权

① 参见周旺生：《立法学》（第二版），法律出版社 2009 年版，第 145 页。
② 参见郭道晖主编：《当代中国立法》，中国民主法制出版社 1998 年版，第 764 页。
③ 参见周旺生：《立法学》（第二版），法律出版社 2009 年版，第 145 页。

属于哪个阶级，国家形式则在形式上决定了立法权属于国家机构体系中的哪些机关。国家形式包括国家管理形式和国家结构形式。各国立法体制是在其国家形式的框架内形成的，立法权限的划分，不可能突破国家管理形式和国家结构形式的制约。而国体、历史传统和民族构成等因素，则间接地通过国家管理形式和国家结构形式，对一个国家的立法体制发生影响。

国家管理形式，即政体，是指国家政权的组织形式。一个国家采取什么政体，是由其国体所决定的。但由于各国基本国情、历史传统等差异，国体相同的国家，所采取的政体并不尽相同。例如，同为资产阶级国家，美国采取的是总统制，而英国、日本却采取内阁制，其立法体制自然也互不相同。就立法体制而言，政体在形式上直接决定将立法权限划分给国家机构体系中的哪些机关。也就是说，政体决定横向立法权限的划分，即决定立法权限在立法、行政、司法三机关之间如何划分。政体不同，横向立法权限的划分也不同。当今世界各国的政权组织形式，基本可以分为两种有代表性的类型，即资本主义国家的议会制和社会主义国家的人民代表大会制。这两种类型的政体，在划分横向立法权限的理论基础和制度依据方面，既有形式上的某些共性，又有本质上的区别和运行上的特点。例如，资本主义国家的议会制是以分权制衡理论为基础和指导的；社会主义国家的人民代表大会制则是以议行合一原则为基础和指导的。这种不同直接导致横向立法权限划分的不同。

国家结构形式是指国家整体与其组成部分之间、中央政权与地方政权之间的相互关系形式，是影响中央与地方立法权限划分的最直接、最重要的因素。国家结构形式决定纵向立法权限的划分，即决定在中央政权和地方政权之间立法权限如何划分。国家结构形式不同，纵向立法权限的划分也不同。当今世界各国的国家结构形式，基本上可以分为两种类型，即单一制和联邦制。这两种类型的国家结构形式，在划分纵向立法权限的考虑上和实际做法上截然不同。例如，单一制国家和联邦制国家在中央和地方立法权限划分上的一个重要区别就是，前者的地方行政区的立法权不是其本身固有的，而是中央授予的，所以地方没有立法权或相对只有较小的立法权。而后者的成员在组成联邦时，将一部分主权包括某些立法权交由联邦中央行使，但联邦成员还保留其余主权包括某些立法权，所以地方不仅有立法权，而且立法权相对较大。

总之，一国的立法体制是多方面复杂因素作用的结果。在这些因素中，经济的因素，起着最终的决定作用；政治的作用，起着直接的和集中的作用；文化、民族状况、历史传统等因素，则起着间接而持久的影响作用。国家形式中的国家管理形式和国家结构形式比较集中地体现各种因素对立法体制模式的影响。①

三、立法体制的模式

综观世界各国的立法体制，根据立法权限划分的结构不同，可把立法体制的模式分为横向立法权限划分模式和纵向立法权限划分模式两类。

（一）横向立法权限划分模式

横向立法权限划分模式是从不同国家机关的立法权限来划分。根据各国宪法和法律对政

① 参见朱力宇、张曙光主编：《立法学》（第三版），中国人民大学出版社2009年版，第117～118页。

体的规定，可以将横向立法权限的划分从理论上分为四种模式。

1. 立法机关优越的模式。在这种模式中，立法机关在立法过程中处于中心的地位。立法机关可以创制一切法律，制定的法律具有最高的法律效力。英国是这种模式的典型代表。在英国的立法体制中，最重要的原则首推“议会至上”。根据这一原则，制定法律的权力属于英国议会，不承认其他任何人或机构有权超越或废除议会制定的法律。议会有权创制一切法律，其制定的法律具有最高的法律效力。议会按照法定程序制定通过的法律，任何机构都无权宣布其无效。而法院有义务适用议会制定的法律，即便法律有不当之处，法院也不能宣布其是无效的。

2. 行政机关优越的模式。在这种模式中，行政机关在立法过程中处于中心地位。议会不再是唯一的立法机构，不再可以对所有的事项进行立法，而只享有有限的立法权。法国是这种模式的典型代表。法国在 1958 年对国家政权机构作了重大调整，加强了行政机关的权力，削弱了议会的作用和地位。法国现行宪法虽然还保留了某些传统的议会制形式，但作为议会制政体的一些基本特点，如议会拥有完全的立法主权，已基本消失。议会不再是至高无上的了，总统的地位得到前所未有的提高和加强，在国家机构中居于主导地位，成为国家权力的中心。在这种政体下，根据法国宪法规定，国家立法权由制定法律和制定条例的权力构成，分别由议会和中央政府行使。议会只对《宪法》第 34 条明确列举的事项有立法权，该条列举以外的一切事项，都属于中央政府制定条例的范围。

3. 三机关平行制约的模式。这种模式中，立法、行政、司法三机关在立法过程中，分别处于中心地位，之间相互制约。美国是这种模式的典型代表。美国《宪法》第 1 条将立法权力赋予由参众两院组成的国会。除征税法案外，国会两院有权对任何问题提出立法建议，有权推翻总统对国会通过的法案的否决。美国《宪法》第 2 条将行政权力赋予总统，总统有权向国会建议立法，发出有立法效力的行政命令、规例及章程；有权否决国会通过的任何法案，除非国会两院中各有 2/3 的多数票推翻总统的否决，否则该法案不能成为法律。美国《宪法》第 3 条则为联邦法院制度确立了基础，最高法院可以宣布国会的立法违宪，也可以宣布总统或政府的行为违宪。

4. 立法机关至上的模式。在这种模式中，立法机关在立法过程中，与行政机关、司法机关既不是同处于平行的中心位置，也不是平列的制衡关系。作为最高国家权力机关，立法机关的法律地位高居于行政机关和司法机关之上。我国可以看作是这种模式的典型代表。我国《宪法》第 2 条规定：“中华人民共和国的一切权力属于人民。人民行使国家权力的机关是全国人民代表大会和地方各级人民代表大会。”这种政体中人民代表机关在国家机关体系中居于领导和监督的地位，统一行使决定和执行国家重大事务的权力，不受行政机关和司法机关的牵制，而其他机关都要服从它的领导和监督。这种政体直接决定了包括立法活动在内的许多重大决策，不仅必须通过专门的人民代表机关，按照少数服从多数的原则作出决定，而且立法机关的人民代表还对它的执行机关即行政机关和司法机关的活动，负有领导和监督之权。①

① 参见阮荣祥等主编：《地方立法的理论与实践》（第二版），社会科学文献出版社 2011 年版，第 19～21 页。

（二）纵向立法权限划分模式

纵向立法权限划分模式是从中央和地方的立法权限来划分。根据各国宪法和有关法律对国家结构形式的规定，纵向立法权限从理论上也可以分为四种模式。

1. 中央完全集权的模式。这种模式是指在一个国家中，一切立法权为中央政权所有，地方政权没有自己的立法权。一些单一制国家，特别是较小的单一制国家，多采取这种模式。

2. 地方完全分权的模式。这种模式是指完全的分权，即国家作为一个政治整体，中央不能立法，一切立法权归地方政府所有，地方制定的法律规范只对国家的不同地区生效。这种模式通常仅被当作与中央完全集权模式相反的另一极。在各国的宪法和法律中并没有对这种模式的规定。

3. 分权—集权的模式。根据地方主义的权力来源理论，认为国家权力来自地方，中央只能行使法律明确规定的权力，剩下的权力由地方或人民保留。这种模式是指在一个国家中，立法权分别由中央和地方共同行使，在某些事项上的立法权限属于中央，在某些事项上的立法权限属于地方。联邦制国家均属于此种模式。

4. 集权—分权的模式。根据国家主义的权力来源理论，认为国家的权力来自中央，地方权力由法律明确规定，未规定的不能行使，权力归属不明时，由中央裁决。这种模式是指在一个国家中，中央和地方立法权，涉及主要和重大问题的立法权由中央行使，但在一定的限度和条件下，地方享有中央授予的某些地方立法权。一些单一制国家特别是较大的国家多采取此种模式。

我国的立法体制在纵向的权限划分上，采取的是中央集权为主、地方分权为辅的集权—分权的模式。这种模式扎根于我国厚重的历史与现实之中，符合我国的历史传统、基本国情和现实状况，有利于最大限度地保证法制的统一，发挥中央和地方在立法上的积极性。[①]

四、我国地方立法体制

（一）我国立法体制的特点

我国现行的立法体制，在横向上属于立法至上的模式，纵向上属于集权—分权的模式，并具有自己的鲜明特点。可以概括为是“一元、两级、多层次”的立法体制。

一元，是指依据《宪法》的规定，在全国范围内只存在一个统一的、一体化的立法体系。在我国，国家立法权属于中央，中央立法在整个立法体制中处于领导地位。国家立法权只能由全国人民代表大会及其常委会行使，其他国家机关和地方政权都无此权力。行政法规、地方性法规和行政规章均不得与宪法、法律相抵触。

两级，是指依据《宪法》和《立法法》的规定，我国立法体制分为中央立法和地方立法两个立法等级。即享有全国范围内生效立法权的为中央立法；享有地方局部范围内生效立法权的为地方立法。两级不是平等的同级，中央一级的立法权限大于地方一级的立法权限。

多层次，是指根据《宪法》和《立法法》的规定，中央立法和地方立法还可以分成若

① 参见阮荣祥等主编：《地方立法的理论与实践》（第二版），社会科学文献出版社 2011 年版，第 21～23 页。

干层次和类别。在中央一级，不仅有全国人大的立法，全国人大常委会还可以制定除《宪法》和基本法律之外的法律，颁布其他规范性文件。国务院可以制定行政法规，国务院各部门可以制定部门规章。在地方一级，省级人大及其常委会可以制定地方性法规；设区的市人大及其常委会可以制定地方性法规；经济特区的人大及其常委会可以根据具体情况制定不同于其他地区的经济法规；民族自治地方的人民代表大会可以制定自治条例和单行条例；省级人民政府和设区的市的人民政府，可以制定地方政府规章。

我国这种多层次、多形态、不同权限、不同效力的独特的立法体制，保证了国家基本制度的统一，又发挥了各方的积极性，本质上是一种在单一制国家内中央统一行使立法权体制下的多元立法之权力分工协调机制。①

（二）我国地方立法体制的内容

在地方立法体制中，地方立法权是核心内容。相对于国家立法权，我国地方国家权力机关的首要职能就是保证宪法、法律、行政法规在本行政区域内的遵守和执行。所以，地方立法主要是执行性立法，即将综合性、原则性、抽象性的国家法律进一步具体化。我国立法体制下的地方分权实质上也是法制统一前提下的次级立法权、有限立法权。与地方立法体制相适应，我国地方立法权主要是由地方权力机关来行使，地方性法规是由地方人大及其常委会来制定。除此以外，地方立法还包括不同层次的立法活动：一是省、自治区、直辖市以及设区的市的人大及其常委会制定地方性法规的活动；二是民族自治地方制定自治条例和单行条例、经济特区制定法规的活动；三是省、自治区、直辖市以及设区的市的人民政府制定规章的活动。

在多层次的立法体制中，地方立法权限的划分实质上涉及两方面的内容：一是地方各级主体立法权限的划分；二是地方权力机关和地方行政机关之间立法权限的划分。因此，基于地方立法的这种状况，一般将其归纳为“两类两区”。

1. “两类”。“两类”是指地方权力机关和地方行政机关属于两类不同性质的立法。第一类是制定和修改地方性法规。制定和修改地方性法规，是一般地方最主要的常规性的立法权。这一权力法定来源主要是《宪法》《地方组织法》和《立法法》的直接确定。行使这一权力所产生的地方性法规，在法的体系中位于宪法、法律和行政法规之下，对贯彻实施宪法、法律和行政法规，有着积极而行之有效的作用。同时地方性法规也是一般地方解决本地具体问题的主要的法的形式。第二类是制定和修改地方政府规章。制定和修改地方政府规章，是一般地方立法又一项常规性立法权。这一权力法定来源是《地方组织法》和《立法法》的直接确定。有权制定和变动地方政府规章的主体，是省、自治区、直辖市和设区的市的人民政府。这些地方政府可以根据法律、行政法规和本省、自治区、直辖市的地方性法规来制定规章，自治区、自治州的人民政府还可以根据本自治区、自治州的自治条例和单行条例制定规章。

2. “两区”。“两区”是指地方立法分为普通行政区的立法和民族自治地方的立法。② 一是普通行政区的立法。根据宪法、地方各级人民代表大会和地方各级人民政府组织法、立法

① 参见桂宇石、柴瑶：《关于我国地方立法的几个问题》，载《法学评论》2004 年第 5 期。

② 因我国特别行政区立法是相对独立于内地社会主义法系的地方立法，为论述方便，在此不纳入论述。

法的规定，除省级行政区划享有地方立法权外，设区的市以及经济特区也拥有不同程度和范围的地方立法权，这就是普通的两级地方立法。二是民族自治地方的立法。民族自治地方的人大有权依照当地民族的政治、经济和文化的特点，制定自治条例和单行条例。在民族自治地方，立法权扩大到自治县一级。民族自治地方都有权制定自治条例和单行条例，并可依照当地民族的特点，对法律和行政法规的规定作出变通。

在我国地方立法体制中，有关地方立法权限的划分主要涉及省、自治区、直辖市和设区的市的人民代表大会及其常委会，省、自治区、直辖市和设区的市以及经济特区所在地的市的人民政府，自治区、自治州、自治县的人大及其常委会，自治区、自治州人民政府等立法主体的立法权限问题。

（三）我国地方立法体制的不足与完善

我国地方立法体制既有一定的原则性，又有一定的灵活性，这符合我国的基本国情，也有利于我国社会主义法治建设。同时我们也应当看到，在复杂的国情下，我国地方立法体制在实践中存在操作困难的问题，需要不断深化认识，逐步解决。

1. 我国地方立法体制的不足

我国地方立法体制中的不足，主要表现在两个方面：

（1）关于地方立法冲突的问题。地方立法冲突是指地方立法主体在立法工作中，违反立法规律或者违反法律规定，造成所制定的规范性法律文件与上位阶法相抵触或与同位阶规范性法律文件相矛盾的情形。[①] 这里所指的立法冲突是指一国拥有立法权的不同或相同机关所制定的规范性法律文件在基本原则和内容上出现不同或相反的规定，导致它们之间出现相抵触或不一致的问题。法制统一原则要求国内所有的法律、法规、规章都必须层次分明，相互协调一致，不能出现矛盾和相互冲突之处。《宪法》《地方组织法》和《立法法》都对我国的地方立法权限作了划分，一般来说，地方立法主体只要按照法律规定实施其立法权，就不可能发生立法冲突的问题，但在实践中，这种状况却时常发生。这是因为在我国不仅全国人大及其常委会可以立法，国务院及其各部委也可以立法；不仅中央可以立法，地方人大及其常委会、地方政府也可以立法，立法主体的多元往往会使立法权属过于分散，立法权限范围模糊，造成“法出多门”。对于同一领域的立法，多个主体都可以制定，而每个主体的职能不同，立法时考虑的因素不同，法律之间的相互冲突也就在所难免。

（2）关于先行立法的问题。先行立法，是指地方立法机关先于中央立法机关制定本应由中央立法机关制定的规范性法律文件。在我国，由于种种原因，中央立法对应当自己解决的问题不能独力解决时，对应当由自己和地方立法共同解决的问题往往不能共同解决时，对改革创新中遇到的一些新情况新问题，用中央立法不能予以规范时，可以授权地方立法机关通过制定地方性法规、规章的形式对亟须解决的问题先行立法，先行先试，为之后开展中央立法或中央与地方共同立法做好准备，待取得经验、条件成熟时再行制定法律。在先行立法的情况下，被授权的地方立法机关就获得了中央授权机关的部分立法权，不过这种权力是应该受到限制的。当中央授权机关制定相关法律之后，被授权的地方立法机关开展的先行立法

① 参见吴鹏飞：《地方立法冲突的成因及其治理措施》，载《科技广场（管理科学）》2006 年第 12 期。

应当予以废止，或者可以修改补充与中央立法相冲突的部分内容，以达到与中央立法的协调一致。但在实践中，中央立法机关在制定相应法律后，授权立法并没有废除或对与法律不一致的地方加以修改，从而出现地方立法与中央立法相冲突的问题。

2. 我国地方立法体制的完善

无论是立法冲突存在问题，还是先行立法存在问题，都说明我国地方立法体制有一定的不足之处。在全面推进依法治国的今天，加强地方立法体制机制创新则是地方立法工作的重要内容。只有地方立法体制不断创新、顺应时代发展了，才能有力推进地方立法及其他各项工作开展，促进法治中国建设。加强地方立法体制创新和完善，应当重点搞好以下各方面建设：

（1）发挥人大在地方立法工作中的主导作用。立法权是《宪法》赋予人大及其常委会的一项重要职权。在党的领导下，发挥人大及其常委会在立法中的主导作用，是新形势下坚持和完善人民代表大会制度，加强和改进地方立法工作的应有之义。立法是一项综合性很强的工作，人大的主导作用应当体现在地方性法规的立项、起草、审议、修改、表决等各个环节。发挥人大及其常委会在地方立法工作中的主导作用，首先，通过每届任期的立法规划、年度立法计划，加强对地方立法工作的统筹安排。其次，加强和改进法规起草机制。对涉及综合性、全局性、基础性等重要地方性法规草案的起草，由地方人大相关专门委员会、人大常委会法制工作委员会组织有关部门参与起草，并建立相应的机制。逐步形成立法机关主导，有关部门参加，专家学者、企事业单位、人大代表和人民群众共同参与起草法规草案的工作机制。最后，努力建设一支适应地方新形势新要求的立法工作队伍。完善立法工作人才选拔任用、激励保障等机制，积极推进干部交流，为优秀立法工作人才的培养创造良好、宽松的环境。

（2）明确地方立法权限。立法权限划分是立法体制的核心内容。对地方立法权限进行划分，明确立法权力边界，目的是科学合理地确定立法事项的范围及不同归属，确立各立法主体在立法体制中的地位及相互关系，以及各自制定的法律文件的效力等级。我国地方立法应明确三方面权力界限：首先，明确地方立法权限与中央立法权限、下级立法权限与上级立法权限的界限。既要坚持中央立法的绝对领导地位，又要充分调动地方立法的积极性、主动性。保证地方立法权限与中央立法权限、下级立法权限与上级立法权限不冲突。其次，明确地方人大立法权限与地方政府立法权限的界限。一般来说，预测性行为、长期性行为的调整和规范通常由地方性法规来规制，短期性行为由地方政府规章调整；创设新的权利义务关系的由地方性法规调整，不创设新的权利义务关系的由地方政府规章调整；事关全局性的事项由地方性法规调整，事关某一专项性的具体事项则由地方政府规章调整。最后，明确地方人大与其常委会之间立法权限的界限。在我国，宪法、地方组织法、立法法授予地方人大和地方人大常委会同等的立法权。但是，人民代表大会制度是我国的根本政治制度，由人大行使立法权是社会主义民主最集中的体现，地方人大的立法权理应高于它的常委会的立法权。所以涉及特别重大事项的立法应有地方人大来制定，在效力上，地方人大制定的法规要高于地方人大常委会制定的法规。

（3）完善立法协调沟通机制。立法涉及权利利益关系的调整，立法过程也是不同利益群体间的博弈过程，不同部门、行业、群体都会以不同方式参与和影响立法。在地方立法工作中，必须加强立法沟通协调，理顺各部门、各工作环节之间的关系，及时解决立法中的重大分歧。在规范性法律文件的立项、起草和审议的各环节，起草单位和立法机关应广泛听取并认真研究各方面的意见。对于立法中的重点难点问题和部门间分歧意见较大的重要立法事项，起草单位应在深入研究、充分论证的基础上，加强与有关方面的协商沟通，共同研究解决，努力取得共识。

（4）完善地方立法程序。地方立法程序与地方立法质量息息相关。完善地方立法程序，首先，要完善地方立法规划。立法规划部门在编制地方立法规划时，应从地方法制建设的大局出发，从人民群众的实际需要出发，与国家法律、行政法规相衔接，合理安排立法项目，增强地方立法的科学性、系统性、预见性和实效性。其次，在法规、规章的起草、表决、论证、评估等环节，要积极发挥人大代表在立法起草和修改中的作用，健全立法机关主导、社会各方有序参与立法的途径和方式，健全立法机关和社会公众的沟通机制，开展立法协商；委托第三方参与法规规章的起草论证工作。最后，要加强地方立法监督。要建立立法的批准制度、立法备案制度和立法撤销制度。充分发挥全国人大及其常委会对地方各级人大、上级人大对下级人大立法的监督功能，处理好人大与政府立法的监督关系问题，形成上下完整、内部协调一致的立法监督体系。

第二节　地方立法主体

一、地方立法主体的概念与特征

（一）立法主体的概念

立法主体，就是各种立法活动参与者的总称。但实际上立法主体的问题是一个较为复杂的概念，从不同的角度会产生不同的界说。总体而言，主要有两种界说：（1）法治论。法治论的观点认为，立法主体是依法有权制定、认可和修改法的国家机关的总称。法治论强调，依法具有立法权和依法作为立法主体存在和运作，是立法主体存在的必备条件。不具有这种条件的社会组织和个人不能成为立法主体。法治论强调了立法是拥有立法权主体的专门活动。而法治论意义上的立法主体，其范围具有确定性，较为清楚具体。（2）功能论。功能论的观点认为，立法主体是有权参与或实际参与立法活动的机关、组织和人员的统称。它首先是指立法活动中具有一定职权的立法活动的参与者，这通常指的是议会或代表机关。同时也包括虽然不具有这样的职权但却能够对立法产生实质性影响和作用的实体。功能论强调，看一个主体是不是立法主体，不仅要看它是否具有法定的立法权，同时还要看它事实上是否具有立法功能。如果事实上具有立法功能，即便它没有法定的立法权或授权立法权，那它也是立法主体。事实上，在立法实践中也确实存在着有些机关、组织和个人没有法定立法权，也没有获得法定主体授予的立法权，但在立法活动中却发挥着重要的作用和影响，甚至是实质性的核心作用，如一国的执政党。这些机关、组织和个人，实际上也是立法的主体。功能论所揭示的立法主体的含义表明，第一，不仅国家机关可以成为立法主体，各种有权参与或事实上参与立法活动的机关、组织和个人，都可以成为立法主体；那些没有法定的立法权，但却能对立法活动产生实质性影响和作用的机关、组织和个人也属于立法主体的范围；

第二，立法主体固然可以包括多方面的立法参与者，但并非所有参与者都是重要的或者主要的立法主体，在强调立法主体多样化的同时，需要注意那些重要的或主要的立法主体。

法治论强调立法主体要有法律依据，特别是在全面推进依法治国的今天，强调立法主体的法定职权将对我国立法全面走向法治化具有十分重要的意义。就功能论对立法主体的定义而言，其更多强调立法的实际问题，突出了立法主体的功能价值，这种注重立法主体功能价值的观点，我们不能否认也不能忽视，从更严格意义上、从法治的精神上讲，法治社会立法的主体应该有法定职权或授权，否则既不符合现代法治精神的要求，也不利于立法活动权威性、严肃性的维护。

综合以上分析，我们认为，法治意义上的立法主体的概念应当是我们坚持和采纳的。法治意义上的立法主体有以下基本特征：（1）立法主体是国家机关。其他社会组织和个人不能作为立法主体。立法主体是国家机关的原因在于，立法是国家最重要的活动，体现的是国家意志，只有国家机关才能更适合和更准确、公正地表达国家意志。其他社会组织和个人通常不能或不适宜表达国家意志。（2）立法主体是有权进行立法的国家机关。不是所有的国家机关都是立法主体，只有根据宪法、法律规定可以行使立法权的国家机关和根据授权法规定可以行使授权立法权的国家机关，才是立法主体。（3）立法主体是具有立法职能的国家机关。立体主体的立法职能可以有大小或程序的区分，但所有立法主体不能没有立法职能，另一方面，具有立法职能虽然是作为立法主体的必备条件，但立法主体的职能却不都是立法。例如，有的立法主体如全国人大及其常委会，立法是其主要职能；有的立法主体如政府，立法则为其某些职能或附带性职能。（4）立法主体是依法行使立法权的国家机关。依据宪法、法律有关规定，具有法定立法权或授权立法权，是一个主体具有立法权的特别重要的标志。一个主体如果拥有法定授权或合法授权，便是立法主体，而不论该主体是否事实上或实质上对立法产生何种影响，起到什么样的实质作用。[①]

（二）地方立法主体的特征

地方立法主体，是地方立法活动的组织者、参与者的总称。它是指依法有权制定、修改地方性法规、规章等规范性法律文件的国家机关。地方立法主体具有以下基本特征：

1. 地方立法主体是特定的地方国家机关。根据我国宪法、立法法等规定，地方各级人民代表大会及其常委会、各级人民政府中依法被授予立法权的国家机关才是我国的地方立法主体。其他国家机关、社会组织和个人不能成为地方立法的主体。

2. 地方立法主体是有权开展地方立法活动的国家机关。立法活动是立法主体行使立法权的活动，立法过程是立法主体在自己立法权限范围内进行或参与立法活动、完成立法任务的过程。有权立法不仅是有权进行完整的法的制定、认可、修改、补充和废止等立法活动，也包括有权参与立法活动中某方面或某项立法如提案、审议、表决、批准等活动中的某一活动。地方立法主体应是有权进行地方性法规、规章等规范性法律文件的立、改、废的活动，也包括有权参与地方立法活动中某方面或某项立法活动的国家机关。

3. 地方立法主体是具有地方立法职能的国家机关。在地方各项事业建设中，根据地方

① 参见周旺生：《立法学》（第二版），法律出版社 2009 年版，第 164～165 页。

特色和发展情况，开展地方立法工作是做好地方各项工作的必然要求。具有地方立法职能是地方立法机关必备的条件。在地方立法中，具有地方立法职能的国家机关既包括具有专职立法权的各级人大立法机关，也包括具有附带性立法职能的政府机关。

4. 地方立法主体是依法行使地方立法权的国家机关。地方立法主体的立法权来自宪法、法律的授权以及法定国家机关的合法授权。没有合法的权力来源或者授权，就不是地方立法主体。

二、立法主体的范围和种类

（一）立法主体的范围

关于立法主体的范围，我国法律、法规、规章中尚无这一概念。人们通常熟悉的，主要是立法机关一词，有关立法议会、立法院、立法团、立法委员会、立法者这类表现不同立法主体的词汇，人们也有所接触。因而不难理解立法主体的范围也应包括立法机关以外的其他有关主体。与立法主体事实上有法治意义和功能意义上的区分一样，作为确定立法主体范围的标准也相应地主要有两个：一看是否有立法权，二看是否对立法活动起实质性作用。依前一个标准划定立法主体的范围，既可以防止把议会或立法机关看作是唯一的立法主体，也可以把所有依法行使立法权的立法活动参与者视为立法主体。依后一个标准，不是鼓励离开法治的轨道来立法，而是在尊重事实的基础上，便于人们明确，立法主体事实上不限于立法权的行使者。

按照以上标准可以认定，当代立法主体主要包括：（1）议会；（2）行使立法权或参与立法的政府；（3）解释法律、创制判例法、监督议会立法的司法机关；（4）对立法起实际作用或产生实质性影响的政党及其他社会团体；（5）作为主权享有者而享有立法权（如复决权）的人民或公民；（6）作为立法者的个人。

（二）立法主体的种类

立法主体可以分为四类：

1. 作为立法主体的国家机关。这主要包括议会、政府、司法机关三者。议会主要是以立法为主要职能，政府以行政为主要职能，司法机关以司法为主要职能。在当代立法活动中，作为立法机关的议会和虽然是行政机关但在立法中起广泛作用的政府，扮演着主要的立法角色，是主要的、正式的立法主体。

2. 作为立法主体的其他社会组织。这主要包括政党、压力集团或利益集团、对国家和社会生活产生影响的公民社团。这类主体一般不像作为立法主体的国家机关那样担负直接、广泛、具体的立法工作，但它们却能对立法活动起引导、支配、控制、制约作用，对立法的决策和运行产生不可忽视的影响。这些主体一般没有法定立法权，它们对立法所起的作用，在形式和方法上不同于作为立法主体的国家机关。它们对立法所起的作用更多是在策划、决策等环节上。

3. 作为立法主体的主权享有者。这不是以国家机关和其他社会组织的形式存在，而是以拥有国家最终权力主权者的名义存在的立法主体。在民主社会，主要指作为整体的人民或公民，在国际法的缔结关系中还指作为整体的国家。不过这种主体在立法中产生的作用范围和影响远不如作为立法主体的国家机关和其他社会组织。

4. 作为立法者个人的立法主体。同任何国家活动都是人的活动一样，立法活动都是由个人来开展的。由于个人在立法活动中的地位和作用不同，其产生的影响也就不同。当个人以一定身份或名义在立法中发挥作用时，通常这种身份和名义是与国家机关和其他社会组织相关联的。例如专制制度下的国王，民主制度下的议员、总统，它们分别以最高统治者、人民代表、国家机关代表、国家的象征等身份或名义对立法发挥着作用。离开一定的身份或名义，个人对立法的作用常常难以发挥。

总体看来，现代立法一般都不是某一主体所孤立进行的，而总是在一定机关、组织和人员的主持下，在诸多机关、组织、人员的参与下，或与相关机关、组织、人员发生关系的过程中所完成的。例如国家立法，除由议会、代表机关进行外，政府、国家元首、政党或议会党团等也会以各种形式参与其中。当今世界绝大多数国家议会通过的法律案，也多是由政府提出的。多数国家的政府除参与或影响议会立法外，本身还是行政法规的制定主体。而行政法规的制定和变动也不完全由政府单独进行，议会或其他机关往往可以介入。①

三、地方立法主体与地方立法权

立法主体和立法权密切相联系，立法主体是立法权的载体，是立法权的行使者。从广义上讲，立法权是有关国家机关依法制定、认可、修改、补充、废止各种规范性法律文件的权力。但不同的国家机关，依法享有的立法权是不同的。因此，研究立法主体必须研究其立法权。对地方立法主体而言，在单一制国家，不同于国家立法权自然就归属于中央，地方国家机关能不能成为立法主体，关键看能否取得中央立法的授权，如果中央立法授权地方国家机关有立法权，那么地方国家机关就是合法的地方立法主体，否则，则不是地方立法主体。而对联邦制国家而言，尽管邦、州的权力不经过中央授权，但其地方国家机关要成为合法的地方立法机关也必须要有法定的立法权。地方立法主体与地方立法权之间好比皮与毛的关系，皮之不存，毛将焉附？对地方立法主体而言，地方立法权具有下列特点：

1. 地方立法权是地方立法机关享有的相对独立的国家权力。从狭义上讲，立法权是立法机关享有的制定、认可、修改、补充、废止法律、法规、规章的权力，它是立法机关相对于行政机关享有行政权、司法机关享有司法权的一种非常重要的权力，在国家权力体系中具有重要的地位和作用。说立法权是相对独立的，是指在国家权力的具体运行过程中，立法权、行政权和司法权有时有所重合或相互渗透。例如世界上许多国家通常都在宪法、法律中赋予行政机关有制定法规和规章的权力。有时候立法机关还授权行政机关就某些原本属于自己立法权限内的事项制定法规或规章。从广义上讲，行政机关拥有立法权，但它与狭义的、原本意义上的立法权是有区别的，只能是具有从属的、派生的和次要的地位和作用，不能代替专门立法机关独立行使立法权力。

2. 地方立法权是地方立法主体享有的最重要的国家权力。从国家主权来看，立法权是国家主权的体现。而主权是国家的最高权力，一个国家对内对外的最高权力，必须而且首先通过本国的法律来加以确认和表达。因此，立法权是国家主权最重要的组成部分。从人民主

---

① 参见周旺生：《立法学》（第二版），法律出版社 2009 年版，第 164～168 页。

权来看，法律是人民意志的集中体现。人民要体现自己的意志，必须首先通过法律的形式来实现。从法律所起的规范作用和社会作用来看，法律可以成为所有国家机关、社会组织和公民共同的行为准则，对全社会形成普遍的约束力。所以，立法权是行使国家权力的基础性权力。通常情况下，在世界各国的理论和实践中，立法权被视为优先于行政权和司法权的最重要的国家权力。在地方立法中，立法权是地方立法主体通过制定地方性法规、规章来规定本地区重大事项、推动各项事业进步的最重要的权力，相对于行政权、司法权，它更能集中体现人民的意志和利益，是行使其他权力的基础性权力。地方立法主体通过行使立法权制定出来的法规、规章都会对本地行政权和司法权的行使产生一定的影响和作用。

3. 地方立法权是地方立法主体享有的整体性的国家权力。立法权是整体性的国家权力，是指应当将立法权作为一个整体来对待。就国家立法权而言，从静态视角来看，国家立法权包括法的制定权、修改权、补充权、废止权、撤销权等权力，这些权力被称为立法上的实体性权力。从动态视角来看，国家立法权包括立法提案权、立法审议权、立法表决权、法律公布权以及立法调查权、听证权等权力，这些权力被称为立法上的程序性权力。就全国人大及其常委会而言，其享有国家立法权，这种权力是完整的，不受其他国家机关、社会组织和公民个人的干涉。对地方立法主体而言，尽管其立法权从属于国家立法权，但可以说在地方性法规、规章的制定中，地方立法主体享有的立法权是完整的。除有些主体制定的地方性法规需要经上级国家机关批准才能生效外，地方立法主体在法规、规章的提案、审议、决定、公布等环节是完整的，不受其他国家机关、社会组织和公民个人的干涉。①

四、我国的地方立法主体

（一）地方立法主体的历史发展

一个国家的地方有没有立法权以及立法权的大小是与这个国家的具体国情、历史发展密不可分的。通常地方立法主体的发展会经历不同的发展阶段和时期。我国地方立法主体的历史发展主要经历了三个时期。

1. 地方立法主体多元化时期（1949—1954 年）

地方立法主体的多元化是中华人民共和国成立初期立法体制的主要特点。从 1949 年中华人民共和国成立到 1954 年《宪法》颁布前，我国的立法权主要属于中央，但县级以上的地方各级政权机关都有拟定暂行法令、条例或单行法规的权力，自治乡以上的民族自治机关都有制定单行法规的权力。行使地方立法权的主体分别有大行政区的人民政府，省级人民政府，直辖市、大行政区辖市和省辖市的人民政府，县级人民政府，以及民族自治地方的自治机关。

根据 1949 年 12 月 26 日政务院制定的《大行政区人民政府委员会组织通则》的规定，大行政区人民政府有权拟定与地方政务有关的暂行法令条例，报政务院批准或者备案。根据 1950 年 1 月 6 日政务院制定的《省、市、县人民政府组织通则》的规定，省人民政府有权拟定与本省政务有关的暂行法令条例，报主管大行政区人民政府转请政务院批准或者备案。

① 参见朱力宇、张曙光主编：《立法学》（第二版），中国人民大学出版社 2009 年版，第 102 ~ 105 页。

直辖市、大行政区辖市和省辖市的人民政府，有权拟定与本市政有关的暂行条例，报上级人民政府批准。县人民政府有权拟定与县政有关的单行法规报请省人民政府批准或者备案。根据1952年8月中央人民政府委员会批准通过的《中华人民共和国民族区域自治实施纲要》的规定，各民族自治区的自治机关在中央人民政府和上级人民政府法令所规定的范围内，依其自治权限，可以制定本自治地方的单行法规，呈报上两级人民政府核准并报政务院备案。1954年6月19日，由中央人民政府委员会第32次会议决定，撤销大行政区，大行政区一级的立法主体随之取消。

这一时期，之所以赋予众多主体以立法权，主要基于两个原因：一是形势发展的需要。中华人民共和国成立后，百废待兴，革命和建设都需要秩序和规范，由于彻底废除了国民党的六法全书，单纯依靠中央立法很难满足形势发展对大量法律法令的需要。二是各地情况差别悬殊。长期的战争状态导致各地发展极不平衡，情况异常复杂，中央不可能以统一的立法解决各地不同的复杂问题。对新解放的地区，不论其为省级或县级，都有必要给予立法的权力，以便因地制宜地实行各项改革，建立民主政权，恢复和发展国民经济。这一时期的地方立法对“维护新生的政权，建立新的秩序，指引和保障当时各项运动的开展，继续完成民主革命的遗留任务并使中国步入社会主义初级阶段”，发挥了重大作用。①

2. 地方立法主体的否定期（1954—1979年）

从1954年《宪法》颁布到1979年《地方组织法》生效前，我国实行的是中央集权的立法体制，除民族自治地方外，其他地方权力机关均不享有立法权，国家行政机关亦无立法方面的职权。从1957年开始，我国的法制建设处于停滞状态，1954年《宪法》规定的民族自治地方的立法权也形同虚设，地方立法实质上进入了否定期和停滞期。

1954年《宪法》规定，全国人民代表大会是行使国家立法权的唯一机关，有权修改宪法和制定法律，全国人大常委会有权解释法律和制定法令。自治区、自治州、自治县的自治机关可以依照当地民族的政治、经济和文化的特点，制定自治条例和单行条例，报请全国人民代表大会常务委员会批准。地方各级人民代表大会的主要职责是在本行政区域内，保证法律、法令的遵守和执行，地方各级人民委员会（即地方各级政府）的主要职责是执行本级人民代表大会的决议和上级国家行政机关的决议和命令。一般地方原有的立法权一律被取消。

1955年7月，第一届全国人大第二次会议通过《关于授权常务委员会制定单行法规的决议》，把享有国家立法权的范围扩大到了全国人大常委会。该项授权决议解释的理由是，“随着社会主义建设和社会主义改造事业的进展，国家急需制定各项法律，以适应国家建设和国家工作的要求。在全国人民代表大会闭会期间，有些部分性质的法律，不可避免地急需常务委员会通过实施。为此，……授权常务委员会依照宪法的精神、根据实际需要，适时地制定部分性质的法律即单行法规”。②

1959年4月，第二届全国人大第一次会议进一步授权全国人大常委会在全国人大闭会期间根据情况的发展和工作的需要，有权修改现行法律中已经不适用的条文。民族自治地方

① 参见周旺生：《论中国地方立法的地位》，载《政治与法律》1994年第5期。

② 参见《中华人民共和国第一届全国人民代表大会第二次会议关于授权常务委员会制定单行法规的决议》，载《人民日报》1955年7月31日，第2版。

的自治机关有权制定自治条例和单行条例，报全国人大常委会批准。由于宪法和有关组织法没有规定，各省、市、县原有的拟定法令、条例或单行法规的立法职权实际上已被取消。我国这个时期的立法体制突出地体现了中央集权的特点。而1975年《宪法》和1978年《宪法》又延续了中央集权的立法体制。

这一阶段，之所以否认地方立法，主要存在两个重要原因：一是法制统一的需要。“旧中国处于半殖民地半封建的分裂状态，大大小小的军阀割据了各地方政权，国家实际没有统一的法制。新中国建立后，为了维护国家的统一，必须实行法制的统一。”① 1954年《宪法》将立法权高度集中于全国人大，在当时来讲是十分必要的。二是推行计划经济的需要。计划经济体制下，为保证中央的绝对权威和对全国资源的集中统一调配，需要国家权力包括立法权的高度集中。此外，受苏联立法模式的影响，以及国家领导人的中央集权倾向，加之对国家立法工作的复杂性和重要性缺乏明晰的认识等因素，导致这一时期对地方立法的否认。“这一时期中央集权的立法体制保障了计划经济体制的有效运行，增强了新中国政权的内聚力，避免了国家分裂，但也在一定程度上影响了地方主动性、积极性的发挥，阻碍了国家法制的全面发展。”②

3. 地方立法主体的扩容期（1979年至今）

这一时期是我国地方立法得以恢复并逐步发展壮大的时期，是我国地方立法工作和立法事业蓬勃发展的新时期。这一时期适应了我国改革开放和社会主义现代化建设对立法工作的新需要，改变了中央立法集权的被动状况，充分调动和发挥了中央和地方在立法工作中的两个积极性。

从1979年《地方组织法》颁布施行到2015年《立法法》修正，我国推行的是统一而又分层次的立法体制，省、自治区、直辖市和较大的市、设区的市的人大及其常委会、人民政府先后被赋予立法权，地方立法主体逐步进入了扩容期。

1979年7月，第五届全国人大第二次会议通过《地方组织法》，规定省、自治区、直辖市的人大及其常委会，根据本行政区域的具体情况和实际需要，在和国家宪法、法律、政策、法令、政令不抵触的前提下，可以制定和颁布地方性法规，并报全国人大常委会和国务院备案。这是新中国成立后首次以法律的形式赋予省级人大及其常委会立法权，是对过去立法体制的重大变革。

1982年12月，第五届全国人大第五次会议通过了现行宪法，确认了1979年《地方组织法》规定的立法体制，明确“省、直辖市的人民代表大会和它们的常务委员会，在不同宪法、法律、行政法规相抵触的前提下，可以制定地方性法规，报全国人民代表大会常务委员会备案”。同时，考虑到一些较大的市的政治经济、文化地位比较重要，也需要根据本地方的实际制定地方性法规，此次会议还对《地方组织法》进行了修正，规定“省、自治区的人民政府所在地的市和经国务院批准的较大的市的人民代表大会常务委员会，可以拟订本市需要的地方性法规草案，提请省、自治区的人民代表大会常务委员会审议制定，并报全国

① 参见刘松山：《国家立法三十年的回顾与展望》，载《中国法学》2009年第1期。

② 参见马英娟：《地方立法主体扩容：现实需要与面临挑战》，载《上海师范大学学报（哲学社会科学版）》2015年第3期。

人民代表大会常务委员会和国务院备案”；同时规定“省、自治区、直辖市以及省、自治区的人民政府所在地的市和经国务院批准的较大的市的人民政府，还可以根据法律和国务院的行政法规，制定规章”；此次修正不仅将地方立法权从省级进一步下放到省会城市和经国务院批准的较大的市，而且还将地方立法主体从上述地方的权力机关进一步扩展到同级地方政府，是地方立法主体范围的重大突破。

1986 年 12 月，第六届全国人大常委会第十八次会议对《地方组织法》进行了第二次修正，将省会城市和经国务院批准的较大的市的地方性法规的“拟订权”改为“制定权”，同时将地方性法规的制定权扩展到上述地方的人大，规定“省、自治区的人民政府所在地的市和经国务院批准的较大的市的人民代表大会根据本市的具体情况和实际需要，在不同宪法、法律、行政法规和本省、自治区的地方性法规相抵触的前提下，可以制定地方性法规，报省、自治区的人民代表大会常务委员会批准后施行，并由省、自治区的人民代表大会常务委员会报全国人民代表大会常务委员会和国务院备案”；“省、自治区的人民政府所在地的市和经国务院批准的较大的市的人民代表大会常务委员会，在本级人民代表大会闭会期间，根据本市的具体情况和实际需要，在不同宪法、法律、行政法规和本省、自治区的地方性法规相抵触的前提下，可以制定地方性法规，报省、自治区的人民代表大会常务委员会批准后施行，并由省、自治区的人民代表大会常务委员会报全国人民代表大会常务委员会和国务院备案”。

2000 年 7 月，《立法法》颁布实施，《立法法》进一步扩大了地方立法主体的范围，将经济特区所在地的市与省会城市、经国务院批准的较大的市统称为“较大的市”，规定较大的市的人大及其常委会有制定地方性法规的权力，较大的市的人民政府有制定规章的权力。

2015 年 3 月，第九届全国人大第三次会议对《立法法》进行了修改，《立法法》把立法主体由较大的市的人大及其常委会和人民政府扩充为设区的市的人大及其常委会和人民政府。《立法法》规定，“设区的市的人民代表大会及其常务委员会根据本市的具体情况和实际需要，在不同宪法、法律、行政法规和本省、自治区的地方性法规相抵触的前提下，可以对城乡建设与管理、环境保护、历史文化保护等方面的事项制定地方性法规，法律对设区的市制定地方性法规的事项另有规定的，从其规定。设区的市的地方性法规须报省、自治区的人民代表大会常务委员会批准后施行”。“省、自治区、直辖市和设区的市、自治州的人民政府，可以根据法律、行政法规和本省、自治区、直辖市的地方性法规，制定规章。设区的市、自治州的人民政府根据本条第一款、第二款制定地方政府规章，限于城乡建设与管理、环境保护、历史文化保护等方面的事项。”2015 年修正的《立法法》使地方立法主体进一步扩容，主要存在以下几方面的考虑：一是原有体制对地方立法权的供应无法满足地方对立法权的需求，地方立法权配置不均衡，使地方政府陷入“事权与立法权不匹配”的治理困境。二是全面推进依法治国的根本需要。进一步扩大地方立法主体的范围，允许地方在不违反上位法的前提下，制定出符合本地发展和利益的法律规范，无须再像以往那样寻求“曲线立法”或者依靠“红头文件”行事，有利于进一步调动地方的积极性和主动性，实现地方的依法治理。三是全面深化改革的现实需要。当前我国改革已进入深水区，要保障各项改革于法有据，就必须把改革纳入法治的轨道，为先行先试提供合法性依据。赋予设区的市地方立法权，不仅可以解决困扰我们多年的“法治与改革”的悖论，使地方摆脱“违法改革”的恶名，保障各项改革活动都有法可依，同时也能为中央立法起到“试验田”的作用，为制定全国性法律、推动全面改革提供经验。四是推进国家治理体系和治理能力现代化的重要环节。国家治理体系和治理能力现代化要求在依法治国的原则下，对多元利益进行正当分配，最大限度地调动多元治理主体的积极性，充分发挥多元治理主体各自的功能作用，进而形成自治与共治的良性互动。进一步下放地方立法权，有助于满足地方自治需求，提高地方自治能力，推进地方国家治理体系和治理能力的现代化。

《立法法》的规定形成了由中央、省级、设区的市的人大及其常委会、人民政府以及民族区域自治地方人大、特别行政区立法机关组成的统一而又分层次的立法体制，为在立法上发挥地方的积极性、主动性提供了广阔的空间。

除一般地方立法权外，这一时期，有些地方还根据全国人大或全国人大常委会的授权获得了特别授权立法权，具体包括：(1) 1981 年 11 月，第五届全国人大常委会第二十一次会议授权广东省、福建省人大及其常委会制定所属经济特区的各项单行经济法规的权力；(2) 1988 年 3 月，第七届全国人大第一次会议授权海南省人大及其常委会根据海南经济特区的具体情况和实际需要制定法规的权力；(3) 1992 年 7 月，第七届全国人大常委会第二十六次会议授权深圳市人大及其常委会和深圳市政府分别制定法规和规章在深圳经济特区实施的权力；(4) 1994 年 3 月，第八届全国人大第二次会议授权厦门市人大及其常委会和厦门市政府分别制定法规和规章在厦门经济特区实施的权力；(5) 1996 年 3 月，第八届全国人大第四次会议授权汕头市和珠海市人大及其常委会、政府分别制定法规和规章在各自的经济特区实施的权力。这些授权决定为地方改革过程中的先行先试提供了合法性依据。

这一时期，之所以出现地方立法主体不断扩容的现象，一方面是由于立法指导思想发生了转变。中央决策层认识到，将立法权完全掌握在中央，“很难适应千差万别的具体情况，不是挂一漏万，就是主观主义，实践证明不行”①。要调动地方的积极性，必须向地方下放立法权。另一方面是出于改革开放和不断创新的需要。肇始于 1978 年年底的改革开放在我国是新生事物，走的是“摸着石头过河”的路子。在缺乏统一立法经验的情况下，盲目进行全国性立法必然影响法的科学性和稳定性。在这种背景下，赋予地方立法权，不仅有利于调动地方的积极性、主动性，而且地方的先行先试，还能够为中央进行全国性立法开辟道路。②

（二）我国的地方立法主体

在我国，与单一制的国家结构形式相适应，我国的国家立法权在中央，地方国家机关根据中央授权再行开展立法活动。因此，我国地方立法主体是严格依照《宪法》《地方组织法》《立法法》的授权而设立的。只有依法获得立法权的国家机关才是适格的立法主体，没有法定的立法权，任何国家机关、社会组织和个人都不能开展立法活动。

与地方立法可以分为一般地方立法和特殊地方立法的分类相适应，依据我国《宪法》《地方组织法》《立法法》的规定，结合地方立法机关的特点，我国的地方立法主体可以分

---

① 彭真：《彭真文选》，人民出版社 1991 年版，第 387 页。

② 参见马英娟：《地方立法主体扩容：现实需要与面临挑战》，载《上海师范大学学报（哲学社会科学版）》2015 年第 3 期。

为一般立法主体和特殊立法主体。一般地方立法主体是指依据宪法、法律的规定具有一般地方立法权的立法主体；特殊地方立法主体是指依据特别授权或具有特定地位的地方立法主体。

1. 一般地方立法主体

一般地方立法主体主要有两类：

（1）省、自治区、直辖市的人大及其常委会和设区的市的人大及其常委会。《地方组织法》第7条规定，省、自治区、直辖市的人民代表大会根据本行政区域的具体情况和实际需要，在不同宪法、法律、行政法规相抵触的前提下，可以制定和颁布地方性法规，报全国人民代表大会常务委员会和国务院备案。设区的市的人民代表大会根据本市的具体情况和实际需要，在不同宪法、法律、行政法规和本省、自治区的地方性法规相抵触的前提下，可以制定地方性法规，报省、自治区的人民代表大会常务委员会批准后施行，并由省、自治区的人民代表大会常务委员会报全国人民代表大会常务委员会和国务院备案。第43条规定第1款规定，省、自治区、直辖市的人民代表大会常务委员会在本级人民代表大会闭会期间，根据本行政区域的具体情况和实际需要，在不同宪法、法律、行政法规相抵触的前提下，可以制定和颁布地方性法规，报全国人民代表大会常务委员会和国务院备案。第2款规定，设区的市的人民代表大会常务委员会，在本级人民代表大会闭会期间，根据本市的具体情况和实际需要，在不同宪法、法律、行政法规和本省、自治区的地方性法规相抵触的前提下，可以制定地方性法规，报省、自治区的人民代表大会常务委员会批准后施行，并由省、自治区的人民代表大会常务委员会报全国人民代表大会常务委员会和国务院备案。

《立法法》第72条规定，省、自治区、直辖市的人民代表大会及其常务委员会根据本行政区域的具体情况和实际需要，在不同宪法、法律、行政法规相抵触的前提下，可以制定地方性法规。设区的市的人民代表大会及其常务委员会根据本市的具体情况和实际需要，在不同宪法、法律、行政法规和本省、自治区的地方性法规相抵触的前提下，可以对城乡建设与管理、环境保护、历史文化保护等方面的事项制定地方性法规，法律对设区的市制定地方性法规的事项另有规定的，从其规定。设区的市的地方性法规须报省、自治区的人民代表大会常务委员会批准后施行。同时《立法法》第76条还规定，本行政区域特别重大事项的地方性法规，应当由人民代表大会通过。

《地方组织法》和《立法法》对地方省市人大及常委会的立法职权进行了明确，强调地方的人民代表大会及其常委会在不同宪法、法律、行政法规相抵触的前提下，可以制定和颁布地方性法规。同时针对地方人大常委会包办了地方人大立法的一切事宜的现状，《立法法》第76条特别强调，本行政区域特别重大事项的地方性法规，应当由人民代表大会通过，突出了人民代表大会在地方立法中的重要作用。针对地级市的立法主体偏少且有些地级市急需立法权的现状，《立法法》把原先省会城市和较大市享有的立法权扩充到所有设区的市，并同时对设区的市制定地方性法规的范围进行了限定。《立法法》规定，设区的市的人民代表大会及其常务委员会根据本市的具体情况和实际需要，在不同宪法、法律、行政法规和本省、自治区的地方性法规相抵触的前提下，可以对城乡建设与管理、环境保护、历史文化保护等方面的事项制定地方性法规。

（2）省、自治区、直辖市的人民政府和设区的市的人民政府。《地方组织法》第60条规定，省、自治区、直辖市的人民政府可以根据法律、行政法规和本省、自治区、直辖市的地方性法规，制定规章，报国务院和本级人民代表大会常务委员会备案。设区的市的人民政府可以根据法律、行政法规和本省、自治区的地方性法规，制定规章，报国务院和省、自治区的人民代表大会常务委员会、人民政府以及本级人民代表大会常务委员会备案。

《立法法》第 82 条规定，省、自治区、直辖市和设区的市、自治州的人民政府，可以根据法律、行政法规和本省、自治区、直辖市的地方性法规，制定规章。设区的市、自治州的人民政府根据本条第 1 款、第 2 款制定地方政府规章，限于城乡建设与管理、环境保护、历史文化保护等方面的事项。已经制定的地方政府规章，涉及上述事项范围以外的，继续有效。

《地方组织法》和《立法法》对地方省、市、自治州人民政府制定规章的权力进行了规定，强调省、自治区、直辖市和设区的市、自治州的人民政府，可以根据法律、行政法规和本省、自治区、直辖市的地方性法规，制定规章。同时明确了规章所涉及的事项范围。和同级人大立法范围一样，人民政府制定的规章所涉事项范围也仅限于城乡建设与管理、环境保护、历史文化保护等方面。

2. 特殊地方立法主体

特殊地方立法主体主要有三类：

（1）民族自治地方立法主体。《民族区域自治法》第 19 条规定，民族自治地方的人民代表大会有权依照当地民族的政治、经济和文化的特点，制定自治条例和单行条例。自治区的自治条例和单行条例，报全国人民代表大会常务委员会批准后生效。自治州、自治县的自治条例和单行条例报省、自治区、直辖市的人民代表大会常务委员会批准后生效，并报全国人民代表大会常务委员会和国务院备案。

《立法法》第 75 条规定，民族自治地方的人民代表大会有权依照当地民族的政治、经济和文化的特点，制定自治条例和单行条例。自治区的自治条例和单行条例，报全国人民代表大会常务委员会批准后生效。自治州、自治县的自治条例和单行条例，报省、自治区、直辖市的人民代表大会常务委员会批准后生效。自治条例和单行条例可以依照当地民族的特点，对法律和行政法规的规定作出变通规定，但不得违背法律或者行政法规的基本原则，不得对宪法和民族区域自治法的规定以及其他有关法律、行政法规专门就民族自治地方所作的规定作出变通规定。

《民族区域自治法》和《立法法》对民族自治地方的立法权作了具体规定，强调民族自治地方的人民代表大会有权依照当地民族的政治、经济和文化的特点，制定自治条例和单行条例。同时赋予了民族自治地方依照当地民族的特点，对法律和行政法规的规定作出变通的权力。而《民族区域自治法》和《立法法》没有赋予民族自治地方人大常委会有制定自治条例和单行条例的权力，也没有规定民族自治地方人大及其常委会有制定地方性法规的职权。不过《立法法》第 72 条第 5 款规定，自治州的人民代表大会及其常务委员会可以依照本条第二款规定行使设区的市制定地方性法规的职权。自治州开始制定地方性法规的具体步骤和时间，依照前款规定确定。这一款赋予了自治州的人大及其常委会制定地方性法规的权力。

对于民族自治地方人民政府能否有权制定规章，《民族区域自治法》和《立法法》只规定自治区的人民政府可以根据法律、行政法规和本省、自治区的地方性法规制定规章，而自治州、自治县的人民政府则没有权力制定规章，不过，《立法法》第 82 条第 1 款规定，

“省、自治区、直辖市和设区的市、自治州的人民政府，可以根据法律、行政法规和本省、自治区、直辖市的地方性法规，制定规章”。这意味着除自治区外的民族自治地方政府不能制定政府规章的限制被突破，自治州的人民政府可以和其他设区的市的人民政府一样，就城乡建设与管理、环境保护、历史文化保护等方面的事项有制定规章的权力。

总之，从现有的法律规定可以看出，民族自治地方的立法主体和立法权设置为：自治区、自治州、自治县的人民代表大会有制定自治条例、单行条例的权力；自治区、自治州的人民代表大会及其常委会有制定地方性法规的权力；自治区、自治州的人民政府有制定政府规章的权力。

（2）全国人大及其常委会特别授权立法的主体。全国人大及其常委会特别授权立法主要有：1981 年，全国人大常委会授权广东省、福建省人大及其常委会，根据有关的法律、法令、政策规定的原则，按照各该省经济特区的具体情况和实际需要，制定经济特区的各项单行经济法规，并报全国人大常委会和国务院备案。1988 年、1992 年、1994 年和 1996 年，全国人大先后四次分别授权海南省、深圳市、厦门市、汕头市、珠海市人大及其常委会根据经济特区的具体情况和实际需要，遵循宪法的规定以及法律和行政法规的基本原则，制定法规，在各自的经济特区实施，并报全国人大常委会、国务院和所在省的人大常委会备案。根据全国人大及其常委会的授权，经济特区人大及其常委会有了制定经济特区法规的权力。

（3）特别行政区立法主体。特别行政权立法主体是指根据“一国两制”方针，香港、澳门两个特别行政区的有权进行立法的主体。具体是指香港、澳门特别行政区的立法会。香港、澳门特别行政区除外交、国防以及其他属于中央政府管理范围的事务不能立法外，有权对特区高度自治范围内的一切事务立法。特别行政区立法与我国其他地方立法相比，不同之处就在于实行了高度自治。不过，两个特区的立法权是全国人大通过《香港特别行政区基本法》《澳门特别行政区基本法》授予的，特区行使此项权力，是否符合基本法的规定，是否超越国家的授权，应受中央监督，因此两部基本法规定了特别行政区立法机关制定的法律，均须报全国人大常委会备案，但备案不影响该法律生效。

第三节 地方立法权限

一、地方立法权限的概念与特征

（一）地方立法权限的概念

在法治社会中，立法权是国家的最高权力。然而，国家的一切权力都应当受到限制，立法权也应当有一定的范围和限度。研究立法权限是研究立法问题的基本前提。加强地方立法工作，必须准确把握地方立法权限。

立法权限，是指立法主体行使立法权的界限。[①] 地方立法权限是指享有立法权的地方国家机关行使立法权的范围和界限。地方立法权限通常涉及三个方面的问题：（1）地方国家

① 参见周旺生：《立法学》（第二版），法律出版社 2009 年版，第 205 页。

机关可以立何种形式的法；(2) 地方国家机关可以就哪些事项进行立法；(3) 地方立法与中央立法、地方行政的界限如何确定、各类别和层次的地方立法之间界限如何确定。

(二) 地方立法权限的特征

1. 地方立法权限是特定地方立法主体行使立法权、开展立法活动的范围和界限。只有拥有法定立法权的国家机关才是地方立法的合法主体。但拥有立法职权并不意味着什么形式的法都可以立，立法主体必须在中央立法许可的特定范围和界限内开展立法活动才是合法的立法行为，否则该立法活动则是无权立法或越权立法。因此，地方立法权限决定了立法主体是否有权开展立法活动，以及开展立法活动的范围和领域。

2. 地方立法权限涉及的是地方立法与中央立法的权限划分问题。在我国这种单一制国家结构形式下，地方立法权来自中央的授权。地方立法的范围和界限是在中央保留国家立法权的前提下的一种权力的授予与让渡。中央立法空间相对大一些，地方立法的空间就会相对小一些；中央立法空间相对小一些，地方立法空间就会相对大一些。当然，有时中央立法和地方立法的范围和空间也不必然有严格的对应关系。不过，总体而言，地方立法的权限是中央在保证国家立法权充分行使的前提下而对地方立法能动范围的界定，明确哪些事项地方立法可立，哪些形式的法地方可以制定。

3. 地方立法权限会随着社会的发展变化而变化。随着社会的发展，社会关系会不断发生变化，当社会关系发生较大变化之后，国家的治理方式也会随着社会关系的变化而调整。同时，受一国国情的变化、政治体制的变革等因素的影响，国家权力的运作方式、运作规则也要相应作出调整和改变。那么作为国家最重要的权力——立法权当然也需要随着国家、社会的发展变化而不断有所调整。作为国家立法的重要组成部分，地方立法的权限也会随着各种情况的变化而扩大或缩小。当然，地方立法权限的调整必须与地方政治、经济、社会发展等各方面情况相适应，否则，地方立法的应有功能和作用则难以较好发挥出来。

二、确定地方立法权限的意义

(一) 确定地方立法权限是实现国家法治的必然要求

立法权作为国家最重要的权力，不可能没有范围和限制。一定时期内，一个国家的立法事项总是确定的，立法的数量和立法所涉领域也应该是确定的。为满足社会各领域实现法律调控的需要，立法活动常常会突破一个机关或部门的范畴，以致出现议会立法、行政立法和司法立法等横向层面上的立法现象，以及中央立法与地方立法等纵向序列上的立法现象。在这个立法系统中，要使各自的立法行为获得合法性，并在此基础上具有相应多的自由度，就不得不解决立法权限的划分问题。正如美国法学家伯德纳·施瓦茨所讲："如果在授权法中没有规定任何标准制约委托之权，行政机关等于拿到了一张空白支票，它可以在授权的领域里任意制定法律。"① 因此，任何国家的立法主体拟制法律，都会涉及立法权限的有无、性质、范围、目的和方式等问题。有些问题的解决，需要对立法权限作出科学而又符合实际的划分。当然，在法治社会，立法权的划分和权限内容也应当依法进行，实行法治。这一方面

① [美] 伯德纳·施瓦茨：《行政法》，徐炳译，群众出版社1986年版，第33页。

是人民主权原则在立法上的体现，通过立法明确立法的权限范围有助于人民了解立法机关的职责并予以监督，同时也让立法者明确自己能够行使立法权的范围，防止权力被滥用。特别是在我国全面推进依法治国、建设法治中国的当下，明确立法权限特别是地方立法权限是实现依法治国、推进法治中国建设的必然要求。“法无授权不可为”，确定好立法权限，能够进一步明确地方立法机关可以行使权力的范围，有利于促进立法机关履行好法定职权，实现地方立法的科学化、民主化、法治化。

（二）确定地方立法权限是实现立法民主的必然要求

立法权限是否受到限制，是衡量一个国家或政体是否实行民主制的重要标志之一。一切权力都应当受到限制。没有无限制的国家权力。立法权当然也必须受到限制。资产阶级政治思想家汉密尔顿等在设计美国联邦制时就明确指出：“在一个单一的共和国内，人民交出的权力是交给一个政府执行的，而且把政府分为不同的部门以防篡夺。在美国的复合共和国内，人民交出的权力首先分给两种不同的政府，然后把政府分得的那部分权力再分给几个分立的部门。因此人民的权利就有了双重的保障。”① 对地方立法的范围和权限进行明确，是实现立法民主的必然要求。特别是在我国这样的单一制社会主义国家，在根据宪法和法律规定保证中央统一立法的前提下赋予地方一定范围的立法权，是我国实现社会主义民主的重要体现和根本要求。地方立法从地方的实际需要出发，根据地方的自然面貌、人文环境、经济状况、社会发展以及与其他地方间的差异来设计立法制度，才能使法更能适应现实社会的需要并得到真正的贯彻实施，才能使法更能体现人民的意志和利益，反映社会呼声。实践证明，我国地方立法作为中央立法的补充和延伸，起到了不可替代的作用。可以说，确定地方立法权限是实现我国社会主义民主法治的重要内容。

（三）确定地方立法权限是正确行使地方立法权的前提和根本保证

确定地方立法权限一个非常重要的意义就在于，将地方立法权严格限制在应有的范围之内，确保地方立法主体既不越权，也不失职。具体要求是：（1）地方立法主体只能在自己特定的级别或层次权限范围内进行立法，不得涉足中央专属立法的事项和范围，也不得涉足其他地方立法主体的立法权限；（2）地方立法主体只能在自己特定种类的立法权范围内进行立法；（3）地方立法主体只能在自己有权采取的特定立法形式范围内进行立法；（4）地方立法主体只能根据自己立法权的完整性、独立性状况进行立法，如地方立法中的实施性立法与地方事务的自主性立法是不同的，后者比前者更具自主性，又如，地方立法主体须经特定主体授权才能立的法，未经授权则不能立法，须经特定主体批准才能生效的法，未经批准就不能生效；（5）地方立法主体只能根据自己职权所能调整和应当调整的事项进行立法。因此，对地方立法主体而言，在立法权不受限制或划分不明确时，就必然会出现越权立法、立法相互矛盾、抵触等情形和问题，从而导致法制的不统一。正确行使地方立法权必须首先确定好地方立法的权限。

三、地方立法权限划分的方式

从世界各国的成文宪法和基本法来看，关于中央和地方立法权限的划分方式主要有三种：

---

① ［美］汉密尔顿等：《联邦党人文集》，程逢如等译，商务印书馆 1980 年版，第 265 ~ 266 页。

（一）概括式

概括式权限划分方式是指在宪法或基本法中用简洁、概括性的语言对中央和地方立法的权限范围作出原则性的规定。概括式权限划分方式既包括肯定式概括，也包括否定式概括。肯定式概括是对中央或地方立法的权限进行正面的概括性规定。例如朝鲜《宪法》第 88 条规定："最高人民会议行使立法权。最高人民会议闭会期间，其常任委员会也可以行使立法权。"我国《宪法》第 58 条规定："全国人民代表大会和全国人民代表大会常务委员会行使国家立法权。"我国《立法法》第 7 条规定："全国人民代表大会和全国人民代表大会常务委员会行使国家立法权。全国人民代表大会制定和修改刑事、民事、国家机构的和其他的基本法律。"否定式概括则是对某一立法主体不能进行立法的事项作禁止性规定。否定式概括条文又可分为两类：一是绝对的禁止，如某些事项事关国家主权或国家统一的问题，地方绝对不能行使。这也是我们通常所讲的法律保留条款。二是相对的禁止，如某些事项本应属于中央立法的范围，地方本不应涉足，但经法律规定或中央同意，地方可以行使某些立法权力。

概括式规定具体应用主要有两种情况：一种是对地方立法权进行概括，如日本《宪法》等94 条规定："地方公共团体有管理财产、处理事务以及执行行政的权能，得在法律范围内制定条例。"另一种是对中央和地方之间的立法剩余事项进行概括。通常情况下，在对所有立法主体的立法事项作出规定之后，尚可能还存在难以穷尽的"遗漏部分"，对这部分由于无法详尽规定，而只能采取概括式的权限界分。各国对剩余立法权归属进行规定，主要有三类情况：一是明确规定归地方行使，如美国、巴基斯坦等；二是规定由中央享有，如印度等；三是中央和地方共有，但有主次之分，当中央和地方发生冲突时，一般情况下中央立法权高于地方，如西班牙等。

概括式的优点是用语简明，涵盖面广，不会发生遗漏，应用时灵活性较强。缺点是条文用语过于抽象，具体应用时因弹性太大而确定性差，易导致立法权限上的争议。目前各国宪法和基本法较少单一采用概括式的权限划分方式。

（二）列举式

列举式的权限划分方式是指由宪法或基本法对中央或地方的立法权所涉事项逐一列举出来，以明确划分其立法权的归属。列举式的权限划分方式既包括肯定式列举，也包括否定式列举。

1. 肯定式列举。肯定式列举是指明确列举可以立法的事项和范围。从各国情况看，肯定式列举分为三种情形：

（1）列举中央的专有立法权。例如美国《宪法》第 1 条第 8 款列举了联邦的权力事项。涉及国会有权规定的征收税金、捐税、关税和其他赋税，以合众国的信用举债，管理与外国的、州与州间的以及对印第安部落的贸易，制定归化条例，铸造货币，确定汇率，界定并惩罚海盗罪、在公海所犯的重罪和违背国际公法的罪行，宣战，招募陆军，组建海军等 17 项权力，以及为行使上述各项权力和行使该宪法赋予合众国政府或其各部门或其官员的种种制定一切必要的和适当的法律的权力。

（2）列举地方的专有立法权。例如西班牙《宪法》第 148 条第 1 款列举了自治区的权力事项，涉及自治机构、领土整治、铁路公路运输、山林利用、环境保护、社会救济等 23

项权力，又如印度《宪法》对邦的专属立法权的规定，该宪法以《各邦职权表》的形式具体列举了邦的59项权力事项。

（3）列举中央和地方的共有立法权。是指在某些领域、某些事项上，其立法权既可以由中央行使，也可以由地方行使。环境保护、跨区域的交通运输、社会治安、区域开发、核能利用等往往是共有立法权涉及最多的领域。在有些国家，甚至刑法、民法、社会保障等制度也属于共有立法权的范围。对共有立法权，通常实行中央权力优先原则，中央尚未立法的，地方可以立法；中央已经立法的，地方可以作出具体规定，但不得重复立法；地方先立法，中央后立法的，取消地方立法。

2. 否定式列举。否定式列举又称排除式列举，即明确强调不得予以立法的事项和范围的列举方式。这种列举方式多以“不得……”“不享有立法权”等文字出现。否定式列举，多见于联邦制国家的宪法或基本法，在单一制国家较少出现。否定的对象既有针对联邦立法权的，也有针对州立法权的。

（三）混合式

混合式的列举方式，既吸纳了概括式和列举式的优点，又尽可能地弥补了各自的缺陷，使之形成一种优势互补的方式。目前，世界上绝大多数国家对中央与地方立法权力划分往往采用这种方式。

在联邦制国家中，美国和德国是采用混合式的典型范例。在美国，由于其特定的建国历史，联邦和州之间的分权程度较高，反映在其宪法中，就是既有对剩余立法权的概括式规定，又有列举式规定。在列举中，既有对联邦专有立法权的肯定式列举，又有对联邦和各州立法权的否定式列举。在德国，联邦与各州的分权程度不如美国，因而在立法权限划分时，德国《基本法》以概括式规定各州的立法权，以肯定列举式规定联邦的专有立法权和联邦与各州的共有立法权，其第70条规定：“本基本法未赋予联邦立法之事项，各邦有立法之权”。第73条肯定列举了联邦12项专用立法权，第74条肯定列举了联邦和各邦30项共有立法权。同时，对于联邦专有立法权范围内的事项，又以相对否定的概括式规定了各邦有条件的立法权。对于所列举的联邦与各邦共有立法权部分，又以概括式规定了双方行使的条件：竞合的立法事项，各邦仅在联邦不制定法律时才能行使立法权，且须在联邦无必要行使立法权的范围内。

在单一制国家中，葡萄牙是采用混合式的典型国家。《葡萄牙共和国宪法》第167条列举了共和国议会绝对保留的13项立法权，第168条列举了共和国议会相对保留的22项立法权。对地方自治的立法权则采用了概括试，第229条规定，在遵守共和国宪法与普通法规定的前提下，自治区有权就有关本地特殊利益的事项和不属于主权机关特别管辖的事项制定法律。葡萄牙对中央立法不采用类似美国宪法对联邦立法权的否定式列举，有力地体现了中央立法对于地方立法权的决定优势。

各国在选择划分立法权的方式时，既受本国国体和政体的限制，又反映出各自对“立法事项”性质及重要程度的不同认识。先列举中央专用立法权，对地方立法权不作专门规定，凡没被划入中央立法权范围的，地方均可立法的方式，其优点是立法基础相对成熟，对一国内涉及主权性、全国性事项的认识，容易达成共识，但列举事项若有重大遗漏，则可能带来立法上的“空白地带”。如果用涵盖一切的概括式列举来标明中央立法权，则可能挤压地方的立法空间。而如果采用先明确列举出地方立法权的专有范围，其余的概属中央的这种方式，其优点是地方立法权限明确稳定，有利于得到充分保障；不足之处在于易引发地方权力膨胀，不利于全国法制的统一。事实上，对那些中央与地方事项“分化”本身不明显，在全国法制统一的前提下确有必要进一步扩大地方立法权的国家，恰当的做法是，该国可以适当列举中央专有的立法事项，同时有条件地允许地方在中央立法事项范围外，就纯属于地方性事务的事项自行立法。起初阶段可以对“地方性事务”采用肯定列举的方式，然后逐步扩大列举的范围乃至采用概括式的方式。①

对立法权限的划分，我国采用的是混合式的立法权限划分方式。除了《宪法》《地方组织法》对中央和地方立法权力进行规定外，《立法法》则以专门法的地位对中央和地方立法的职权给予了具体、明确的规定。《立法法》第7条第2款、第3款，第8条是对最高国家权力机关立法权范围的确定，第65条是对最高国家行政机关立法权范围的确定，第72～76条是对地方人大机关制定地方性法规、自治条例、单行条例权力范围的确定，第80、82条是对国务院部委、地方人民政府制定规章权力范围的确定。《立法法》采用的主要是明确列举的方式，既对中央最高权力机关和中央最高行政机关的立法权限进行了划分，也对中央立法和地方立法的权限进行了划分。在立法技术上，《立法法》对中央最高权力机关立法的事项作了绝对保留和相对保留的界分，同时又用概括式条款对可能遗漏的事项进行兜底，从而维护了中央立法的确定性、全局性、开放性。第72～76、82条等通过列举的方式对地方人大及其常委会、地方人民政府的立法权限予以详细规定和界分，体现了对地方立法的肯定和重视，形成了地方立法与中央立法相对明确的权力界限，有利于发挥中央和地方在各自立法中的积极性、主动性。

四、我国地方立法主体的权限

根据《宪法》《地方组织法》和《立法法》的规定，在我国多层次的地方立法体制中，我国地方立法主体因所处级别和层次不同，立法权限也相应不同。地方立法各主体的权限分别为：

（一）省级人大及其常委会和设区的市的人大及其常委会的立法权限

《地方组织法》第7条、第43条规定了省、自治区、直辖市的人民代表大会及其常委会、设区的市的人民代表大会及其常委会可以根据本行政区域的具体情况和实际需要，在不同上位法相抵触的前提下，制定和颁布地方性法规的权力。《立法法》第72条规定，省、自治区、直辖市的人民代表大会及其常务委员会根据本行政区域的具体情况和实际需要，在不同宪法、法律、行政法规相抵触的前提下，可以制定地方性法规。设区的市的人民代表大会及其常务委员会根据本市的具体情况和实际需要，在不同宪法、法律、行政法规和本省、自治区的地方性法规相抵触的前提下，可以对城乡建设与管理、环境保护、历史文化保护等方面的事项制定地方性法规，法律对设区的市制定地方性法规的事项另有规定的，从其规定。设区的市的地方性法规须报省、自治区的人民代表大会常务委员会批准后施行。

---

① 参见王建华、杨树人：《地方立法制度研究》，四川人民出版社2009年版，第31～34页。

《立法法》第73条规定，“地方性法规可以就下列事项作出规定：（一）为执行法律、行政法规的规定，需要根据本行政区域的实际情况作具体规定的事项；（二）属于地方性事务需要制定地方性法规的事项”。同时强调，除《本法法》第8条规定的事项外，其他事项国家尚未制定法律或者行政法规的，省、自治区、直辖市和设区的市、自治州根据本地方的具体情况和实际需要，可以先制定地方性法规。

《地方组织法》第7条、第43条和《立法法》第72条的规定强调了省、自治区、直辖市的人大及其常委会和设区的市的人大及其常委会有制定地方性法规的职权。《立法法》第73条强调了地方性法规具体规定的事项范围。上述条文的规定，使地方人大及其常委会的立法范围更具体。针对地方立法主体扩容的现状，《立法法》把设区的市的人民代表大会及其常务委员会制定地方性法规的权力限定在城乡建设与管理、环境保护、历史文化保护等方面的事项上，这种规定使设区的市的立法权限比修改前较大市的立法权限缩小不少。这种缩小和限制或许是立法者出于中央对立法主体扩容后地方立法主体可能易于权力滥用的一种担忧，或许也是立法者对地方立法主体能立之法的范围的强调和肯定。但无论怎样，笔者认为，《立法法》对设区的市的立法范围进一步明确和限制，有利于设区的市的立法主体在开展立法活动时有更明确的界限和方向，防止立法偏位和越位，同时也有利于有权机关对立法主体开展的立法活动进行监督。

需要强调的是，《立法法》第76条规定，本行政区域特别重大事项的地方性法规，应当由人民代表大会通过。强调了涉及本行政区域特别重大事项的立法，应当由人民代表大会来通过，而那些由人大常委会包揽一切立法的做法显然是不符合本条立法精神和用意的，需要在实际工作中予以避免和纠正，否则，这种代替包办的立法行为便也是违法行为。

（二）省、自治区、直辖市的人民政府和设区的市的人民政府的立法权限

《立法法》第82条第1款规定，省、自治区、直辖市和设区的市、自治州的人民政府，可以根据法律、行政法规和本省、自治区、直辖市的地方性法规，制定规章。第2款规定，地方政府规章可以就下列事项作出规定：(1) 为执行法律、行政法规、地方性法规的规定需要制定规章的事项；(2) 属于本行政区域的具体行政管理事项。第3款规定，设区的市、自治州的人民政府根据该条第1款、第2款制定地方政府规章，限于城乡建设与管理、环境保护、历史文化保护等方面的事项。已经制定的地方政府规章，涉及上述事项范围以外的，继续有效。

第82条明确了省、自治区、直辖市和设区的市的人民政府，有制定本地政府规章的权力，并且强调，制定地方政府规章的事项是为执行法律、行政法规、地方性法规的规定需要，且属于本行政区域的具体行政管理事项，同时把设区的市的人民政府制定规章的事项范围限定于城乡建设与管理、环境保护、历史文化保护等方面，与同级人大及其常委会所立地方性法规的事项范围保持一致。对地方政府立法权力的界定，使地方政府在开展立法时有了更明确的范围和界限。同时，为了对政府立法权的行使进行相应的控制，《立法法》第82条第6、7款强调，应当制定地方性法规但条件尚不成熟的，因行政管理迫切需要，可以先制定地方政府规章。规章实施满两年需要继续实施规章所规定的行政措施的，应当提请本级人民代表大会或者其常务委员会制定地方性法规。没有法律、行政法规、地方性法规的依据，地方政府规章不得设定减损公民、法人和其他组织权利或者增加其义务的规范。这两款对进一步规范政府的立法行为，保障公民、法人和其他组织的合法权益具有重要的意义和作用。

（三）民族自治地方立法主体的权限

《民族区域自治法》第19条和《立法法》第75条对民族自治地方的立法权作了具体规定，强调民族自治地方的人民代表大会有权依照当地民族的政治、经济和文化的特点，制定自治条例和单行条例。同时授权民族自治地方通过自治条例和单行条例可以依照当地民族的特点，对法律和行政法规的规定作出变通规定。

《民族区域自治法》第19条和《立法法》第75条实质上赋予了民族自治地方的人民代表大会两项权力：一是依照当地民族的政治、经济和文化的特点制定自治条例和单行条例的权力，二是依照当地民族的特点对法律和行政法规的规定作出变通的权力。不过，《立法法》还对民族自治地方制定自治条例、单行条例的权力和对法律、行政法规规定的变通权进行了限制。也就是，自治条例和单行条例制定出来以后，要报上一级的人民代表大会常务委员会批准后才能生效。自治条例和单行条例在三个方面不能作出变通：第一，不得违背法律或者行政法规的基本原则；第二，不得对宪法和民族区域自治法的规定作出变通；第三，不得对有关法律、行政法规专门就民族自治地方所作的规定进行变通。

同时，根据《立法法》第72条、82条的规定，除自治县外，自治区和自治州的人民代表大会及其常委会可以制定地方性法规，自治区和自治州的人民政府可以制定政府规章。自治州的人大及其常委会制定地方性法规的权力和自治州人民政府制定规章的权力都是2015年修改后的《立法法》新授予的。这对民族自治地方运用一般立法权开展地方立法活动提供了便利，增进了立法在民族地区各项事业发展中的引领和推动作用。

（四）经济特区立法主体的权限

《立法法》第74条规定，经济特区所在地的省、市的人民代表大会及其常务委员会根据全国人民代表大会的授权决定，制定法规，在经济特区范围内实施。本条强调的是经济特区的特别立法权。其权力来源是全国人民代表大会的授权。经济特区的立法权限主要有三个方面：一是可以先行性立法。经济特区可以根据全国人民代表大会的授权，就原本属于国家立法机关立法的事项进行立法，针对这些事项制定经济特区的法规在经济特区实施。二是对经济特区事务立法。根据全国人民代表大会的授权决定和立法法的规定，经济特区可以针对经济特区的特殊情况和特殊问题制定经济特区法规。三是实施性立法。为了保障宪法、法律、行政法规在经济特区的实施，经济特区可以根据其具体情况和实际需要，对国家法律、行政法规的规定制定实施细则。从这一点讲，经济特区立法与一般性地方立法没有本质上的区别。

总体来讲，经济特区的立法权限主要有两个层面，一个是全国人大授权的立法层面，另一个是一般地方立法层面。这表明，经济特区比一般地方立法主体的立法权范围更宽、立法的整体法律效力更高。这种较高地位的立法权限对经济特区搞好先行先试、不断改革创新提供了良好的体制机制条件。

（五）特别行政区立法主体的权限

特别行政区的立法权来源于全国人民代表大会以特别行政区基本法形式所作的专门授权。《香港特别行政区基本法》《澳门特别行政区基本法》明确规定香港特别行政区、澳门特别行政区享有立法权，而我国其他地方立法权无一是通过这种方式获得的。

特别行政区立法权由立法会行使。根据《香港特别行政区基本法》第73条的规定，香港特别行政区立法会的职权包括：（1）依法制定、修改和废除法律；（2）根据政府的提案，审核、通过财政预算；（3）批准税收和公共开支；（4）听取行政长官的施政报告并进行辩论；（5）对政府的工作提出质询；（6）就任何有关公共利益问题进行辩论；（7）同意终审法院法官和高等法院首席法官的任免；（8）接受香港居民申诉并作出处理；（9）如行政长官有严重违法或渎职行为而不辞职，可以提出弹劾案，报请中央人民政府决定；（10）在行使上述各项职权时，如有需要，可传召有关人士出席作证和提供证据。

根据《澳门特别行政区基本法》第 71 条的规定，澳门特别行政区立法会行使下列职权：（1）依法制定、修改、暂停实施和废除法律；（2）审核、通过政府提出的财政预算案；审议政府提出的预算执行情况报告；（3）根据政府提案决定税收，批准由政府承担债务；（4）听取行政长官的施政报告并进行辩论；（5）就公共利益问题进行辩论；（6）接受澳门居民申诉并作出处理；（7）如行政长官有严重违法或渎职行为而不辞职，可以提出弹劾案，报请中央人民政府决定；（8）在行使上述各项职权时，如有需要，可传召和要求有关人士作证和提供证据。

特别行政区基本法关于香港特别行政区、澳门特别行政区立法会职权的规定，包含对立法会立法权和立法范围的规定。在立法形式方面，香港特别行政区立法会、澳门特别行政区立法会有权制定、修改和废止特别行政区的法律，而其他地方立法只能制定地方性法规和规章；在内容方面，香港特别行政区立法会、澳门特别行政区立法会的职权范围，可以理解为是它们的立法权限范围，立法会需要通过立法行使职权时，便能就行使这些职权所需涉及的事项立法。

此外，《香港特别行政区基本法》《澳门特别行政区基本法》相关条文还明确规定了特别行政区就一些具体事项进行立法。例如两个基本法第 23 条都规定：特别行政区应当自行立法禁止任何叛国、分裂国家、煽动叛乱、颠覆中央人民政府及窃取国家机密的行为，禁止外国的政治性组织或团体在澳门特别行政区进行政治活动，禁止澳门特别行政区的政治性组织或团体与外国的政治性组织或团体建立联系。

思考题：

1. 决定和影响一国立法体制的因素有哪些？
2. 如何理解我国是“一元、两级、多层次”的立法体制？
3. 我国有哪些地方立法主体？
4. 设区的市立法机关有哪些立法权限？
5. 如何理解民族自治地方的立法变通权？

第五章 地方立法程序

第一节 地方立法程序概述

一、地方立法程序的概念与特征

地方立法程序，是指地方立法主体制定、认可、修改或废止地方规范性法律文件所应当遵循的方式、步骤、时序和期限。它具有以下四个特征：

（一）法定性

地方立法程序的法定性表现在四个方面：一是方式法定，即地方立法主体应当以何种方式进入地方立法程序以及以何种方式作出行为等，均由法律进行规定。二是步骤法定，即地方立法程序所应经由的步骤由法律予以设定，地方立法必须严格按照这些法定的步骤进行，而不能存在缺漏。三是时序法定，即地方立法活动中各个步骤和行为衔接的先后顺序也由法律明确规定，而不能随意跨越或颠倒。四是期限法定，即地方立法活动及其各个步骤的开展受到法律规定的时效限制，地方立法主体必须在法定的时限内作出行为，不能随意缩短或延长相关时限。

（二）公开性

立法公开是地方立法活动一项重要准则。与之相对应，地方立法程序也表现出公开性的特征。一方面，地方立法程序中关于公众参与、立法听证等的规定，使与地方立法相关的背景材料、草案内容、进展情况等得以披露，从而保障了地方立法过程的公开。另一方面，地方立法程序中关于地方规范性法律文件公布的规定，使有关的制定、修改或废止等情况能够被公之于众，从而保障了立法结果的公开。

（三）动态性

地方立法程序中的各个步骤紧密相连、环环相扣，除因法定事由导致中断或终止以外，地方立法程序不会停滞或呈现出静止之状态。一般而言，自启动之时起，地方立法程序即表现为一个连续的、不间断的行为和时间过程，直至地方规范性法律文件创制完成。而这一过程的行进则集中反映了地方立法程序的动态性。

（四）可操作性

从某种意义上讲，地方立法程序的存在，就是为了将地方立法中的各种行为纳入程序规则的调控之中，从而使这些行为能够依照一定的方式和顺序被作出，并以此保障地方立法能最终被付诸实践。为此，地方立法程序必须具备相当程度的可操作性，否则将难以对地方立法及其相关行为形成现实的引导和规范。

二、地方立法程序的分类

依据不同的标准，可对地方立法程序作出以下分类：

（一）地方性法规的制定程序和地方政府规章的制定程序

在我国，地方立法主体包括依法享有立法权的地方国家权力机关和地方行政机关，它们所制定的地方规范性法律文件分别被称为地方性法规和地方政府规章。以此为标准，地方立法程序可分为地方性法规的制定程序和地方政府规章的制定程序。尽管从总体上看，两种地方立法程序均包含立项、起草、审议（审查）、公布等内容，但基于地方国家权力机关和地方行政机关的性质差异，两种地方立法程序还是存在着较为明显的差别。大致来说，地方性法规的制定程序较为严格、统一，侧重于以“公平”为价值导向，并以表决方式来决定法规的通过与否；地方政府规章制定程序则较为灵活、变通，侧重于以“效率”为价值导向，并以讨论决定的方式来决定规章的通过与否。因此，在研究我国地方立法程序时，有必要对地方性法规制定程序和地方政府规章制定程序分别予以探讨。

（二）立法准备程序和正式立法程序

以地方立法所经过的不同阶段为标准，可将地方立法程序分为立法准备程序和正式立法程序。以地方性法规的制定程序为例，所谓立法准备程序，是指在地方性法规案提出以前，由地方性法规制定主体组织实施的立法前置性活动，具体包括地方性法规的立项和地方性法规草案的起草。立法准备程序旨在为地方性法规的制定提供引导和参考，并为其进入正式立法程序创造必要的前提条件。而正式立法程序则是指由地方性法规案到地方性法规的过程，具体包括地方性法规案的提出、审议、表决通过以及地方性法规的公布。正式立法程序是地方性法规制定程序的核心组成部分，其完备程度对于地方性法规的质量具有直接的影响。

三、地方立法程序的功能

（一）规范功能

作为与中央立法权相对应的立法权类型，地方立法权具备了较强的自主性与灵活性，有利于及时弥补中央立法之于地方事务回应性不足的缺陷。但与此同时，一切权力都存在被滥用的可能，地方立法权亦是如此。尤其是 2015 年《立法法》修正后，在我国地方立法权扩容的现实背景下，地方立法权的配置愈发分散，加之部分地区法治观念的缺失和法治水平的落后，使得地方立法权始终面临着被滥用的风险。因此，在向地方授让立法权的同时，也必须对地方立法权加以约束。为此，现行立法在我国立法分权的框架内，明确了中央立法和地方立法的权限分工，从而在静态意义上对地方立法权的适用范围作了限制。

然而，由于地方立法权的行使是一个动态的过程，仅仅通过以上“静态的限制”仍难以达到全面约束权力的目的，所以还必须针对地方立法权实施一种“动态的规范”。在此情况下，地方立法程序应运而生，并以实现对地方立法权的动态规范为其首要功能。一方面，地方立法程序将实体法赋予地方国家机关的立法权寓于特定步骤和环节之中，并以此对地方立法权予以引导，从而减少和避免地方立法权行使的随意性与独断性，进而保证了地方立法权运行的合法性与正当性。另一方面，地方性法规制定程序实则也蕴含了一定的强制性规则，它们对于地方立法权具有严格的限制作用。而且，这些强制性规则贯穿于地方立法权运行的始终，因而能够对地方立法权行使的全过程进行监控，从而有效地防止地方立法权被滥用或发生异化。

（二）保障功能

在现代法治社会，法律是公共意志的体现。对于地方立法而言，它主要是为了适应地方治理的现实需要而存在的，因而表现出十分鲜明的地方属性。为此，经由地方立法所形成的法规或规章，往往都会对地方公众产生直接而具体的影响。在此前提下，为使地方立法能够最大限度地反映地方范围内的公共意志，必须着力推动地方立法的民主化进程。对此，地方立法程序具有如下保障功能：

1. 保障公众直接参与地方立法的权利。通过地方立法程序中有关公众参与的程序设置，使得公众在地方立法的程序中获得直接参与的权利。一般情况下，在地方立法的立项过程中，公众可向地方国家权力机关提出制定地方性法规的建议，或向地方行政机关提出制定地方政府规章的建议；在地方性法规案的审议过程中，地方国家权力机关应向社会公开发布地方性法规案的全文内容，并广泛征集公众的意见和建议。而且，公众参与地方立法的渠道也是多样的。从现行法律法规的规定来看，公众可通过座谈会、论证会、听证会等会议形式或借助有关的网络平台直接参与到地方立法活动中来。

2. 保障地方立法能够代表多数公众的意志。在代议制体制下，尽管并不是每个公民都能亲自就地方立法进行表决，但借助于地方立法程序中多数表决通过的规则，也能够使多数公众的意志经由其代表得以传达，并在形成合意的基础上通过地方性法规的形式表现出来。这种“少数服从多数”的程序规则设计，是地方立法民主化的集中体现，它能够有效地防止地方立法沦为个人意志的产物。

（三）把控功能

一部良法，除了应当充分反映公众的意志以外，还必须具备一定的立法质量。否则，立法的意图再好，最终制定出来的地方性法规或地方政府规章也难以发挥出预想的效果。而地方立法程序的存在，则有利于对地方立法质量进行把控。

1. 整体意义上的地方立法程序能够从宏观层面对地方立法质量予以把控。一般所言“地方立法程序”，往往指称的是整体意义上地方立法程序，即包括立项、起草、提案、审议（审查）、表决通过（讨论决定）、公布等在内的程序整体。从某种意义上讲，这一程序整体实际上已构建起一道关于地方立法的完整“工序”。经由此道“工序”的系统“打造”，有关的地方性法规草案或地方政府规章草案将逐渐演化成为一部体系结构完备的地方性法规或地方政府规章。

2. 地方立法程序中的各构成环节能够从微观层面对地方立法质量予以把控。除在宏观层面保障地方立法的完备性以外，地方立法程序依靠其中的各构成环节还能够从微观层面对地方立法质量进行更为细致、深入的把控。以地方性法规的制定为例，首先，在地方性法规案的提出环节，只有达到相关规范要求并符合立法时机的法规案才能被列入议程，从而在“入口关”对地方性法规案的质量进行初步的鉴别。其次，在地方性法规案的审议环节，一般均要求对法规案进行两次或三次审议，从而使立法人员能够对法规案进行充分讨论，进而使法规案得到进一步的修改和完善。最后，在地方性法规案的表决环节，法规案必须经由地方国家权力机关全体人员过半数的同意才能获得通过，从而保证了最终出台的地方性法规能够得到大多数人的认可，并以此把好地方性法规质量的“出口关”。

第二节 地方性法规的制定程序

地方性法规的制定程序，是指依法享有法规制定权的地方国家权力机关制定、认可、修改、补充或废止地方性法规的活动程序，它包括地方性法规的立项、地方性法规草案的起草、地方性法规案的提出、地方性法规案的审议、地方性法规案的表决通过以及地方性法规的公布。

一、地方性法规的立项

地方性法规的立项，是指依法享有法规制定权的地方国家权力机关，为科学开展地方性法规的创制工作，在自身职权范围内，根据本地方的实际情况及需要，依法所作的关于一定时期内制定地方性法规的设想与安排。地方性法规的立项包括地方性法规规划的编制和地方性法规计划的编制两个方面。前者是关于地方性法规创制的中长期设想与安排，它的编制一般以五年为周期，与地方各级人民代表大会一个届次的时间相同；后者则是关于地方性法规创制的短期设想与安排，它的编制一般以年度为周期。尽管两者存在一定的区别，但它们实施的步骤都大致如下：

（一）征集地方性法规项目

在正式编制地方性法规规划（计划）前，应由地方人民代表大会常务委员会发出通知，向社会各界征集地方性法规项目的建议。这是编制地方性法规规划（计划）的启动步骤。一般而言，征集地方性法规项目及其建议的主体范围包括：地方人民代表大会各专门委员会、地方人民代表大会常务委员会各工作机构、地方人民代表大会代表、地方人民代表大会常务委员会组成人员、地方人民政府及其工作部门、人民法院、人民检察院、党政机关、社会团体、企业事业组织以及社会公众等。

值得注意的是，在编制地方性法规计划的过程中，征集项目建议的范围往往比编制规划时要窄，如有的地方主要面向地方人民代表大会各专门委员会、地方人民政府及其工作部门征集立法项目建议，有的地方则直接从五年规划中选取地方性法规项目纳入到年度计划之中。

（二）审查地方性法规项目

在对地方性法规项目进行征集后，应对这些地方性法规项目进行审查。审查地方性法规项目的具体事项包括：（1）审查地方性法规项目的形式。集中对地方性法规项目的名称、格式、用语等是否规范以及体系结构是否完整、合理等进行审查。（2）审查地方性法规项目的内容。重点对地方性法规项目的内容是否清晰、明确及其是否符合地方性法规的立法权限等问题作出审查。（3）审查地方性法规项目的必要性。首先，审查地方性法规项目所涉及的社会关系是否已被纳入法律法规的调整范围；其次，如果不存在相关的法律法规，则进一步判断该地方性法规项目中的社会关系是否适合通过法律手段进行调整；最后，分析该地方性法规项目是否必须借助地方性法规作出规范。（4）审查地方性法规项目的可行性。主要对地方性法规项目进行正式立法在时机上是否成熟，调整对象是否能够与现行法律法规或其他立法项目协调、在调整手段上是否能够通过现有的立法技术予以实现等问题进行全面的分析审查。

（三）整理地方性法规项目

除了需要对地方性法规项目逐一进行审查以外，还应当立足于整体对所有地方性法规项目及其相互关系加以分析、筛选，并对它们进行系统的整理，如取消制定时机尚未成熟的地方性法规项目、对原有地方性法规项目进行拆分、合并或转化为其他立法形式等。

（四）拟定地方性法规规划（计划）草稿和草案建议稿

在对地方性法规项目进行整理后，应由地方人民代表大会常务委员会法制工作机构拟定立法规划（计划）的草稿。同时，应听取地方人民代表大会各专门委员会、地方人民政府法制机构、地方人民代表大会代表、地方人民代表大会常务委员会组成人员的意见。在此基础上，拟定地方性法规规划（计划）草案建议稿。

（五）审议地方性法规规划（计划）草案建议稿

对于拟定的地方性法规规划（计划）草案建议稿，应由地方人民代表大会常务委员会法制工作机构审议后，提交地方人民代表大会常务委员会主任会议进行讨论，并由地方人民代表大会常务委员会法制工作机构依据讨论意见作进一步的修改。

（六）审批通过地方性法规规划（计划）

修改后的地方性法规规划（计划）草案经地方人民代表大会常务委员会原则通过后，须以地方人民代表大会常务委员会党组名义将其报送同级党委审批，审批通过后即产生最终的地方性法规规划（计划）。

二、地方性法规草案的起草

地方性法规草案的起草，是指具体承担起草工作任务的主体，依照一定的体例和格式，将应当以书面形式提出的地方性法规草案见诸于文字的过程。

地方性法规草案的起草一般由以下主体负责：一是地方性法规案的提案主体，如地方人民代表大会常务委员会、地方人民政府、地方人民代表大会各专门委员会、地方人民代表大会或常务委员会的组成人员等；二是提案主体所属机构或部门，如地方人民代表大会常务委员会法制工作机构、地方人民政府法制机构或相关工作部门等；三是提案主体委托的组织或个人，如高等院校、科研单位、专家、学者等。

就起草的具体方式而言，既可能是由单一主体独立起草，也可能是由多方主体联合起草，还可能是由多方主体分别起草后，再由提案主体综合整理形成最终的草案文本。但无论以何种方式进行起草，都必须遵循一定的程序要求。对此，我国现行法律法规并没有作出严格的规定。鉴于实践中由地方人民政府工作部门承担法规草案起草任务的情况较多，现以其为例对法规草案起草的一般步骤予以阐述。

（一）成立起草班子

在接受地方性法规草案的起草任务后，首先应组织起草班子。一般而言，起草班子应包括起草领导班子和起草工作班子。前者由工作部门的主管领导组成，主要负责起草过程中重大问题的决策和重要事务的组织协调；后者则由工作部门的其他人员组成，必要时还可邀请有关专家、学者参与，并主要承担草案起草的具体实施工作。[①]

（二）组织开展调查研究

在地方性法规起草的过程中，起草人员应通过收集资料、实地考察、发放调查问卷、召开座谈会、组织专家论证等多种方式开展调查研究。调查研究的内容主要包括两个方面：一是就该地方性法规涉及的领域、群体等进行调查研究，以准确地把握该地方性法规所应调整的社会关系；二是对与该地方性法规相关的国内外立法或法律文件、资料等进行调查研究，以便于了解有关的规范现状，从而为该地方性法规草案的起草提供参考。

（三）起草条文

经过深入调查研究并理清有关问题后，即可由起草人员着手起草条文。一般而言，在正式起草条文前，所有起草人员应就地方性法规草案的总体结构、基本原则、主要内容等进行讨论，基本达成一致后再开始逐一拟定具体的条文。在起草条文的过程中，既可由一个起草人员在综合起草班子各方意见的基础上，单独执笔起草，也可以在起草班子内部进行一定的分工，由多个起草人员共同执笔起草。条文拟定后初次形成的草案稿为内部讨论稿，或称内部试拟稿。对于内部讨论稿或试拟稿，应先由起草工作班子反复讨论和修改，进而再提请起草领导班子进行研究。

（四）征求意见和协调论证

内部讨论稿或试拟稿经起草领导班子认可后形成草案征求意见稿。起草人员应将草案征求意见稿发放至有关方面或向社会公开，并通过召开听证会、座谈会、论证会或借助有关网络平台广泛征求意见。如果各方就草案征求意见稿发生重大意见分歧时，起草人员应将有关情况向地方人民代表大会或常务委员会有关机构报告，有关机构则应对此开展协调论证。此后，起草人员应根据协调论证后的结果对地方性法规草案作进一步的修改和完善。

（五）审查草案并提交审议

为防止草案存在部门化倾向，在将草案提交地方人民代表大会或常务委员会审议以前，起草部门应先将草案提交地方人民政府法制机构进行审查并由其提出审查意见。然后，由地方人民政府常务会议或全体会议根据审查意见对草案作出同意与否的表示并提出修改意见。据此，地方人民政府法制机构对草案进行修改并拟定法规案。法规案经地方人民政府负责人签署后，提交地方人民代表大会或常务委员会进行审议。

三、地方性法规案的提出

地方性法规案的提出，是指依法享有地方性法规案提案权的主体，向地方人民代表大会或常务委员会所作的关于制定、认可、修改、补充或废止地方性法规之动议。地方性法规案的提出，标志着地方性法规创制活动的正式开始。

《立法法》第 77 条第 1 款规定："地方性法规案、自治条例和单行条例案的提出、审议和表决程序，根据中华人民共和国地方各级人民代表大会和地方各级人民政府组织法，参照本法第二章第二节、第三节、第五节的规定，由本级人民代表大会规定。"根据《立法法》

---

① 参见孙育玮等：《完善地方立法立项与起草机制研究》，法律出版社 2007 年版，第 45 页。

第二章第二节、第三节的规定，全国人民代表大会主席团、全国人民代表大会常务委员会、国务院、中央军事委员会、最高人民法院、最高人民检察院、全国人民代表大会各专门委员会、全国人民代表大会1个代表团或者30名以上的代表联名，可以向全国人民代表大会提出法律案；全国人民代表大会常务委员会委员长会议、国务院、中央军事委员会、最高人民法院、最高人民检察院、全国人民代表大会各专门委员会、全国人民代表大会常务委员会组成人员10人以上联名，可以向全国人民代表大会常务委员会提出法律案。据此，各地方人民代表大会结合《地方组织法》的有关内容，对提出地方性法规案的主体和程序予以规定。

（一）向地方人民代表大会提出地方性法规案的主体和程序

1. 地方人民代表大会主席团可以向地方人民代表大会提出地方性法规案，由地方人民代表大会会议审议。

2. 地方人民代表大会常务委员会、地方人民政府、地方人民代表大会各专门委员会，可以向地方人民代表大会提出地方性法规案，由主席团决定是否列入会议议程。此外，有的地方条例还规定，本级人民法院、人民检察院也可以向地方人民代表大会提出地方性法规案，并由主席团决定是否列入会议议程。

3. 地方人民代表大会1个代表团或者10名以上的代表联名，可以向地方人民代表大会提出地方性法规案，由主席团决定是否列入会议议程，或先交有关的专门委员会审议并提出意见后，再由主席团决定是否列入会议议程。有关的专门委员会进行审议时，可以邀请地方性法规案的提案主体列席会议并发表意见。

4. 在地方人民代表大会闭会期间，向地方人民代表大会提出的地方性法规案，可以先向常务委员会提出。常务委员会会议应依照有关程序对地方性法规案进行审议，并决定是否提请地方人民代表大会审议。如决定提请地方人民代表大会审议，常务委员会或提案主体应就地方性法规案向地方人民代表大会全体会议进行说明。

（二）向地方人民代表大会常务委员会提出地方性法规案的主体和程序

1. 常务委员会主任会议可以向常务委员会提出地方性法规案，由常务委员会会议审议。

2. 地方人民政府、地方人民代表大会各专门委员会，可以向常务委员会提出地方性法规案，由主任会议决定是否列入常务委员会会议议程，或先交由有关的专门委员会审议并提出报告后，再决定是否列入常务委员会会议议程。如果主任会议认为地方性法规案有重大问题需要进一步研究，可以建议提案主体修改后再向常务委员会提出。此外，有的地方条例还规定，本级人民法院、人民检察院也可以向常务委员会提出地方性法规案，并由主任会议决定是否列入常务委员会会议议程。

3. 常务委员会组成人员5人以上联名，可以向常务委员会提出地方性法规案，由主任会议决定是否列入常务委员会会议议程，或先交由有关的专门委员会审议并提出意见后，再决定是否列入常务委员会会议议程。如决定不将地方性法规案列入常务委员会会议议程，主任会议应向常务委员会会议报告或者向提案主体说明。

四、地方性法规案的审议

地方性法规案的审议，是指依法享有法规制定权的地方国家权力机关，对已被列入议程的地方性法规案进行审查、讨论、评议以及修改的专门活动。地方性法规案的审议，旨在对制定地方性法规的必要性、可行性以及地方性法规草案文本的合法性、合理性等进行论证，并就地方性法规案存在的技术性问题予以解决、完善，它是地方性法规制定程序中的核心环节。

根据《立法法》的有关规定，并结合各地方人民代表大会及其常务委员会的实践，地方性法规案的审议一般包括以下步骤：

（一）审议前的准备

为确保地方性法规案的审议程序能够顺利展开，首先应做好相关的准备工作。一方面，地方性法规案的提案主体应向地方人民代表大会或常务委员会提供与法规案相关的各类信息资料，如由其整理的调研材料、收集的意见和建议等。另一方面，地方人民代表大会或常务委员会也应当为地方性法规案的审议工作进行相应的准备。首先，参照《立法法》第17条、第28条关于将法律案提前发给有关人员的规定，地方人民代表大会或常务委员会也应当在会议举行前的一定时期内，将地方性法规草案发给代表或常务委员会组成人员。对此，各地的做法存在一定差异。有的地方规定，无论是提请人民代表大会审议还是提请常务委员会审议，均应将法规草案提前发给有关人员，而有的地方仅就提请人民代表大会审议的情形作了规定；有的地方明确了应当提前发送法规草案的具体期限，而有的地方仅要求在会议前发送即可。其次，地方人民代表大会或常务委员会的有关机构还应当做好审议前的联系与沟通工作，使有关人员能够充分了解法规案的相关情况，从而保障审议的顺利开展和提高审议的质量。

（二）对地方性法规案的说明

参照法律制定过程中提案主体应对法律草案进行说明的做法，地方性法规案的提案主体也应当就地方性法规草案的有关情况，向地方人民代表大会或常务委员会全体会议进行说明。从实践来看，由地方人民政府提请审议的地方性法规案，一般应当由起草部门的负责人在地方人民代表大会审议时，或常务委员会第一次审议时，对地方性法规草案作说明；由有关的专门委员会提请审议的地方性法规案，则一般应当由该专门委员会的负责人，在地方人民代表大会代表团审议前，或常务委员会第一次审议时，对地方性法规案进行说明。地方性法规案说明的内容一般包括：（1）制定该地方性法规的必要性和可行性；（2）该地方性法规适用的对象、范围；（3）法规草案的主要内容；（4）起草过程中出现的重要问题及解决情况；等等。

（三）地方性法规案的审议

在听取提案主体的说明后，即正式进入地方性法规案的审议程序。从《立法法》和有关地方条例的规定来看，地方人民代表大会的审议程序和地方人民代表大会常务委员会的审议程序存在一定的区别，现分别予以阐述。

1. 地方人民代表大会的审议程序

（1）代表团审议。代表团是地方人民代表大会代表按选举单位组成的与会单元，代表审议地方性法规案基本以代表团为单位进行。代表团审议是人民代表大会正式审议地方性法规案的首个步骤。实践中，鉴于各代表团在人数上的差异，人数较多的代表团还将进一步划分为若干小组，先由小组会议审议，必要时再由代表团全体会议审议。[①] 在代表团审议的过程中，提案主体应指派人员到会听取意见并回答代表的询问。此外，与地方性法规案有关的

① 参见李明璞：《地方立法的过程与方法》，湖北人民出版社2013年版，第75页。

机关、组织，也应当根据代表团的要求，指派人员到会介绍情况。

（2）专门委员会审议。由于地方人民代表大会一般每年只召开一次，而且每次会议持续的时间有限，使得代表难以对地方性法规案进行深入的讨论。为解决这一问题，地方人民代表大会往往会设立若干专门委员会来对地方性法规案进行审议。[①] 在地方人民代表大会会议期间，有关的专门委员会应在代表团审议后，对与其业务对口的地方性法规案进行审议，同时向主席团提出审议意见并将审议意见印发会议。根据各代表团和有关的专门委员会的审议意见，法制委员会应对地方性法规案进行统一审议。统一审议后，由法制委员会向主席团提出审议结果报告和法规草案修改稿，其中审议结果报告应对有关重要问题的不同意见予以说明。审议结果报告和法规草案修改稿经主席团会议审议通过后，印发会议。

（3）主席团组织审议。在专门委员会审议以后，如有必要，可由主席团组织代表团有关人员进行讨论、审议。这主要包括两种情形：一是由主席团常务主席就地方性法规案中的重大问题召开各代表团团长会议，听取各代表团的审议意见及进行讨论，并将讨论的情况和意见向主席团报告；二是由主席团常务主席就地方性法规案中的重大的专门性问题召集代表团推选的有关代表进行讨论，并将讨论的情况和意见向主席团报告。

（4）授权常务委员会审议。经过以上审议程序后，如地方性法规案在审议中有重大问题需要进一步研究的，经主席团提出，由大会全体会议决定，可以授权常务委员会根据代表的意见进一步审议及作出决定，并将决定情况向人民代表大会下次会议报告。另外，也可以授权常务委员会根据代表的意见进一步审议及提出修改方案，并将修改方案提请人民代表大会下次会议审议决定。

2. 地方人民代表大会常务委员会的审议程序

相较于地方人民代表大会的审议程序，地方人民代表大会常务委员会的审议程序则更为复杂。目前，各地方人民代表大会常务委员会的审议程序主要是参照《立法法》关于全国人民代表大会常务委员会审议程序的具体规定或基本精神予以设定的。根据《立法法》第29条、第30条规定，列入常务委员会会议议程的法律案，一般应当经三次常务委员会会议审议后再交付表决；各方面意见比较一致的，可以经两次常务委员会会议审议后交付表决；调整事项较为单一或者仅部分修改的法律案，各方面的意见比较一致的，也可以经一次常务委员会会议审议即交付表决。

据此，各地方对其常务委员会的审议程序作了具体规定。其中，对于地方性法规的修正案和废止案，不少地方均规定，如各方面意见比较一致，可以经一次或两次常务委员会会议审议即交付表决。但在一般情况下，地方性法规案则应当经由常务委员会会议两次或以上的审议才能交付表决。对此，实践中存在着“二审制”[②] 和“三审制”[③] 两种做法。前者是指

① 例如广东省人民代表大会设立了内务司法委员会、财政经济委员会、环境与资源保护委员会、农村农业委员会、教育科学文化卫生委员会、华侨民族宗教委员会和法制委员会共七个专门委员会。

② 例如2015年上海市人民代表大会常务委员会修正的《上海市制定地方性法规条例》第23条规定：“列入常务委员会会议议程的地方性法规案，一般应当经两次常务委员会会议审议后交付下次常务委员会会议表决。常务委员会会议审议时各方面意见比较一致的，由主任会议决定，也可以在第二次常务委员会会议审议后交付该次会议表决。”

③ 例如2016年广东省人民代表大会修正的《广东省地方立法条例》第40条第1款规定：“列入常务委员会会议议程的地方性法规案，一般应当经三次常务委员会会议审议后再交付表决。”

列入地方人民代表大会常务委员会会议议程的地方性法规案，一般应当经过两次常务委员会会议审议后再交付表决；后者是指列入地方人民代表大会常务委员会会议议程的地方性法规案，一般应当经过三次常务委员会会议审议后才交付表决。

参照有关地方的实践，“二审制”的基本流程如下：

（1）第一次审议。首先，由常务委员会分组会议就制定地方性法规的必要性、可行性和法规草案中的主要问题进行审议。然后，由常务委员会根据需要召开联组会议或全体会议，对法规草案中的主要问题进行审议。[①] 最后，由法制委员会根据常务委员会组成人员、有关的专门委员会的审议意见和各方面提出的意见进行统一审议，提出审议结果报告和法规草案修改稿，并由主任会议决定提请常务委员会会议第二次审议。

（2）第二次审议。首先，由法制委员会在常务委员会全体会议上宣读法规草案审议结果的报告。然后，由常务委员会全体会议或者分组会议对法规草案修改稿进行审议。在审议过程中，如果存在专业性问题需要进一步研究的，可以由主任会议交有关的专门委员会进行研究，提出审议意见报告，并印发常务委员会会议和法制委员会。最后，由法制委员会根据常务委员会组成人员和有关的专门委员会的审议意见，对地方性法规案进行统一审议，提出审议结果报告和法规草案表决稿，并由主任会议决定提请常务委员会全体会议表决。

参照有关地方的实践，“三审制”的具体实施环节包括：

（1）第一次审议。首先，由有关的专门委员会就法规草案的必要性、可行性、合法性等提出审议意见并印发常务委员会会议。然后，由常务委员会分组会议对此及法规案的主要问题进行审议。

（2）第二次审议。首先，由法制委员会对地方性法规案进行统一审议。然后，由法制委员会向常务委员会会议提出关于法规草案修改情况的报告和法规草案修改稿。其中，修改情况的报告应根据第一次审议中常务委员会组成人员、有关的专门委员会对法规草案的审议意见，以及有关的政府工作部门、社会团体、企业事业组织、专家、学者和社会公众等关于法规草案的意见和建议等，对法规草案的修改情况、主要问题、不同意见等予以说明。最后，由常务委员会分组会议根据修改情况的报告和法规草案修改稿，对法规草案作进一步的审议。

（3）第三次审议。首先，由法制委员会对地方性法规案进行统一审议。然后，由法制委员会在常务委员会全体会议上作关于法规草案审议结果的报告。审议结果的报告应对法规草案主要内容的修改情况和重要意见予以说明，并就各方人员提出的关于法规草案修改稿意见和建议进行总结。最后，由常务委员会分组会议对法规草案修改稿进行审议，并在当次会议上提出意见。

（四）地方性法规草案表决稿的提出

在地方人民代表大会的审议中，地方性法规草案修改稿经各代表团审议后，再由法制委

---

① 在地方性法规案的审议中，分组会议、联组会议和全体会议是常务委员会召开会议的三种形式。其中，分组会议是指以常务委员会组成人员所分成的小组为单位来召开的会议；联组会议是指由分组会议中各个小组的人员共同召开的会议，它实际上是一种非正式的全体会议，但由于在会议上不能决定问题，所以它对于出席人员的人数并无严格的要求；全体会议是指由常务委员会全体组成人员召开的会议，它对于出席会议的人数具有严格的规定，并具有决定问题的权力。

员会根据各代表团审议意见进行修改，从而提出地方性法规草案的表决稿，并由主席团提请人民代表大会全体会议表决。在地方人民代表大会常务委员会的审议中，地方性法规草案修改稿经常务委员会会议审议后，再由法制委员会根据常务委员会的审议意见进行修改，从而提出法规草案表决稿，并由主任会议提请常务委员会全体会议表决。

五、地方性法规案的表决通过

地方性法规案的表决，是指享有法规案表决权的主体，对提请表决的地方性法规案所表示的赞成、反对或弃权的态度。表决是关系到法规案能否成为法规的关键环节。根据不同的标准，可对现有的表决方式作出相应的划分。

1. 根据表决过程中表决者的态度是否公开，可将表决分为公开表决和秘密表决。其中，公开表决的方式主要包括举手表决、口头表决、点名表决、起立表决、行进表决、计牌表决、记名投票表决、使用表决器表决等；秘密表决则以无记名投票为主要形式。① 公开表决简捷、明了，有利于提高表决的效率，但却易使表决者迫于公开的压力而不能在表决中表达自己的真实态度。相较而言，秘密投票则能够保障表决者的内心意愿不被外界所知，从而提高表决的真实性和民主性。现实中，公开表决和秘密表决在我国地方性法规的制定中均有运用。而且，对于公开表决，运用较多的是举手表决和使用表决器表决两种方式。

2. 根据表决的对象是否及于整个地方性法规案，可将表决分为整体表决和部分表决。整体表决是指就整个地方性法规案进行的表决。部分表决则是指对地方性法规案中的部分章、节或条款所作的表决，它主要包括逐条表决和单独表决两种方式。其中，逐条表决是指先由表决者对地方性法规案中的每个条款或章、节逐一表决，此后再就整个地方性法规案进行表决。单独表决，又称单项表决，是指由表决者就地方性法规案中的个别条款先行表决，然后再根据该条款的表决结果来决定是否对整个地方性法规案进行表决。目前，整体表决是我国地方性法规表决的基本方式。但在实践中，会经常出现表决者对地方性法规的制定无异议，而对地方性法规案中的个别条款持反对意见的现象。在此情况下，如果仍坚持采用整体表决，表决者要么只能“顾全大局”表示赞成，要么只能“坚持细节”表示反对，或是在两难境地之下选择弃权。然而，这都并非表决者真实意愿的表示。为此，近年来，部分表决，尤其是单独表决，也在地方性法规案的表决中得到了运用。② 这不仅能够使表决者的意愿得到客观、全面的表示，也有利于地方性法规案表决的顺利进行。

地方性法规案的通过，应遵循多数通过的基本原则。多数通过原则包括绝对多数通过和相对多数通过两种情形。对于前一种情形，赞成的人数必须达到全部人数的2/3多数，地方性法规案才能获得通过；对于后一种情形，赞成的人数必须超过全部人数的半数，地方性法规案才能获得通过。根据《地方组织法》第20条、第45条的规定，地方性法规案的通过

---

① 参见陈洪江主编：《地方立法简本》，天津人民出版社2007年版，第195页。

② 例如，2014年11月26日，广东省第十二届人大常委会第十二次会议通过了《广东省人民代表大会常务委员会关于对法规案中个别重要条款单独表决的决定》，对地方性法规案中个别重要条款的单独表决进行了规范。2015年1月13日，广东省第十二届人大常委会第十三次会议第二次全体会议对《广东省环境保护条例（修订草案）》第19条进行单独表决，是中共十八届四中全会后全国首次就地方性法规案个别条款实施的单独表决。

采取的是相对多数通过原则，即地方人民代表大会表决地方性法规案，以全体代表的过半数通过；地方人民代表大会常务委员会表决地方性法规案，以全体组成人员的过半数通过。

六、地方性法规的公布

地方性法规的公布，是指地方人民代表大会或常务委员会将已表决通过的地方性法规依法公之于众的行为。地方性法规作为由地方制定的法律性文件，必须向社会予以明示，使公民知晓其内容，才能产生法律效力。因此，公布是地方性法规得以施行的前提条件。

根据《立法法》第 78 条的规定，地方性法规的公布包括以下四种情形：（1）省、自治区、直辖市的人民代表大会制定的地方性法规，由大会主席团发布公告予以公布；（2）省、自治区、直辖市的人民代表大会常务委员会制定的地方性法规由常务委员会发布公告予以公布；（3）设区的市、自治州的人民代表大会及其常务委员会制定的地方性法规报经批准后，由设区的市、自治州的人民代表大会常务委员会发布公告予以公布；（4）自治条例和单行条例报经批准后，分别由自治区、自治州、自治县的人民代表大会常务委员会发布公告予以公布。

而且，根据《立法法》第 79 条的规定，地方性法规公布后，必须及时在指定的纸质载体和网络载体上公布。其中，纸质载体包括本级人民代表大会常务委员会公报和在本行政区域范围内发行的报纸①；网络载体则包括中国人大网和本地方人民代表大会网站。此外，在常务委员会公报上刊登的地方性法规、自治条例和单行条例文本为标准文本。

七、地方性法规制定的停止

一般而言，在通过上述程序以后，地方性法规的制定即完成了由法规案到法规的整个过程。但在现实中，地方性法规的制定过程并非都能如此顺利，它也会因种种原因而出现停止。这主要包括地方性法规案的撤回、搁置审议、暂不付表决和终止审议。

（一）地方性法规案的撤回

地方性法规案的撤回包括两种情形：一是在地方性法规案列入地方人民代表大会或常务委员会会议议程以前，提案主体可自行决定撤回其提出的地方性法规案。二是在地方性法规案列入会议议程后但交付表决前，提案主体可在说明理由的前提下，要求将其撤回；其中，列入地方人民代表大会会议议程的地方性法规案，经主席团同意，并向大会报告，审议即行终止；列入常务委员会会议议程的地方性法规案，经主任会议同意，并向常务委员会报告，审议即行终止。

（二）地方性法规案的搁置审议

列入常务委员会会议议程的地方性法规案，经审议后，如果对于法规草案的必要性、可行性和合法性等重大问题存在较大意见分歧，一般需要对其实施搁置审议。地方性法规案的搁置审议，应当由主任会议提出，并由常务委员会全体会议表决决定。

---

① “本行政区域范围内发行的报纸”，一般是指在当地发行量大且受众面广的报纸，如根据《广东省地方立法条例》第 104 条规定，广东省地方性法规应在《南方日报》刊登。

（三）地方性法规案的暂不付表决

列入常务委员会会议议程的地方性法规案，经常务委员会三次会议审议后，仍有重大问题需要进一步研究的，由主任会议提出，经联组会议或者常务委员会全体会议同意，可以暂不付表决，并交由法制委员会作进一步审议。

（四）地方性法规案的终止审议

列入常务委员会会议审议的地方性法规案，在搁置审议满一定期限[①]，或由于暂不付表决而经过一定期限没有再次列入常务委员会会议议程的情况下，由主任会议向常务委员会报告，该法规案即终止审议。

第三节　地方政府规章的制定程序

地方政府规章的制定程序，是指依法享有规章制定权的地方人民政府制定、认可、修改、补充或废止地方政府规章的活动程序，它包括地方政府规章的立项、地方政府规章草案的起草、地方政府规章草案的审查、地方政府规章草案的讨论决定以及地方政府规章的公布。

一、地方政府规章的立项

地方政府规章的立项，是指依法享有规章制定权的地方人民政府，根据本行政区域的经济和社会发展需要，提出的关于一定时期内制定地方政府规章的建议。与地方性法规的立项相似，地方政府规章的立项也包括规划编制和计划编制两个方面。一般来说，规划的周期为2至5年，计划的周期为1年。从各地的实践来看，地方政府规章的立项大致包括以下步骤：

（一）地方政府规章项目的建议和申请

这是地方政府规章立项的首要步骤。地方人民政府所属各工作部门或下级人民政府、地方人民政府领导、各级人民代表大会代表或政协委员以及其他公民、法人或组织等，可向地方人民政府提出地方政府规章项目的建议。地方人民政府所属各工作部门或下级人民政府提出的项目建议，应当在指定时间内以正式书面文件的形式向地方人民政府法制机构提报立项申请。[②] 其中，立项申请应当对规章项目的名称和主要内容、规章制定的依据和必要性、起

---

① 对于此"一定期限"，大部分地方均参照《立法法》有关法律案终止审议的期限要求，规定法规案终止审议的期限为两年，如《广东省地方立法条例》第56条规定："列入常务委员会会议审议的地方性法规案，因各方面对该法规草案的必要性、可行性和合法性等重大问题存在较大意见分歧搁置审议满两年的，或者因暂不付表决经过两年没有再次列入常务委员会会议议程的，由主任会议向常务委员会报告，该法规案终止审议。"但也有地方将其规定为一年，如2018年湖南省人民代表大会常务委员会修正的《湖南省地方立法条例》第31条规定："列入常务委员会会议审议的地方性法规案，因对制定该法规的必要性、可行性等重大问题存在较大意见分歧搁置满一年的，或者因暂不付表决经过一年没有再次列入常务委员会会议议程审议的，由主任会议向常务委员会报告，该地方性法规案终止审议。"

② 从各地的有关规定来看，提报立项申请的时间一般为每年10月底前后，如根据2008年通过的《黑龙江省人民政府立法工作程序规定》，省政府部门或者市（地）人民政府（行署）提出的立法项目建议，应当于每年10月31日前以正式文件形式报送省政府法制机构申请立项；又如，根据2014年通过的《福建省人民政府法规草案和政府规章制定程序规定》第7条规定，省人民政府各部门、设区的市人民政府、平潭综合实验区管委会，需要制定法规和省人民政府规章的，应当于每年11月15日前，将下一年度立法立项申请以及立法项目申报书报送省人民政府法制办公室。

草单位及其人员等予以说明。

（二）地方政府规章规划（计划）的拟订

地方人民政府法制机构应当根据本行政区域经济、社会发展的实际情况和本级人民政府确定的工作任务，并参照国务院或上级人民政府的地方政府规章规划（计划），就地方政府规章项目建议或立项申请开展实践调查、研究论证等，并在此基础上，拟定地方政府规章规划（计划）。

（三）地方政府规章规划（计划）的报批和公布

地方人民政府法制机构应当通过召开座谈会、论证会、听证会等方式，就拟订的地方政府规章规划（计划）向有关单位和个人征求意见。对于规划（计划）中的重要规章项目，还需要进一步作出风险评估、效益分析等。在总结各方意见并对拟订的地方政府规章规划（计划）进行修改完善后，由地方人民政府法制机构将地方政府规章规划（计划）报请本级人民政府批准并公布。一般情况下，地方政府规章规划应当在每届政府任期的第一年度内编制完成，地方政府规章计划应当在上一年第四季度内编制完成。

二、地方政府规章草案的起草

地方政府规章草案的起草，是指有关单位或人员，依照一定的体例和格式，以书面形式将地方政府规章草案见诸文字的过程。由于地方政府规章大都与行政管理密切相关，因而规章草案主要由地方人民政府所属各工作部门组织起草。如果规章草案的内容涉及两个或两个以上的工作部门，可由有关的工作部门联合起草；如果属于全局性、综合性较强的规章草案，则应由地方人民政府法制机构组织起草。此外，地方人民政府也可以委托有关的科研机构、专家或学者进行起草。以地方人民政府所属各工作部门的实践为例，地方政府规章草案的起草主要包括以下步骤：

（一）成立起草班子

这是政府工作部门组织起草的首要步骤。其中，起草班子的成员范围可包括起草部门的工作人员、其他工作部门的有关人员、政府法制机构的组成人员以及相关的专家和学者等。但在实践中，并不是每一部规章草案的起草都必须由以上所有类型的人员共同组成起草班子。首先，一般仅当规章草案的内容涉及其他工作部门的事务时，才需要这些工作部门派人参加起草。其次，政府法制机构的组成人员一般会对起草工作进行指导，但仅在必要时，他们才会直接参加起草。最后，对于是否邀请专家、学者参加起草，也需要按情况而定。

（二）开展调查研究

起草规章草案，应当先行开展调查研究。一方面，起草班子应对国内外相关的立法经验进行总结，从而为规章草案的起草提供参考。另一方面，起草班子应就规章草案涉及的有关问题向社会各界公开征求意见。尤其当规章草案直接涉及公民、法人或其他组织的切身利益，或规章草案的内容存在较大争议时，起草人员应当通过召开座谈会、论证会、听证会等形式来听取意见。

（三）正式起草

在深入调查研究并弄清有关问题后，即正式开始起草规章草案。一般来说，首先应理清起草的基本思路，并拟定规章草案的大体框架和提纲，然后再安排人员承担具体的条文起草工作。对此，既可以由一人在听取起草班子集体意见后单独执笔起草，也可以由多人在分工的基础上合作起草。

（四）征求意见和协调论证

起草完成的规章草案经起草部门召开专题会议讨论通过并由起草部门主要负责人签署后，形成规章草案征求意见稿，书面征求有关部门的意见。有关部门应当认真研究意见稿并提出书面意见，按照规定时限予以反馈；否则，将视为同意规章草案。对于有关部门提出的合理意见，起草人员应当予以采纳，并据此对规章草案作出修改。除向有关部门征求意见以外，起草部门还应当做好协调工作。一方面，起草部门内部存在意见分歧的，起草单位应当进行协调；另一方面，其他部门存在意见分歧的，起草部门可以邀请有关部门进行协调。

（五）通过和报送规章草案送审稿

在充分征求意见和协调论证后，由起草部门制定规章草案送审稿。规章草案送审稿应当经起草部门主要负责人组织召开专题会议集体讨论通过，并由起草部门主要负责人签署。如果规章草案是由多个部门联合起草的，规章草案送审稿则应当由参加联合起草的有关部门的主要负责人会签。此后，由起草部门将规章草案送审稿连同规章草案的法律和政策依据、国内外的立法参考资料、起草过程中的不同意见及协调情况等报送地方人民政府，径送地方人民政府法制机构审查。

三、地方政府规章草案的审查

地方政府规章草案的审查，是指依法享有规章审查权的地方人民政府法制机构，对由起草部门报送的规章草案送审稿进行统一审查和修改的专门活动。审查是地方政府规章出台前重要的把关环节，因而受到了各地的普遍重视。为保障审查工作的质量，有的地方还规定，政府法制机构在审查法规草案时，可以邀请本级人民代表大会有关专门委员会和常务委员会有关工作机构参加。[①] 一般而言，地方政府规章草案的审查包括以下步骤：

（一）初步审查

从实践来看，政府法制机构收到规章草案送审稿后，一般会从以下方面对其进行初步审查：（1）是否符合法律、法规的规定；（2）是否与有关规章协调、衔接；（3）涉及部门权限的，是否与其职能相一致；（4）是否已妥善处理有关部门、组织和公民的意见；（5）是否符合立法技术要求；（6）需要审查的其他内容。

如果规章草案送审稿出现以下情形之一的，政府法制机构可以暂缓审查或将其退回：（1）规章草案不符合法律、法规规定的；（2）制定规章的条件尚不成熟的；（3）规章草案内容不具有可执行性的；（4）规章草案送审稿未经起草部门召开专题会议讨论通过的；（5）规章草案送审稿未经起草部门主要负责人签署或未经联合起草的有关部门的主要负责人会签的；（6）规章草案送审稿存有较大意见分歧且尚未进行协调的。

（二）广泛征求意见

除依法需要保密的情况以外，政府法制机构应当将规章草案送审稿或其涉及的主要问题

---

① 参见《黑龙江省人民政府立法工作程序规定》第26条。

发送至有关部门、组织和专家征求意见，并通过深入实地调查或借助有关的网络平台等方式，广泛听取社会各界的意见。如果规章草案送审稿涉及重大问题的，政府法制机构应当召开座谈会、论证会，听取有关部门、组织、专家和公民的意见，并展开研究论证。起草部门应当到会介绍情况，听取意见，回答询问。如果规章草案送审稿直接涉及公民、法人或者其他组织的切身利益或拟确立社会普遍关注的制度的，可以举行听证会。政府法制机构应当选取具有代表性的人员参加听证会，并充分考虑他们所提出的意见和建议。

（三）协调不同意见

有关部门对规章草案送审稿存在较大意见分歧的，政府法制机构应当进行协调，并尽可能达成一致意见；不能达成一致意见的，政府法制机构应当报请地方人民政府有关负责人协调，或将争议的主要问题、有关部门的意见和政府法制机构的意见报请省级人民政府决定。①

（四）修改规章草案送审稿并提请审议

政府法制机构应当认真研究各方面的意见，与起草单位协商后，对规章草案送审稿进行修改，形成规章草案和对草案的说明或草案审查报告。说明或审查报告主要包括制定规章拟解决的主要问题、确立的主要措施以及与有关部门的协调情况等内容。政府法制机构主要负责人对规章草案及其说明或审查报告进行签署后，提出提请本级人民政府有关会议审议的建议。

四、地方政府规章草案的讨论决定

根据《地方组织法》第 60 条第 2 款的规定，制定规章，须经各该级政府常务会议或者全体会议讨论决定。可见，不同于地方性法规案的表决通过，地方政府规章草案以地方人民政府有关会议的讨论决定为其获得效力的法定形式。现实中，哪些规章草案应当由常务会议讨论决定而哪些规章草案应当由全体会议讨论决定，可以根据规章的重要情况而定。②

一般而言，规章草案的讨论决定的步骤是：（1）由政府法制机构或起草部门作规章草案的说明；（2）由常务会议或者全体会议组成人员就规章草案充分发表意见，认真研究讨

① 为使协调能够取得较好的效果，多个地方均对协调工作的实施作了全面、细致的规定。例如，2015 年通过的《山东省政府规章制定程序规定》第 20 条规定："有关部门对规章草案送审稿有较大分歧的，政府法制机构应当进行协调，对重要立法事项，可以委托社会有关方面进行评估；经协调不能达成一致意见的，应当报请省人民政府有关负责人协调。经协调仍不能达成一致意见的，政府法制机构应当将争议的主要问题、协调过程、相关方面的意见和政府法制机构的意见报请省人民政府决定。"又如，《黑龙江省人民政府立法工作程序规定》第 34 条规定："省政府法制机构应当组织召开立法协调会，对法规草案或者规章征求意见稿中涉及的问题进行协调，力求达成一致意见。省政府有关部门应当选派代表本部门意见的工作人员参加立法协调会，并在协调会议单上签署意见。经过协调达成一致意见的，有关部门在省政府常务会议、全体会议讨论或者省人民代表大会及其常务委员会审议过程中，一般不得再提出异议；未达成一致意见的，有关部门应当书面提出理由和依据，报送省政府法制机构。"第 35 条规定："经省政府法制机构协调，对法规草案或者规章征求意见稿涉及的主要问题未达成一致意见的，由省政府法制机构提请省政府有关副秘书长、秘书长或者协管省长助理主持协调。经协调未达成一致意见的，由省政府法制机构提请有关副省长协调。涉及两位以上副省长主管且情况复杂、协调难度较大的，由省政府法制机构提请省长或者常务副省长召开省政府专题会议进行研究、协调。经协调仍有不同意见的，省政府法制机构应当将主要问题、有关部门的分歧意见、协调情况和省政府法制机构的处理意见形成报告，提报省政府常务会议或者全体会议研究决定。"

② 参见汤唯、毕可志等：《地方立法的民主化与科学化构想》，北京大学出版社 2006 年版，第 173 页。

论，听取有关部门的意见，并作出通过、原则通过、再次审议或者不通过的决定；（3）由政府法制机构会同起草部门，按照会议讨论意见对规章草案进行修改，并报送地方人民政府行政首长审定。[①]

五、地方政府规章的公布

地方政府规章的公布，是指由地方人民政府行政首长依法签署命令，将讨论决定通过的地方政府规章公之于众的行为。根据《立法法》第85条第2款和第86条第2款、第3款的规定，地方政府规章由省长、自治区主席、市长或者自治州州长签署命令予以公布；地方政府规章签署公布后，及时在本级人民政府公报和中国政府法制信息网以及在本行政区域范围内发行的报纸上刊载；在地方人民政府公报上刊登的规章文本为标准文本。除此以外，有的地方还要求将签署公布的地方政府规章在本级人民政府网站上刊载，并以此作为规章电子文本的标准电子文本。[②]

思考题：

1. 什么是地方立法程序？它有哪些特征？
2. 地方立法程序有哪些分类？
3. 试述地方人民代表大会常务委员会审议地方性法规案的程序。
4. 试述地方政府规章的制定程序。
5. 试比较地方性法规和地方政府规章制定程序的异同。

① 由于各级人民政府实行行政首长负责制，因而地方政府规章草案的讨论决定往往是行政首长在综合会议各方意见基础上所作的决定。为此，在有些地方的实践中，也有可能是由政府法制机构对规章草案进行修改后，再提请行政首长作出通过、原则通过、再次审议或者不通过的决定。

② 参见《山东省政府规章制定程序规定》第25条。

第六章　地方立法解释与变更

第一节　地方立法解释

一、地方立法解释的概念与特征

（一）地方立法解释的概念

何谓立法解释，学术界众说纷纭，没有统一的观点。主要观点有：（1）“立法解释指有权制定法律和地方性法规的中央和地方国家权力机关的常设机关对法律、法规所作的解释”①；（2）“立法解释是指制定法律机关作出的，为使法律准确适用对其条款的立法含义的明确说明”②；（3）“立法解释就是立法机关对法律规范及概念、术语所作的说明或补充规定”③；（4）“所谓立法解释，简单地说是指国家立法机关以一定的形式对宪法、法律包括法条及其用语，如概念、连接词等应有的含义所作的阐明”④；（5）“立法解释就是立法机关对法律条文含义的说明”⑤；等等。

实际上，对立法解释的概念产生的差异，是由于人们对立法机关和法律的界定不同而产生的。概括起来，学术界通常有狭义、广义以及介于二者之间的三种不同的观点：狭义的立法解释，专指最高国家权力机关对其制定的法律进行的解释；广义的立法解释，是指有关国家机关对其所制定的规范性法律文件进行的解释，或者授权其他国家机关进行的解释；⑥ 第三种观点是介于二者之间的概念，是指有权制定法律和地方性法规的中央和地方国家机关的常设机关对法律、法规所作的解释。在这三种观点中，狭义的解释对立法解释的界定过于狭窄，与我国现行的立法解释模式及其发展趋势不符，如果立法解释仅指最高国家权力机关对其制定的法律进行的解释，那么地方性法规的法律解释的性质将很难认定。广义的解释对立法解释的界定又过于宽泛，容易混淆立法解释、司法解释以及行政解释的概念，容易出现“立法解释司法化”“司法解释立法化”或者“行政解释立法化”等现实问题。第三种观点是介于广义与狭义之间的概念，但这种解释强调中央和地方国家机关对法律、法规的解释，而忽略了行政立法解释，有失偏颇之处。

综合以上观点，我们认为，立法解释是指立法机关对其所制定的规范性法律文件或授权其他国家机关对其所制定的规范性法律文件的内容和含义所作的说明或阐释。

地方立法解释，是指地方立法机关对其所制定的规范性法律文件或授权其他国家机关对

---

① 沈宗灵主编：《法理学研究》，上海人民出版社 1990 年版，第 224 页。

② 蔡定剑、刘星红：《论立法解释》，载《中国法学》1993 年第 6 期。

③ 李伟民主编：《法学辞源》，中国工人出版社 1994 年版，第 310 页。

④ 周振晓：《也论立法解释》，载《中国法学》1995 年第 1 期。

⑤ 张志铭：《当代中国的法律解释问题研究》，载《中国社会科学》1996 年第 5 期。

⑥ 参见朱力宇、张曙光主编：《立法学》，中国人民大学出版社 2006 年版，第 191 页。

其所制定的规范性法律文件的内容和含义所作的说明或阐释。地方立法解释的主体是地方有立法权的人大及其常委会、人民政府和获得授权的国家机关。地方立法解释的对象是地方立法主体颁布的地方性法规、规章、自治条例、单行条例等规范性法律文件。

（二）地方立法解释的特征

与中央立法解释、司法解释、行政解释等相比，地方立法解释有其重要的特征，具体体现为：

1. 地方立法解释主体的特定性。地方立法解释的主体是特定的地方立法机关或被授权的国家机关。地方立法解释主体通常有两种：一种是立法机关作为解释的主体，另一种是立法机关授予其他国家机关来解释。立法机关作出的解释，是指省市两级有立法权的人大和政府以及自治县人大对其制定的法规、规章、自治条例、单行条例所作的解释。立法机关授予其他国家机关所作的解释，是指立法机关自身不作解释，而是授予其他国家机关进行解释，如人大的地方性法规明确规定由地方人民政府或其工作部门来对相关问题进行解释，地方政府规章授权政府工作部门对相关问题进行解释。

2. 地方立法解释内容的限定性。地方立法解释的对象是地方性法规、规章、自治条例、单行条例等规范性法律文件，而对其他规范性文件的解释不是立法意义上的解释。同时解释主体在进行解释时，只能针对法律文本的内容进行解释，而不能抛开文本内容随意进行解释。

3. 地方立法解释方法的相对灵活性。相对于中央立法解释，地方立法解释在解释的方法上相对灵活、简单。相较于中央立法解释更多强调解释方法的科学性、规范性、艺术性，地方立法解释不特别强调解释所遵循的原则、技巧等方面，而是针对法律适用中出现的相关问题作出更为详尽、具体的答复、说明。

二、地方立法解释的必要性和意义

（一）地方立法解释的必要性

及时地对现行地方立法进行解释，有利于地方立法功能和作用的发挥，提升地方立法质量。地方立法解释的必要性主要体现在：

1. 法律规范是抽象的、概括的，只有经过解释，才能成为具体案件和行为的规范标准。抽象性、概括性是法律规范的一个最基本的特征。法的实施就是将法律规范应用于具体案件和行为的过程。由于案件和行为是各种各样、千差万别的，法律规范不可能对一切问题作出详尽无遗的规定，因此，在法的实施过程中只有对法律规范进行解释，才能使原则性、抽象性的法律规范更具有操作性，才能对案件和行为的处理产生较好的指导作用。立法机关对其所立之法进行的解释是法律适用中最具有权威性的解释。立法机关的立法解释会对案件和行为的处理作出更为明确具体的指导。

2. 法律规范具有相对稳定性，只有经过解释才能适应不断变化的社会需求。法律规范具有稳定性才能使人们对法律的适用有一个稳定的预期，否则，法律的朝令夕改则使人们无所适从。然而法律的稳定性与社会关系的变化却产生了一个矛盾，即法律的稳定性特点却使法律很难适应社会关系的发展变化，为了使法律能够尽可能地适应社会关系的发展变化，就需要不断地对其进行解释，使法律条文的含义能够根据社会关系的发展变化及时进行调整。

3. 人的认识能力是有限的，只有经过不断的解释，法律才能趋于完善。实践中法律条文相互冲突、矛盾，文字模糊，表述不清，该规定而未规定的情况在所难免。在不可能完全通过修改条文的方式解决相关问题时，由立法者或者有权解释者根据法律条文的本意和原理对条文进行解释就显得非常必要。可以说，因人的认识能力有限而对法律条文内容不断作出新的解释，这种状况是长期的、反复的。

4. 社会形势发生较大变化，需要通过解释才能赋予法律规范新的内涵。在社会快速发展的时代，社会形势变化较快，尽管有时法律条文不需要发生较大的变动，但法律条文的内容需要有新的含义才能切合现实社会的需要。因此，在法律条文不变的情况下，通过解释赋予条文内容新的内涵就成为必需。

总之，地方立法解释，一方面是成文法的局限性的根本要求和反映，另一方面，法律解释空间的存在，也客观上孕育了法的发展的特殊机制，即在不断解释的过程中，使法的内容得以充实、丰富和富有时代气息。

（二）地方立法解释的意义

1. 地方立法解释有助于提高地方立法质量。任何地方立法，由于受立法者认识水平、立法技术等方面的限制，不可能是完美无缺的。同时，由于法律条文中往往出现原则性和概念化的规定，操作起来比较困难，甚至出现法律规范界限模糊不清、立法用语准确性差、条文规定相互矛盾或不一致等问题，直接影响到了立法的质量和法律的实施。因此，通过立法解释，一方面，可以消除法律条文过于原则性和概念化的问题，将原则性和概念化的规定特定化和具体化；另一方面，也有利于克服立法用语的模糊和歧义，消除法律规范之间的矛盾和冲突，提高立法的整体质量。

2. 地方立法解释有助于增进地方立法的社会适应性。任何地方立法都具有一定的社会适应性，当社会发生变化时法的社会适应性也就会发生变化。当社会关系发生较大变化时，没有通过解释或修改补充的方式使立法适应社会生活的变化，那么法律规范就会因其自身的滞后性而不能适应社会生活发展变化的要求。因此，通过立法解释，一方面，可以消除法律条文的不周全性，使遗漏的条文含义得以填补，并可根据社会发展的需要，丰富条文的含义和内容，使立法用语更具有包容性；另一方面，可以消除立法的滞后性，在不改变立法原意的前提下，赋予那些已不适应社会客观现实的条文以新的含义，增进立法的社会适应性。

3. 地方立法解释有助于实现立法与执法、司法的互动。由于地方立法中有些条文规定过于原则或笼统，执法、司法中的操作性差；有些条文规定界限不清，易生歧义，执法、司法中容易出现混乱；有些条文规定已经过时，不能适应社会发展需要，使执法、司法无所适从。通过立法解释，则可以弥补立法缺陷，克服立法局限，为执法、司法提供更明确、具体的执法依据和司法标准，使执法者和司法者能够更好地理解立法意图、把握条文含义，增进立法与执法、司法的联系与互动。

三、地方立法解释的原则

地方立法解释的原则是地方立法机关在解释法规、规章的过程中所要遵循的必要的基本准则。立法解释的原则体现了立法解释的基本精神，是解释过程中所要坚持的根本性准则、要求，保证立法解释沿着正确的方向前进。一般情况下，地方立法解释应遵循以下原则：

（一）合法性原则

合法性原则是指立法解释要符合法律的规定和要求，没有法律规定和相关依据，不得随意进行解释。这里的法律既包括宪法、法律、行政法规、地方性法规、规章等，还包括有权机关发布的规范性文件、法学基本原理等。特别是上位法已有规定的，下级国家机关在解释时，不得违反上位法的规定。合法性原则，又体现为以下几项内容和要求：

1. 解释主体合法。除特别授权外，地方立法解释一般采用“谁制定，谁解释”的模式。具体而言，地方立法的解释主体通常是自身拥有立法权的地方各级人大和政府机关。在特别授权情况下，地方立法解释权也可以由立法机关明确授权某个机关来行使。除了这些解释主体之外，其他机关和个人都无权对地方性法规、规章等规范性法律文件作出立法解释。

2. 解释主体权限合法。强调地方立法的解释主体必须在其职权范围内依法行使解释权，否则，越权解释无效。

3. 解释内容合法。地方立法解释应尽可能地按照立法的目的、本意，依据立法的原则、精神进行解释，而不能抛开、超越立法的目的、本意进行解释，同时解释的内容不得违反宪法、法律、行政法规等上位法的规定、原则和精神。

4. 程序合法。尽管我们目前在地方立法解释程序上还缺乏系统性的规范，但在开展立法解释时原则上还是要遵循相应的程序规定，有程序规定的，必须遵循程序规定，没有程序规定的，应尽可能地按照相应的规范和要求进行解释，确保解释能够有序、规范、高效、合法。

5. 对低位阶法律规范的解释不得与高位阶法律规范相抵触。解释地方立法，要注意低位阶法律规范与高位阶法律规范的衔接，不得与高位阶法律规范相抵触，同时也不应与自身制定的法律规范相冲突。要尽量通过解释，减少本级法律规范之间，本级法律规范与上一级、高位阶法律规范之间相抵触、不一致的问题，使法律规范之间保持内外和谐与统一。

6. 对法律概念和规则的解释与法律原则必须保持一致。法律概念、规则、原则是法律规范的三要素。解释法律规范少不了对三要素的分别解释，由于三要素是法律规范的共同组成部分，具有不可分割的关系，因此，在对法律概念和规则进行解释时则必须使其与法律原则保持一致，在法律原则的指导下进行，而不脱离原则。

（二）合理性原则

地方立法的合理性原则，是对合法性原则的补充。它是指解释的内容不仅是合法的，还必须是公正合理的。立法解释要在满足合法性原则的前提下，与社会通行的观念、伦理上的正当性、社会公平正义等要素以及其他社会规范相适应，使解释符合社会公理、常理。合理性原则具体体现为以下几个方面：

1. 在现有法律文本的框架内，可以运用道德、宗教等手段进行解释，使各种规范之间达到更大程度上的和谐。

2. 如果法律文本存在漏洞或规定不明确的情形，可以参考适用社会上通行的伦理规范进行解释。

3. 解释法律条文和法律规范，应尽可能符合人们的日常观念、习惯性认识。进行地方立法解释，应做到：第一，符合社会主义道德，坚持和尊重社会公序良俗；第二，符合社会公理，符合地方实际，与社会现实、地方实际相一致；第三，顺应客观规律和社会发展趋势，尊重科学；第四，以党和国家政策为指导。

（三）法制统一原则

法制统一原则是指地方立法解释要遵循立法解释的前后内容统一、下级立法与上级立法、地方立法与中央立法相统一的原则，确保法律体系内部协调规范统一。法制统一原则体现为：

1. 同一立法解释前后内容必须协调一致，在立法指导思想上应保持统一，不能前后矛盾。否则，如果立法解释的内容前后矛盾，不仅不利于维护法制的统一，而且也会降低解释的效力和权威。

2. 立法解释必须与所解释的法律的内容协调一致，不能相互矛盾，更不能相互抵触。立法解释应在所解释的法律条文内容上进行解释，可以根据解释方法的不同选择扩大解释还是缩小解释等，但必须与所解释的内容保持一致，不能存在相互矛盾和相互抵触的问题。

3. 立法解释不仅要依据被解释的法律，还要考虑其他相关的法律规定，力求与其他相关的法律内容协调一致，避免作出片面的、不准确的解释。进行解释时，解释主体除依据被解释的法规、规章进行解释外，还要尽可能地参考其他法律规范，特别是宪法、法律、行政法规等上位法的相关规定，使解释的内容与被解释的法规、规章，与其他的法律规范保持一致，形成在立法目的和立法价值上的高度统一。

（四）历史和现实相统一的原则

历史和现实相统一的原则，强调立法解释工作要把历史和现实结合起来，既要考虑法规、规章制定时的历史条件和历史要求，又要考虑社会政治经济状况的变化；既立足于历史条件和历史要求强调立法的原意和本质，又立足于现实强调立法的具体适用，力争实现立法解释既能符合立法的原意和本质，又符合现实社会的需要。

（五）地方性原则

地方性是地方立法与中央立法、他地立法相区别的重要标志。立法的地方特色是地方立法能够独立存在的必要前提。没有地方特色，该地方立法也就没有了存在的必要，因为把其他地方的立法成果拿来，照样可以很好使用。因此，一地立法和他地立法之所以不同，在于两地的地方特色、立法资源和优势不同；两地立法若有较大差异，最根本的原因也在于两地地方特色差异较大。在进行地方立法解释时，则要和地方当初立法时强调地方特色一样，把对相关问题的解释建立在地方因素的基础之上，使解释更符合地方实际。

（六）公开及时原则

公开的立法解释才具有法的效力，及时的立法解释才能获致实际的法的效力。立法解释的公开原则要求立法解释必须面向社会，公之于众。只有当立法解释向社会公开后，才与所解释的法具有同等法的效力。立法的及时原则要求立法解释应当主动适应社会发展的要求，积极回应执法和司法关切，适时进行立法解释。

四、地方立法解释的方法

地方立法解释和对法律、行政法规的解释一样，也必须综合运用合理的解释方法进行解释。地方立法解释的方法主要有以下几种：

（一）语义解释方法

语义解释是最基本的、首选的立法解释方法，是指通过分析具体法律条文的文字、语法来界定法条的含义。语义解释应当遵从语义规律、语法规则，着重分析具体条文以阐释法律规范的含义。对法进行语义解释应当从一般意义上理解立法用语，力求使解释用语明确、具体、通俗、规范。为维护法的统一性，同一立法解释文件中或不同立法解释文件之间在使用同一概念时，原则上应作同一解释，如作不同解释须有特别理由。对条文中出现的专门术语如果与通用的含义不一致的，应当按照法律上的特殊意义进行解释。

（二）系统解释方法

系统解释是非常重要的解释方法，是指按照法的条文在法的构成和法的体系上的地位，及其编、章、节、条、款、项、目的前后关联位置，或其与相关法条、相关法的文件的关系，阐明法的内容和含义的方法。系统解释着力将所解释的法条置于整个法律文本中并与其他相关法条相联系，结合立法精神及其他法条的内容，确定法条的准确含义。

（三）社会学解释方法

社会学解释方法是立法解释的重要辅助方法，是指根据社会生活条件和社会发展的需要，在法条可能的语义范围内阐释其内容及意义。社会学解释主要通过社会学预测分析，着重预测社会效果和衡量目的，根据社会正义原则以及社会发展变化产生的新价值来阐释法条含义和意义。

（四）历史解释方法

历史解释方法也是立法解释的重要辅助方法，是指根据立法的历史背景或通过与过去同类法相比较，追寻、探究立法者的意图，将立法者的价值判断及其立法目的和动机探究清楚，以立法者的意图来阐明法条的含义及意义。历史解释方法要求解释法时运用立法时的各种相关资料，在明确立法背景、立法过程的基础上确认立法意图并阐释法条含义；能够说明立法背景和立法过程的相关资料，包括法的草案，法案征求意见稿及审议的情况，关于法草案的说明，以往颁布的相关的立法文件及资料、相关的政策及习惯，等等。

（五）扩充解释方法

扩充解释方法是立法解释的重要方法，是指在法律文本框架内，作出较之原有含义要广的说明的解释方法。由于法的语义过于狭窄，不足以表示立法本意，在社会生活发展变化时，对法作出扩充解释，可以省去比立法解释繁杂得多的补充立法和修改立法，节省立法资源。

（六）限制解释方法

限制解释也是立法解释的重要方法之一，是指根据立法原意对法条作出窄于字面含义的解释。限制解释在于限制法规范的适用范围。在社会生活变化发展而需要法变动时，法条的语义过于广泛，不符合立法本意，可对法作出限制解释。限制解释可以免去比立法解释要复杂得多的立法修改，降低立法成本。

（七）目的解释方法

目的解释也是非常重要的解释方法，是指以法的规范目的为根据，阐释法的疑义的一种解释方法。任何法都有其立法目的，立法解释应以贯彻、实现立法目的为其基本任务。目的解释要求根据立法目的，基于立法原意解释条文含义。目的解释能够使解释结论更加符合立法者的意图。

上述多种立法解释方法表明，立法解释是一个比较灵活的发展法律的途径。每种方法各具功用，又各有局限，在立法解释过程中，往往结合使用其中的几种方法才能获得合理的解释结果，达到立法解释的目的。为完善和发展地方立法，以适应社会变化发展需要而赋予法条或法律规范以新的含义或意义时，则可能需要语义解释、系统解释、目的解释、社会学解释、扩大解释等多种解释方法的综合运用。当然，立法解释的若干方法不能随意选择和运用，其运用应当遵守一定的规则。①

第二节 地方立法的修改

一、地方立法修改的概念与特征

（一）地方立法修改的概念

立法是个系统工程，除包括制定或认可法外，还包括修改以及其他变动法的活动。完善立法，是实现立法科学化、系统化的根本要求。完善立法，提升立法质量，一个最重要的方式就是及时开展法律规范的立、改、废工作，使该立的法及时立、该修改的法及时修改，该废止的法及时废止。

地方立法的修改，就是通过对现行地方立法的内容进行修正改动，改变某些规定，使立法达到预期的目的，适应新的社会形势需要。地方立法的补充，则是在原来地方立法规定不变的情况下，补充增加新的内容，使法更完善，能够解决更多更复杂的问题。严格意义上来讲，法的修改和法的补充是有区别的。法的修改是删除旧的内容，增添新的内容。而法的补充是在原来法的基础上增加新的内容。但需要注意的是，尽管法的补充没有改变原有的内容，但补充之后，原来的法也发生了变化，已不同于原来的状况。② 因此，地方立法修改包含地方立法补充。

（二）地方立法修改的特征

1. 地方立法的修改是一种地方立法活动。同法的制定和废止一样，地方立法的修改同属于立法的范畴，具有立法活动所具有的共同特征。立法的修改都要经过专门的立法程序，尽管没有像法的制定一样要投入更多的人力、物力去调研、论证、拟定法规、规章草案，立法的修改也要慎之又慎，程序科学规范，因为要补充新的立法内容，立法指导思想需要更高远，立法准备需要更充分。因此，和法的制定相比，地方立法的修改也是一种与法的制定在立法程序上、立法目的上、立法结果上相同的立法活动。

2. 地方立法修改的目的在于使立法臻于完善。不像法的制定目的是要产生新法一样，也不像法的废止目的是要取消或终止现行法一样，地方立法修改的目的就是要使已制定的法根据社会发展的需要丰富和完善。立法的修改是地方立法科学化、系统化的根本要求，只有当一部法律运行一定时期后，根据情况进行完善和发展，才能更好地提高地方立法的质量，

① 参见汤唯、毕可志等：《地方立法的民主化与科学化构想》，北京大学出版社 2002 年版，第 265 ~ 266 页。

② 参见周旺生：《立法学》（第二版），法律出版社 2009 年版，第 499 页。

增强立法的生命力。因此，当新制定的法律运行一定时期之后，及时地对该法律进行修正和调整，不仅是法律内部科学化、系统化的根本要求，同时也是发挥法律实际效果和功用的根本要求。

二、地方立法修改的意义

通过地方立法的修改，不仅可以使地方立法适应新的情况和要求，改变地方性法规、规章中某些不合时宜的规定，而且可以通过增加新的内容，消除法律中存在的某些弊病，使地方立法根据现实社会的实际需要发挥出其应有的功能和价值。总体看来，地方立法修改的意义主要体现为：

（一）使法规、规章更能适应社会的实际需要

立法保持相对的稳定性是立法作为社会规范自身内在稳定性的需要。然而社会关系却在不断发展变化，当稳定的法律规范无法与不断发展的社会关系保持一致时，法律规范要么不再发挥作用，要么成为阻滞社会关系发展的绊脚石，因此，当社会关系发生较为重大的变化时，对调整这种社会关系的法进行修改就成为必须。每隔一定时期对相关的地方性法规、规章进行修改，才能使其更能适应社会的实际需要。

（二）使地方立法更加科学、合理

由于人的认识能力的限制或者某些方面的原因，在最初立法时，有些问题未能及时予以正确处理，有些内容存在欠考虑、不明确、容易产生歧义之处，有些规定存在有遗漏、不协调、不切合实际之处，等等。随着法律实践活动的不断开展，现行法律文本中出现的问题必然为法的实施带来较大的障碍，使已制定的地方性法规、规章难以执行、适用和遵守。通过及时地对现行地方性法规、规章进行修改，可以弥补地方性法规、规章文本中存在的缺陷。

（三）使试行或暂行的规范性法律文件转化为正式的规范性法律文件

在没有成熟经验可以参照的情况下，为了谨慎地处理社会关系，有些法规、规章是通过试行或暂行的方式而订立的，经过一定阶段的实践后，再根据情况上升为正式的法律文件。通过地方立法的修改，就可以使试行或暂行的法律文件过渡转化为正式的法律文件。

（四）使法律体系保持内在的协调一致

当一个重要的新法制定或修改后，特别是上位法有重大调整时，相关的法规、规章等下位法也需要及时修改，只有通过修改，也才能使变动后的立法能够与上位法保持一致，才能最终使整个法律体系保持内在协调一致。

三、地方立法修改的权限、程序和方式

从法的制定来看，一部法律从立法的准备、确定、公布、实施要经历严格的立法程序和过程。而法的修改，作为立法活动的重要组成部分，同样也要遵循立法的准备、确定、公布、实施等阶段。因此，法的修改也要遵循一定的权限、程序和方式。即法的修改必须是由有权进行立法的主体进行，必须遵循和制定新法同样的程序，除极少数情况下或者制定某些重要法律时，法的修改程序才会和法的制定程序有所区别。

（一）地方立法修改的权限

有权对地方立法进行修改的机关，即地方立法的修改主体，可以是被修改的规范性法律

文件的制定者，也可以是非制定者。通常情况下，地方性法规、规章由它们的制定者来修改。但在有些情况下，修改的主体也可以是非制定者。例如修改有关地方人大制定的地方性法规，修改主体不仅可以是这些地方的人民代表大会，在人民代表大会闭会期间或者某些特殊情况下，也可以是它们的常设机关——人大常委会。

修改规范性法律文件，必须依照法定的权限进行。非制定者要修改规范性法律文件，必须要有明确的授权。这些授权主要有两个方面，一是制定者依法作出临时授权；二是由专门的法律、法规进行授权。

需要注意的是，法的修改，有时要受到比法的制定更严格的法定限制。特别是由非制定者修改规范性法律文件时，其限制更为严格，具体体现为：（1）只能对法规、规章等规范性法律文件作出局部或部分的修改；（2）不得与被修改的法规、规章等规范性法律文件的基本原则相抵触；（3）所作的修改应当呈报有关主体审查批准。[①]

（二）地方立法修改的程序

地方立法修改的程序应和制定法规、规章的程序相同或相似。通常情况下，除因法的不适当由上级主体改变下级主体制定的规范性法律文件外，地方性法规、规章的修改程序和制定程序基本上是相同的。就上级主体改变下级主体制定的规范性法律文件而言，修改的权限和程序尽管不同于地方立法机关对自身颁布的规范性法律文件的修改，但也应依法或依其他规定程序进行。

需要注意的是，如果说法的制定程序比较规范、严格的话，法的修改程序也应该更加规范和严格。这是因为，法的修改之所以需要修改就在于原有立法在某些重要方面的规定已经不能适应社会发展的要求，必须通过修改才能符合社会发展的要求。因此，法的修改程序只有更加科学、规范、严格，才能保证修改的内容是适合原有立法精神、符合社会发展要求的。在这一意义上讲，地方立法的修改程序比地方立法的制定程序更应该得到维护和遵守，至少在程序设定的科学性、规范性、严格性上的要求应不低于地方立法的制定程序。

（三）地方立法修改的方式

地方立法的修改，所涉内容可以是全部的，也可以是局部的；可以是单独进行修改，也可以采用修、补结合的方式。在不同时期、不同情况下，地方立法的修改方式不尽相同。一般情况下，可以按照不同的标准对地方立法修改的方式作出几种不同的分类。

1. 全面的修改与部分的修改。这是根据对地方立法修改内容所占的比重而进行的一种分类。全面的修改，是指对原法作大量的甚至是全局性的变动。这种方式通常采用以新的同名法律来代替原有法律。这种修改的方式包括两种情况：一种是原有法律内容基本可用，新法在旧法的基础之上进行修改；另一种是新法和旧法名称基本不变，但内容不同，这种修改的方式的优点在于可以使人们能够及时了解到法律修改的全貌，缺点在于这种名同内容不同的法律变动不便于使人们在短时期内了解到法律规范发生了哪些变化。部分的修改，是指对原有地方性法规、规章作少量的或者局部的变动，一般情况下，不改变地方性法规、规章的篇章结构、基本原则等，更多的是对一些条款进行修改。

---

① 参见朱力宇、张曙光主编：《立法学》（第三版），中国人民大学出版社 2009 年版，第 198 页。

2. 明示的修改与默示的修改。这是根据对地方立法修改的明确程度所作的一种分类。明示的修改，也称为直接修改，是指以明确的方式表明对某些规范性法律文件的某些内容作出变动。比如，强调以新法取代旧法，以作出决议、决定、规定等方式对原有法律作出一定变动。根据《宪法》《立法法》等法律规定，上级国家机关有权改变或撤销下级国家机关制定的规范性文件，实际上这种改变也是对法律的明示修改。这种明示的法律修改方式，便于使人们明确哪些法规、规章等规范性法律文件已经发生变动，发生了什么样的变动，有助于法律的执行、适用和遵守。这种明示的地方立法修改方式是一种常用的方式。默示的修改，又称为间接修改，是指由于一部法规、规章的制定或修改，引申出或暗含着某部法规、规章的变动。这种修改适用“后法优于前法”的原则。这种修改方式的优点是不需要另外作出修改决定或另行通过修正案，而是在制定一部法规或规章的同时也相应地修改了另一部或几部法规或规章的有关规定，简化了立法程序、降低了立法成本。其缺点是由于未指明被修正了的法规、规章，致使不熟悉和了解该法规、规章的人不容易掌握和发现变动了的内容。

3. 同位修改与错位修改。这是根据位阶顺序对地方立法修改所作的一种分类。同位修改，是指同级立法主体之间和同级法规、规章之间的修改。错位修改，是指不同级别的制定主体之间和不同级别的法规、规章之间的修改。根据《宪法》和《立法法》等法律规定，上级国家机关有权改变和撤销下级国家机关所立之法，高位阶的法可以改变低位阶的法。例如根据《立法法》第 97 条第 4、5、6 项的规定，省、自治区、直辖市的人民代表大会有权改变或者撤销它的常务委员会制定的和批准的不适当的地方性法规；地方人民代表大会常务委员会有权撤销本级人民政府制定的不适当的规章；省、自治区的人民政府有权改变或者撤销下一级人民政府制定的不适当的规章。另一方面，在上级立法主体不宜活动期间、在高位阶的法一时难以产生的情况下，下级立法主体也可以有条件地变动上级立法主体的法，也就是低位阶的法可以有条件地变动高位阶的法。例如省、自治区、直辖市和设区的市人民代表大会制定的地方性法规需要修改的，在人民代表大会闭会期间，人大常委会可以依法定限制条件，对其制定的地方性法规决定修改。

需要注意的是，无论是同位还是错位修改，都应当十分慎重。原则上，法的修改，主要是同一立法主体修改该主体所立之法。同位、错位法的修改，乃是非常态的立法修改的方式，特别是错位修改，只能是法的修改的辅助方式，否则会对立法权的归属和整个立法体制产生重大的负面影响。①

四、地方立法修改的要求

（一）地方立法的修改，既要及时、慎重，又要适当、超前

及时是对地方立法修改期限上的要求，是指地方立法的修改要根据社会发展的需要，在确保法律体系内在协调一致的基础上，通过修改，及时消除法规、规章等规范性法律文件中存在的障碍；慎重是从重视程度上对地方立法修改的要求，是指对待地方立法的变动要慎之又慎，把握好节奏和度，不该修改就不要修改，不能轻易变动，也不能长期不变。适当、超

---

① 参见周旺生：《立法学》（第二版），法律出版社 2009 年版，第 500 ~ 502 页。

前是对地方立法修改内容上的要求。适当要求地方立法修改的内容要适当、适度。规范性法律文件的修改要与立法主体自身的权限相适应，要与所修改的规范性法律文件的立法目的、用意、立法的基本原则相适应，部分内容修改的，要与没有修改的内容保持一致，而不能超越权限、背离立法目的、用意和立法基本原则进行法的变动。超前，是指地方立法的修改在内容上要尽量超前，具有预判性。强调内容上的超前，是因为立法的修改是一件非常慎重的事情，修改一次要耗费不少的人力、物力，当确实需要对法规、规章等规范性法律文件修改时，就要尽量考虑修改后的规范性法律文件能够尽可能保持较长的生命力，尽可能使修改后的规范性法律文件能与未来社会关系的变化相适应，这样，就需要规范性法律文件的修改要尽可能地具有超前性和预判性，能够对未来可能出现的变化做好立法上的相关准备，避免短期内再次修改。

（二）地方立法的修改要严格遵循法定制度

在全面依法治国的时代背景下，地方立法的修改必须依法进行。首先，对地方立法的修改应形成较为完善的法定制度。这些制度应当对修改的权限、程序和限定条件、监督机制等作出明确的规定。要强调，没有合法的授权，不得越位修改法规、规章等规范性法律文件；对规范性法律文件作部分性修改的，不得改变被修改的规范性法律文件的一般原则或其完整性。采用整体修改的方式，以新法代替旧法的，应将旧法中的有效部分予以保留。其次，要严格执行这些法定制度。对如何依法进行修改、怎样修改、对修改如何进行监督都要严格按照法定制度执行。

（三）地方立法的修改在技术上要讲科学化、艺术化

地方立法的修改是一项技术性的工作，有较高的技术要求和严格的操作规范，什么时期进行修改，如何进行修改，使用何种用语等，都应该强调科学化、艺术化。不能眉毛胡子一把抓，简单把文字堆砌上、意思罗列上，而不论语言表达是否清楚、用词是否规范、文本是否优美、逻辑是否缜密。具体操作上，如对过去曾经修改或补充过的法再次进行修改时，应当注明以前各次修改的日期，也要注明再次公布的日期。对规范性法律文件作部分修改时，应当注意保留原有文体和术语，使修改后的条文和修改前的条文在风格上和谐一致。必要时，可以对改动过的条文和新补充的条文附加特别标记。①

第三节 地方立法的废止

一、地方立法废止的概念和特征

（一）地方立法废止的概念

地方立法的废止，是指地方立法主体依据一定的职权和程序，使其所制定的规范性法律文件失去法律效力的专门活动。地方立法的废止，是完善地方立法的组成部分，它是将有关法从现行法的体系中清除出去，使其由“法”变成“非法”的活动。

---

① 参见周旺生：《立法学》（第二版），法律出版社 2009 年版，第 502～503 页。

（二）地方立法废止的特征

1. 地方立法废止不是直接为法律体系增加新的内容，而是以纯化法律体系的方式促进法律体系的发展。

2. 地方立法废止与法的效力问题密切相关，其直接导致某些规范性法律文件正式失去效力。从立法实践来看，地方立法废止的理由主要包括：第一，社会关系发生重大变化需要对法进行废止。法是调整社会关系的规范，当社会关系发生变化时，就要及时地对法进行调整，以使法能够适应社会关系发展变化的要求。当社会关系发生重大变化而不需要原先调整它的法存在时，就需要对调整这种社会关系的法予以废止。第二，完善地方立法体系需要对法进行废止。社会关系的发展变化不仅表现为要使一些现有的法失去其原有价值和效力，更表现为不断提出制定新法的任务。如果无价值的法该废止而不废止，就会成为消极的因素抵消其他现行法的价值，阻碍新法应有作用的发挥，因而当新法颁布实施后就需要及时地对旧法进行废止。第三，上位法发生重大变更需要对下位法进行废止。当上位法已进行重大修改或废止，下位法为了和上位法保持一致，则必须对下位法予以废止。

3. 地方立法废止所指向的对象只能是一个完整的规范性法律文件。如果是使一个规范性法律文件的部分内容失去效力，则是法的修改，而不是法的废止。

二、地方立法废止的目的和意义

地方立法废止的目的和任务，就是要将有关不适宜社会发展需要的地方性法规、规章等规范性法律文件从现行法律体系中清除出去，使法律体系得到纯化、完善。

地方立法废止的意义在于：（1）使地方立法更好地适应社会关系发展变化的需要。当社会关系的发展变化足以不需要调整它的地方性法规、规章等规范性法律文件存在时，地方立法废止的任务也就产生了。特别是有一些地方立法所调整的社会关系本身具有一定的时期性，当这个时期已经过去时，调整这种社会关系的规范性法律文件也就失去了存在的价值。可以说，适时地开展地方立法废止活动，有利于地方立法和它所调整的社会关系协调发展。（2）使法律体系不断得到发展和完善。法律体系发展的内在规律要求，各种规范性法律文件要不断推陈出新，有新的发展。如果对那些已无存在价值的规范性法律文件不予废止，则会成为阻碍社会发展的消极因素，或者抵消其他规范性法律文件的价值，或者阻滞新法的产生和新法应有作用的发挥。因此，适时地开展地方立法废止活动，可以使我国法律体系保持一个上下统一、内部和谐的整体。

三、地方立法废止的权限和程序

（一）地方立法废止的权限

与地方立法的制定、修改一样，地方立法的废止也须由有权主体依法定权限进行。通常情况下，地方立法的废止主体也是该规范性法律文件的制定主体。当某项规范性法律文件已经过时或不适合需要时，应当由制定者予以废止。没有废止权的主体，不得宣告该项规范性法律文件废止。有些情况下，根据《立法法》第 96、97 条的规定，上级立法主体有权撤销下级立法主体所立之法。

（二）地方立法废止的程序

地方立法废止的程序同地方立法的制定、修改一样，也要经历提案、审议、表决和公布等基本程序。不同之处是：（1）法的废止的准备阶段，可不必像法的制定、修改那样经过复杂的过程，如可以不必强调预测、规划等活动。（2）公布法的废止后，不必像法的制定、修改那样强调如何再进一步完善立法。即便在提案、审议、表决和公布等程序上，法的废止也可比法的制定、修改简化些。

四、地方立法废止的方式

在地方立法实践中，通常有以下几种地方立法废止的方式：

1. 以法定国家机关宣布撤销的方式实行废止。根据《宪法》《立法法》的规定，全国人大有权改变或者撤销全国人大常委会制定的不适当的法律，有权撤销全国人大常委会批准的违背宪法和法律规定的自治条例和单行条例；全国人大常委会有权撤销同宪法和法律相抵触的行政法规和省级权力机关制定的同宪法、法律和行政法规相抵触的地方性法规；国务院有权改变或者撤销不适当的地方政府规章；省、自治区、直辖市的人民代表大会有权改变或者撤销它的常务委员会制定和批准的不适当的地方性法规；地方人民代表大会常务委员会有权撤销本级人民政府制定的不适当的规章；省、自治区的人民政府有权改变或者撤销下一级人民政府制定的不适当的规章；授权机关有权撤销被授权机关制定的超越授权范围或者违背授权目的的法规。这里的撤销即为废止。

2. 随着新法的公布，与新法名称相同或内容相同的旧法即行废止。这是地方立法实践中最主要的法的废止形式。这种方式又分为两种情况：一是新法中明文规定废止旧法。二是新法中没有明文规定废止旧法，但依照新法优于旧法的原则，如果新法与旧法同名，新法公布实施后，旧法即为废止；如果新法与旧法名称不同但内容相同，旧法与新法相抵触，或新法包含了旧法内容，旧法也被废止。现实中，绝大多数地方立法都会在新法的附则中明文规定，旧法被新法取代，旧法废止。

3. 以公布专门文件的形式废止旧法。这通常是集中式废止，与规范性法律文件的清理有密切联系。近些年，为了响应中央全面深化改革和全面推进依法治国的需要，大多数地方立法主体都对先前制定的规范性法律文件进行了清理，对该保留的继续保留有效，该修改的纳入修改程序，该废止的作出废止。这样通过公布相关决定和通知，大量的地方性法规和规章被集中废止。

4. 有的法因完成其历史任务而自行失效。例如因社会政治、经济等客观情况发生变化，有些法的调整对象已经不存在了，则该法自行失效；或者法的适用期已过，不再需要适用该法，则该法自行失效。

5. 法本身规定了终止生效的日期，因到期而废止。如果法期限已经届满又尚无延期规定，则该法终止生效，由此引起法的自行失效、废止。[①]

---

① 参见周旺生：《立法学》（第二版），法律出版社 2009 年版，第 503 ~ 505 页。

五、地方立法废止的要求

地方立法的废止关系到法的效力的存在。作为立法的一种，法的废止也应如法的制定、修改一样被对待。因为不及时、不合法、不科学的法的废止，必然会给法的适用带来较多负面影响，不利于法的贯彻实施和社会主义法治体系的健全完善。及时、科学、合法地开展法的废止活动应是对地方立法废止活动的基本要求。

1. 法的废止要及时。当法的功用完全实现，对已经没有功用、失去法律价值的地方立法，应由有权的国家机关在一定时间内以恰当的方式宣布废止。这样才有助于人们及时区分哪些法已失效，哪些法仍然有效，避免或减少已过时的，不适合现有社会关系需要的法为人们带来的负面作用，才不会给立法、执法、司法、守法带来许多不应有的冲突、麻烦，才有利于新法的贯彻实施和法的体系的协调发展。法的废止的及时性要求强调，当地方立法需要对规范性法律文件进行废止时，有关主体和人员要积极主动地开展法的废止活动，不能拖延和不重视，否则应承担相应的法律责任。

2. 法的废止要科学。在强调科学立法、民主立法的今天，法的废止的科学化也是科学立法的要求。实现法的废止科学化，要求在开展立法废止活动时要把握好废止的时机、掌握科学的方法和技巧，设定废止的评估指标和判断标准，尽量减少主观因素对废止活动的影响。实现地方立法废止的科学化需要注意三个方面：第一，减少自行废止，增强人为主动废止。在长期实践中，法的废止相当大的程度上是自行废止，人为废止较少，没有立法形式上的宣布废止，导致许多人因不了解法规、规章废止的情况，而造成法律适用上的不便。在法律条文中明确对某项规范性法律文件予以废止应是以后地方立法需要注意的内容。第二，减少集中式、包裹式废止，实现经常性废止，使过时的、不适合调整社会关系需要的法、与新法相抵触的法，及时被废止。第三，减少模糊性废止，多用明示性废止。要减少使用“与本法相抵触的法和法的规定一律无效”的废止方式，多采取逐个列举哪些法和法的规定无效的废止方式，以利于明确执法、司法和守法。

3. 法的废止要合法。既然法的废止是一项重要的立法活动，那么对哪些主体有权废止法、有权废止什么法、应当遵循什么样的法定程序，都应该通过制定相关规则予以法定化、制度化。当前，我国还缺少这方面的制度，即便《宪法》和《立法法》规定了上级立法主体对下级立法主体所立之法的撤销权，但撤销权在实践中极少使用，很少发生因撤销权的使用而使立法废止的状况。因此，加强地方立法废止法治化建设，明确地方立法废止在主体、权限和程序方面的规定，将有助于在法治化的轨道下推进地方立法废止活动的开展。[①]

思考题：

1. 加强地方立法解释有哪些现实意义？

① 参见汤唯、毕可志等：《地方立法的民主化与科学化构想》，北京大学出版社2002年版，第275～276页。

2. 地方立法解释的特征和原则有哪些？
3. 地方立法修改的意义有哪些？
4. 地方立法修改的要求有哪些？
5. 地方立法废止的方式和要求有哪些？

第七章 地方立法的清理、汇编与编纂

第一节 地方立法清理

地方立法清理、地方立法汇编与地方立法编纂是地方立法过程中必不可少的重要活动。对地方立法机关制定的规范性法律文件进行清理、汇编和编纂又统称为地方立法的系统化，它是地方立法机关对其制定颁布的各类规范性法律文件按照一定要求进行分类、整理或者加工，使之统一、明确、完整、有序的活动。

一、立法清理的概念与特征

立法清理，是指有权制定规范性法律文件的国家机关，在其职权范围内，按照一定的方法，对某些或某类规范性法律文件进行审查，确定这些规范性法律文件是否继续有效或者需要变动的专门活动。

立法清理的任务在于对现行规范性法律文件进行分类、整理和分析，依据“国家法制统一”原则，对相关规范性法律文件进行审查，并作出决定，哪些规范性法律文件可以继续有效保留适用，哪些规范性法律文件需要修改才能适用，哪些已经不适应时代发展要求需要予以废止。其目的在于维护社会主义法制的统一，减少或消除立法冲突，为法的适用创造良好的规范前提。

立法清理具有以下特征：(1) 立法清理是一项立法活动。立法清理是依据一定的方法和原则对现行的法律、法规、规章等进行分类、整理、审查，并在必要时根据职权和程序进行修改、补充或者废止的行为，实质上是法的立、改、废活动。(2) 立法清理是由特定国家机关进行的工作。立法清理是一项严肃的活动，不是任何国家机关或个人都能进行的，只有特定国家机关即享有立法权的机关才能为之。享有立法权的国家机关进行的清理活动也只能在其权限范围内，一般遵循“谁制定，谁清理”的原则。(3) 立法清理是遵循法定程序的活动。立法清理是特定国家机关遵循一定程序进行的活动。尽管我国相关法律法规没有明确的清理程序规定，但在立法实践中也形成了一些程序规范，这些程序规范是开展法律、法规、规章清理时需要遵循的规定。

二、地方立法清理的概念和特征

地方立法清理，是指特定的地方国家机关在其职权范围内，按照一定的方法，对一定范围内的法规、规章等规范性法律文件进行审查，确定这些规范性法律文件是否继续有效或者需要变动的专门活动。

与中央层面立法清理相比，地方立法清理有以下特征：(1) 具有更强的清理迫切性。不像中央立法条文规定得较为原则，地方立法往往根据地方实际规定得更为详细具体。但这种详细具体的规定也容易与社会生活发生背离，一旦中央立法或者国家政策发生变动、规范性法律文件运作的实际环境发生变化，地方立法就要根据上位法或国家政策的变动、法的运作环境发生的变化而变动。因此，与中央层面立法相比，地方立法清理具有更强的紧迫性。(2) 具有更多合法性要求。国家法制统一的原则要求，地方立法必须与上位法保持一致，不得有违反上位法的规定。上位法发生变动后，下位法也应当及时地发生变动。应当说，上位法发生变动后，位阶越低的下位法内容变动会越大、频率变动会越快。当下位法不能随上位法及时变动和作出调整时，下位法就会形成与上位法内容不一致并产生合法性的问题。因此，通过立法清理，能够及时发现下位法与上位法不一致的问题，减少和避免下位法在合法性上存在的问题。可以说，位阶越低的法，其变动的几率也就越大，对自身合法性的要求也就越高。经常性的立法清理能够减少和避免合法性问题，使下位法能够与上位法保持一致。

三、地方立法清理机制

地方立法清理机制是指地方立法机关对自己制定的法律规范是否与上位法存在冲突，是否继续有效进行全面审查并作出决定的一种立法工作机制。地方立法清理机制通常包括地方立法的清理主体、清理权限、清理程序等要素。

（一）地方立法清理主体

地方立法清理主体，是指在地方立法清理工作中有权开展清理活动的主体。一般来讲，立法清理遵循“谁制定，谁清理”的原则，即规范性法律文件是由谁制定出来的，对规范性法律文件开展的清理工作也应由其来完成。地方立法清理是行使立法职权的活动。只有法律法规授权的国家机关才有权开展立法清理活动，没有法律法规的授权其他主体不得开展立法清理活动。

为适应现代立法科学化、民主化的需求，立法清理活动需要更多的组织和人员参与进来。因此，立法清理主体既可能是立法主体，也可能是授权主体。立法清理主体既包括立法清理的实施主体，也包括立法清理的参与主体。立法清理的实施主体是指具体开展立法清理工作的组织或机构。在地方立法清理中，地方性法规的清理往往由各省、市人大常委会法制工作委员会或临时成立的工作机构如法规清理小组来负责具体的操作；政府规章清理往往由政府法制机构负责具体的操作，相关工作机构对规范性法律文件进行清理后，提交清理报告或清理议案交由立法机关会议审议。立法清理的参与主体是指除立法清理实施主体之外，参与到立法清理过程中的组织或个人。随着越来越多的立法专家和专业立法咨询机构参与立法工作，委托第三方机构开展地方立法清理工作已逐渐成为一种工作常态。这些立法专家或立法咨询机构就是立法清理的参与主体。应当说，社会发展和变革速度要求立法能够及时跟上时代的发展变化，更多的社会主体参与立法及立法清理活动，将有助于提升立法清理效果，提高立法质量。

（二）地方立法清理权限

立法清理活动是一定的立法主体或授权主体才能进行的活动，这说明立法清理活动是在一定权限范围内进行的。立法主体或授权主体进行立法清理活动的范围仅限于立法主体制定的规范性法律文件，这是由“谁制定，谁清理”原则决定的。

对授权主体而言，其只能在其授权范围内开展立法清理活动，如对某些方面或某些内容的规范性法律文件进行清理。没有得到授权或者超出授权范围而清理别的立法主体所立之法，则是越权。当然，上位法主体发现下位法主体制定的规范性法律文件与上位法相抵触，并不意味着上位法主体有权对下位法主体制定的规范性法律文件进行清理。当上级立法主体认为下级立法主体制定的规范性法律文件需要清理时，有权责成或要求下级立法机关抓紧清理，而不必代替下级立法机关进行清理，如省级人大常委会有权要求省级人民政府清理政府规章而不必代替后者清理，省级人民政府有权责成其所属的有立法权的市级人民政府清理政府规章，而不必代替后者进行清理。

（三）地方立法清理程序

地方立法清理活动作为一项立法活动，清理程序也应遵循立法活动的一般或基本程序。地方立法清理程序通常包括：

1. 立法清理案的提出。由特定的主体在其职权范围内提出属于立法主体立法事项范围内的法律案。从通常实践来看，立法清理案往往由立法主体的法制工作机构提出，如省市人大法制委员会；省市人大常委会法制工作委员会；省市政府法制工作机构等。我们认为，立法清理案的提出应当具有专属性，一般只能由立法主体的组成机构——法制工作机构提出，这是因为地方立法清理是一项专业性较强的活动，需要运用一定的立法技术，同时还要对立法主体的立法活动有全面的了解，此外还要利用自己掌握的立法技术对清理提出初步审查意见。承担这样的工作也就非专门机构莫属。实践的做法也往往如此。

2. 立法清理案的审议。立法清理案与其他法律案一样，审议应由有立法权或有一定立法职权的主体进行。一般法律案的审议，我国《立法法》规定是以三审制为原则，两审制、一审制为例外。鉴于立法清理案的提出是由立法主体的法制工作机构完成的，法制工作机构不同于其他一般主体，提交给立法主体的立法清理案无须再交由法制工作机构先行审议，因此，对立法清理案的审议可采用一审制或两审制。立法主体的法制工作机构可直接将清理案提交给立法机关会议审议。立法机关审议清理案时，应当听取提案人的说明。对某些内容的审议可以采取听证会、讨论会、座谈会等形式听取意见。如果采用两审制，提案人则可以在第一次审议基础上提出立法清理的修正案，然后再交由立法机关审议。立法清理案经过立法机关的审议后，以多数票方式表决通过。

3. 立法清理案的通过与公布。立法清理案经过审议表决通过或批准后，结果应当正式公布。立法清理的性质，决定了立法清理结果的公布程序、公布方式应与一般法规、规章的公布程序、公布方式保持一致。目前地方立法清理的公布程序和公布方式还较为杂乱，有的以“决定”的形式公布，有的以“通知”的形式公布。相比而言，地方立法的公布程序和公布方式已走上规范化的轨道，但地方立法清理结果的公布程序和公布方式尚需进一步规范。在公布立法清理结果时，立法机关应当将被宣告有效、无效、废止的规范性法律文件以及拟修订、补充的规范性法律文件，列出目录一并公布。地方立法的清理结果一经公布，立法清理即告终结。

四、地方立法清理的方式

地方立法的清理方式，通常分为集中清理、定期清理和专项清理三种。

（一）集中清理

集中清理是指立法主体对较长时间段内的所有现行规范性法律文件集中进行较大规模清

理的活动。这种清理活动从规范性法律文件颁布的时间跨度来讲，往往经历了较长一段时间，有一定的时间跨度；从清理对象来看，集中清理的是立法主体在特定时间段内制定的所有规范性法律文件。

集中清理的价值在于，它可以对所有现行地方规范性法律文件进行集中审查，能够一次性解决较多问题。但它的不足在于，不是对发现立法冲突的情形随时启动清理机制，而是待到一定时期后集中清理，它是以一定范围或一定时间内存在立法冲突为代价的。

中华人民共和国成立以来，共开展了五次大规模的集中清理活动。第一次是五四宪法制定后，我国对解放以后制定的相关法律法规进行的清理；第二次是在中共十一届三中全会以后，对“文化大革命”以前的法律法规进行的大规模清理；第三次是2000年以后，为加入世贸组织履行入世承诺，对我国现行法律法规、规章进行的大规模清理；第四次是2008年以后，为确保2010年形成中国特色社会主义法律体系而对法律法规进行的清理；第五次是中共十八届三中全会作出《中共中央关于全面深化改革若干重大问题的决定》后，基于简政放权的需要，各地对法规规章开展的一系列清理活动。由此可见，集中清理一般是发生在重大的历史变革时期，为了适应历史变革的需要，而对现行法律法规和规章进行的清理活动。

（二）定期清理

定期清理是指地方立法机关把清理当作一项常规工作，每间隔一段时间就对其制定的规范性法律文件进行清理的活动。定期清理，有利于及时协调法与法之间、法与社会变化和社会需求之间的关系，能够及时发现和解决问题，避免立法冲突，防止集中清理带来的不利影响。

建立定期清理制度对维护社会主义法制的统一，消除或避免立法冲突具有积极的意义。1985年国务院办公厅发布41号文件，规定国务院各部门和各省、自治区、直辖市人民政府每年对法规清理一次，做到该废的废，该改的改，该立的立，使国务院和地方人民政府清理法规工作经常化、制度化①。但这种清理的范围还是比较小，作为一项制度性规定，它不仅应当适用于政府立法，而且也应当适用于所有的地方人大立法。比较合适的做法是，由全国人大常委会作出一项关于定期清理的决议，要求所有立法主体每年对法律、法规、规章清理一次，并对清理的时间、程序、效力等作出明确具体的规定。

定期清理作为一项常规的立法清理活动，应当由立法主体将其列入地方立法常规工作日程，由专门人员和机构具体操作，也可以聘请长期熟悉本地法规、规章的法律专家、社会机构协助做好清理工作。此外，为便于法的适用，地方立法机关可以在每次清理的基础上对现行立法进行汇编，以此作为定期清理的后续成果。

（三）专项清理

专项清理是指专门针对一定内容的规范性法律文件所进行的清理活动。例如2011年《行政强制法》出台后，各级人大和政府对地方立法是否违反《行政强制法》进行的一次立法清理活动就是典型的专项清理。

专项清理的优越性在于针对性强，能够集中时间和力量解决某一方面或某一领域的问

---

① 参见李步云、汪永清主编：《中国立法的基本理论和制度》，中国法制出版社1998年版，第392页。

题，使得各种规范性法律文件针对某一方面或某一领域的问题的解决可以达到高度统一与协调。

根据我国地方立法的实际，地方立法清理应当采用定期清理与专项清理相结合的方式，定期清理一般以一年为时限，立法可以确定一年的某一时间阶段为清理工作时间；专项清理可以确定某一方面内容为清理的重点。

第二节　地方立法汇编

一、立法汇编的概念与特征

立法汇编，是指按照一定的标准和方法，对规范性法律文件按其颁布时间的先后顺序或者内容的性质进行整理编排、汇编成册的活动。[①]

与立法清理、立法编纂相比，立法汇编有其自身的特征：（1）立法汇编既可以由立法机关进行编排，也可以由非立法机关进行编排。立法机关及其工作机构可以对相关规范性法律文件进行编排出版，其他国家机关、社会团体、企事业单位也可以根据学习、工作、教学、研究的需要对规范性法律文件进行汇编，供内部之用。而立法清理、立法编纂只能由立法机关或授权的机关进行。（2）立法汇编不具有法律效力。立法汇编是经过集中整理后的系统化工作，它不改变规范性法律文件的原本，也不改变内容，更不增加新的法律规范，它仅仅是规范性法律文件的外部加工整理。[②]因此，无论是国家机关、社会团体，还是企事业单位进行法的汇编，其行为都不会产生法律效力，也不会改变所汇编规范性法律文件的效力。汇编的成果只是一种法律文本的集合，规范性法律文件的效力不受影响。（3）立法汇编既可以对现行规范性法律文件进行汇编，也可以对已经失效的规范性法律文件进行汇编，而不是仅仅针对现行有效的规范性法律文件进行汇编。

二、地方立法汇编的概念与特征

地方立法汇编，是指按照一定顺序或所涉及的问题性质，在不改变地方规范性法律文件内容和形式的前提下，将规范性法律文件集中起来，加以系统编排，汇编成册。

地方立法汇编的主要任务就是将地方规范性法律文件汇总起来，使之系统化，其不改变地方规范性法律文件的文字和内容，而是对现有规范性法律文件进行汇集和技术性处理，是对地方立法的一种外部加工，是立法的辅助性工作，而不是创制规范性法律文件的活动。

地方立法汇编具有以下基本特征：（1）地方立法汇编一般由地方立法机关主导。地方立法汇编涉及的地方性法规和政府规章等规范性法律文件只在本行政区域内有效，适用主体一般是本行政区域内的行政、司法、监察等国家机关，尽管理论上存在其他国家机关、社会团体、企事业单位进行立法汇编的可能性，但实践中地方立法汇编通常是由地方立法机关主导的。（2）地方立法汇编主要着眼于对现行规范性法律文件的编辑。与中央立法相比，地

① 参见黄文艺、杨亚非主编：《立法学》，吉林大学出版社2002年版，第312页。
② 参见许俊伦：《地方立法论》，中国民主法制出版社1997年版，第159页。

方立法往往数量较少，可供学习、研究的价值不多，法的汇编更多针对现行有效的规范性法律文件，已经废止的规范性法律文件因学习、研究价值不大往往不再作为编辑的对象。(3) 地方立法级别越低，立法汇编所能实现的功能越小。立法汇编的主要功能是为法的适用、教学、研究等提供帮助，与立法机关所处立法位阶相适应，汇编会随着规范性法律文件位阶的降低而功能下降，一般情况下，位阶最低的规范性法律文件，其汇编出来的文本使用价值也往往最低。

三、地方立法汇编机制

地方立法汇编机制是指对地方立法机关制定的规范性法律文件进行汇编所形成的一种立法工作机制。地方立法汇编机制通常包括地方立法汇编主体、汇编权限、汇编程序等要素。

（一）地方立法汇编主体

由于地方立法汇编不是立法活动，不会产生法律效力，因此，地方立法汇编的主体，既可以是有立法权的国家机关，也可以是没有立法权的国家机关、社会团体、企业事业单位甚至个人。为保证汇编具有较高的权威性，以作为法的适用、教学、研究的可靠依据，根据国务院 1990 年 7 月 29 日颁布的《法规汇编编辑出版管理规定》第 4 条第 1 款第（五）项的规定，“地方性法规和地方政府规章汇编，由具有地方性法规和地方政府规章制定权的地方各级人民代表大会常务委员会和地方各级人民政府指定的机构编辑”。该条第 2 款又规定，“具有地方性法规和地方政府规章制定权的地方各级人民代表大会常务委员会和地方各级人民政府可以编辑本地区制定的地方性法规和地方政府规章汇编”。由此可见，地方立法汇编由地方各级立法机关或者指定的机构编辑。其他机关、团体、企业事业组织可以编印供内部使用的法规汇集。其他机关、团体、企业事业组织编印的法规汇集，需要正式出版的，应当经出版行政管理部门核准。

（二）地方立法汇编权限

为了加强法的汇编管理，提高汇编质量，我国对法的汇编权限作了规定。根据国务院《法规汇编编辑出版管理规定》规定，地方立法汇编权限为：第一，对同一效力等级法的汇编，地方性法规和地方政府规章汇编，由具有地方性法规和地方政府规章制定权的相应地方国家机关指定的机构编辑。第二，对综合性法的汇编，全国人大常委会法工委、国务院法制机构可以编辑法律、行政法规、部门规章、地方性法规和地方政府规章的综合性法的汇编。具有地方性法规和地方政府规章制定权的地方国家机关可以编辑本地区制定的地方性法规和地方政府规章的汇编。第三，对内部使用的法的汇编，根据工作、学习、教学、研究需要，有关机关、团体、企业事业组织可以自行或者委托精通法律的专业人员编印供内部使用的法规汇集，需要正式出版的，应当经出版行政管理部门核准。除此之外，个人不得编辑法规汇编。

（三）地方立法汇编程序

地方立法汇编一般分为编辑和出版发行两个阶段或者程序。

第一阶段是法的汇编的编辑阶段。这是法的汇编的实体性阶段。这一阶段的主要工作就是确定合适的法的汇编主体，运用正确的汇编技术和方法进行编辑。第二阶段是法的汇编的出版发行阶段。这是体现法的汇编成果，实现法的汇编目的的阶段。

国务院《法规汇编编辑出版管理规定》对法的汇编出版发行有严格的规定，具体体现为：（1）地方性法规和地方政府规章汇编由具有地方性法规和地方政府规章制定权的地方国家机关选择的中央一级出版社或地方出版社出版。出版法的汇编的出版社，应当制定法的汇编出版选题计划，分别报有权编辑法的汇编的机关和出版行政管理部门备案。（2）出版地方立法汇编，必须保证印制质量。质量标准要符合国家有关规定。法的汇编发行，由新华书店负责。有条件的出版社也可以代办部分征订工作。（3）违反规定擅自出版法的汇编的，根据不同情况，出版行政管理部门或工商行政管理部门依照职权划分可以给予当事人行政处罚。当事人对处罚决定不服的可以申请行政复议或者提起行政诉讼。

四、地方立法汇编的方法

进行地方立法汇编，从汇编的内容来看，主要有三种形式：一是将已颁布的所有有效和失效的规范性法律文件都汇集起来，进行综合性汇编；二是仅汇编现行有效的规范性法律文件，对已失效的规范性法律文件仅列出目录；三是根据工作、学习、教学、科研等实际需要，对某一领域的规范性法律文件进行专项汇编。从汇编的编排方式来看，也主要有三种形式：一是按规范性法律文件出台的时间顺序进行编排汇编；二是按规范性法律文件的内容分类进行编排汇编；三是将前两种编排方式结合起来进行编排汇编。[①]

由于需要汇编的规范性法律文件较多，如何着手法的汇编，首先应确定选材范围，分别为：第一，内容范围，即汇编哪些方面的规范性法律文件；第二，时间范围，即汇编哪个时期出台的规范性法律文件；第三，效力范围，即只汇编现行有效的规范性法律文件还是包括已经失效的规范性法律文件，或者是只汇编立法机关自己制定的法规，还是包括立法机关批准的法规、自治条例和单行条例。

具体编排的顺序可以分为两个步骤：第一，先将需要汇编的规范性法律文件按内容分成若干部分或者门类，排出顺序；第二，再把每一部分或者门类的规范性法律文件按出台时间的先后顺序进行排列。若是编制各省、自治区、直辖市法规汇编，一般按制定的地方性法规、批准的地方性法规、自治条例和单行条例三个部分进行编排，各部分法规则按规范性法律文件出台的时间顺序进行排列。对于已经废止的规范性法律文件也有两种编排方式：一种是同现行有效的规范性法律文件一起按时间顺序进行排列，但需注明规范性法律文件失效的时间或者由哪一个新的法律文件代替；另一种是将已经失效的规范性法律文件附于现行规范性法律文件之后。但应该注意随着地方立法数量逐步增多，如果每次法的汇编都把失效的规范性法律文件编辑进去会显得烦琐和重复。因此，对较长时间段内的规范性法律文件进行汇编，最好只编入现行有效的法律文件。[②]

进行地方立法汇编，必须注意几个问题：（1）确定好汇编收入标准。如果是全书性汇编，则应将本行政区区域内制定的规范性法律文件全部收入；如果是现行法的汇编，则只收入现行有效的规范性法律文件；如果是专业性法的汇编，则只收入与本专业有关的规范性法律文件；如果是法规或者规章汇编，则只收入法规或者规章；如果是综合性汇编，则法规、

---

① 参见王盛林主编：《地方立法概论》，山东人民出版社1993年版，第277页。

② 参见唐孝葵等主编：《地方立法比较研究》，中国民主法制出版社1992年版，第152页。

规章、自治条例和单行条例都要收入。同时，收入规范性法律文件最好是全文收入，而不是仅仅列个目录。能够收入草案说明、审议情况报告、修改汇报的应当收入，这样更有利于理解立法原意，正确适用规范性法律文件。（2）汇编不是立法，不能对规范性法律文件进行增删、改动，只限于改正文法、语法错误，并对改动处加注说明。（3）每项规范性法律文件条文之前，都要详细标明通过（批准）、公布、实施的日期和制定或者批准的机关。（4）设章的规范性法律文件，最好在正文之前列出各章的目录。（5）应当标明每册汇编的起止时间。[①]

第三节 地方立法编纂

一、立法编纂的概念和特征

立法编纂是指国家立法机关在系统整理同类或同一部门规范性法律文件的基础上，对已有法律规范进行修改、增补、删除、废止，最终形成一部集中统一、内部协调系统的法律或者法典的专门性立法活动。

立法编纂具有以下特征：（1）立法编纂是一种立法专门活动。它是对现行法律法规的改造。（2）立法编纂是在已有立法基础上对现行法律法规的再加工。它不同于初次立法行为。从某种意义上来讲，立法编纂实质上是相关领域的二次立法或者多次立法过程。（3）立法编纂是对既有法律法规进行的深加工。只有在相关领域立法相当成熟和完备，足以形成一个系统的部门或形成一个体系时才能进行立法编纂，并不是所有的规范性法律文件足以成熟到能够进行立法编纂的程度。

二、地方立法编纂的概念和特征

地方立法编纂，是指地方立法机关在系统整理同类或同一部门地方规范性法律文件的基础上，对已有法律规范进行修改、增补、删除、废止，最终形成集中统一、内部协调系统的地方规范性法律文件的活动。

地方立法编纂具有以下特征：（1）地方立法编纂是由地方立法机关开展的立法活动。（2）地方立法编纂是针对地方规范性法律文件进行整理完善的立法活动，目的是形成更加规范完善的规范性法律文件，消除地方立法中的矛盾、混乱问题。（3）地方立法编纂是通过修改、增补、删除、废止的方式对规范性法律文件进行完善，着眼于编纂出新的独立的地方规范性法律文件。

三、地方立法编纂的意义

地方立法编纂的意义，主要体现在几方面：（1）有助于实现地方立法的科学化、系统化。通过对地方同类或同一部门规范性法律文件进行研究、整理，能够发现法律规范中的重

---

① 参见唐孝葵等主编：《地方立法比较研究》，中国民主法制出版社 1992 年版，第 152～153 页。

复、混乱、矛盾之处，经过修改、增补、删除、废止的方式进行改造，形成科学化、系统化的法律规范性文件体系。(2) 有助于完善地方立法体系。通过对若干地方同类或同一部门规范性法律文件进行提炼、增删、合并、扬弃，形成一个或几个骨干性规范性法律文件，促进地方立法体系的健全与完善。(3) 有助于推动我国法制的统一。通过对现存的规范性法律文件进行整理和系统化，有助于整合法律规范体系，消除地方规范性法律文件间的重复、混乱、矛盾和不一致，增进法律规范之间的协调一致、相互配合，推动实现国家和地方法制的统一。(4) 有助于地方立法的贯彻实施。地方立法编纂通过改造现行立法，可以在提升立法质量的同时，简化法律规范内容，便于人们了解和掌握，促进法的实施。

四、地方立法编纂机制

地方立法编纂机制是指地方立法机关编纂规范性法律文件所形成的一种立法工作机制。地方立法编纂机制通常包括地方立法的编纂主体、编纂权限、编纂程序等要素。

(一) 地方立法编纂主体

地方立法编纂是一种对地方规范性法律文件进行研究、提炼、增删、合并、扬弃的一种复杂的重要立法活动。立法编纂只能由有立法权的主体进行，没有立法权的机关或组织不能开展编纂活动。如果某一领域的地方立法编纂涉及地方不同效力等级的规范性法律文件，必须由地方立法主体中规格较高的机关进行，而不能由其所属机关进行。通常由有地方立法权的主体在其职权范围内对其制定的规范性文件进行编纂，同时其也可以根据情况对效力相对较低的规范性法律文件进行编纂。例如省市人民代表大会可以对其制定的地方性法规进行编纂，也可以对省市人大常委会制定的地方性法规进行编纂，但省市人大常委会却不能对省市人民代表大会制定的地方性法规进行编纂。

(二) 地方立法编纂权限

在权限上，地方立法主体只能在自己的职权范围内进行编纂。也就是说，地方立法编纂主体只能在自己有权制定的特定形式的规范性法律文件范围内进行编纂，只能在自己有权以法的形式来调整的社会关系范围内进行编纂。在我国立法实践中，地方性法规的编纂权属于有地方性法规制定权的地方人民代表大会及其常委会，自治法规和单行条例的编纂权属于民族自治地方的人大。[①] 不过需要注意的是，有地方性法规制定权的地方人民代表大会有权编纂其常委会制定的地方性法规，而人大常委会则无权编纂人民代表大会制定的地方性法规。

(三) 地方立法编纂程序

地方立法编纂有准备、正式制定和完善三个阶段。分别为：(1) 地方立法编纂的准备阶段，由于立法清理和汇编是进行科学、合理编纂的重要前提和基础条件，所以搞好地方立法编纂必须重视地方立法的清理和汇编，为立法编纂做好准备。编纂可以利用已有的清理和汇编结果，也可以为了编纂开展专门的清理和汇编活动。但这种专门的清理和汇编，可以不是独立开展的完整意义上地方立法清理和汇编，其可以作为立法编纂的前提部分，融入立法编纂之中。清理结果可以不公布，汇编结果可以不出版，有时在规范性法律文件不多、经过

---

① 参见黄文艺、杨亚非主编：《立法学》，吉林大学出版社 2002 年版，第 319 页。

清理就能清楚掌握的情况下，也可以不作汇编。（2）地方立法编纂的正式制定阶段，就是由提案到公布规范性法律文件的阶段，包括提案、审议、通过、公布等几个环节。在这一阶段，除一些重大法规的编纂需要设立专门机构、履行某些特别或临时程序外，都与制定一般规范性法律文件的过程相同。（3）地方立法编纂的完善阶段，即地方规范性法律文件的修改、补充阶段。形成完善、系统的地方规范性法律文件或法的体系，需要不断对地方立法成果进行修改、补充和完善。

五、地方立法编纂的方法

由于地方立法编纂规模大、费时费力，要求比单纯制定新法更严格，所以只有条件成熟时才能进行法的编纂工作。这个条件是同类或同一部门的规范性法律文件达到一定的数量，且立法所调整的社会关系发生变化需要开展法的编纂。不具备这一条件，则只能通过一般的立法途径制定新法，不能进行编纂。

地方立法编纂，通常采取分析和综合相结合的方法。这是因为法的编纂本身就是在分析零散规范性法律文件的基础上，结合规范性法律文件的合法性、合理性、可操作性进行提炼、增删、合并、扬弃，从而形成新法的过程，这个过程就是分析、综合、再分析、再综合的过程。分析，就是分析同类或同一部门的规范性法律文件，找出其可用和应废之处、重复和空白之处；综合，就是综合权衡保留其可用之处，抛弃其应废之处，删减其重复之处，填补其空白之处；再分析，就是从构建新法的角度进一步分析新的规范性法律文件的章节篇目构成、有无可能存在逻辑问题、语法错误；再综合，就是在再次分析的基础上，整合、完善、提升，形成一个完整统一的地方规范性法律文件。

思考题：

1. 为什么要开展地方立法清理活动？
2. 如何开展地方立法清理活动？
3. 试述地方立法汇编的概念与特征。
4. 地方立法编撰的性质是什么？
5. 地方立法编撰有哪些现实意义？

第八章　地方立法技术

第一节　地方立法技术概述

技术，是指根据生产实践经验和自然科学原理而发展成的各种工艺操作方法和技能，现代技术的最大特点是与科学的交融性，科学革命与技术革命已经结合为统一的科技革命，这场革命渗透了人类生活的方方面面，对人类认识与改造客观世界产生了广泛且深远的影响，在立法领域，也促使人们对立法技术进行思考。立法活动是一项专业性强、程序要求高、需要多方合作的复杂劳动和集体行为；科学的立法应当反映客观实际的需求，准确表达法的内容，实现法的形式与内容的统一，这就需要有各方共同遵循的立法技术及其规范，只有这样才能保证立法质量。相较于全国性立法，地方立法有其自身的特点和发展规律，对其自身的立法技术也提出了独特的要求。在地方立法过程中，只有掌握和运用好地方立法技术，促进地方立法技术科学化、合理化，才能不断生成合格乃至优秀的地方立法“产品”。①

一、立法技术、地方立法技术的含义

对于立法技术的含义，学者们所持观点不尽相同。归纳起来，这些观点主要包括“活动或过程说”“规则说”和“方法或技巧说”。

1. 活动或过程说。该说认为，立法技术是按照有关规则，制定法律的过程或者活动。例如，我国台湾地区学者罗成典认为，立法技术“是依照一定之体例，遵循一定之格式，运用妥帖之词语（法的语言），以显示出立法原则，并促使立法原则或者国家政策，转换为具体法律条文之过程”②，同时，法律的制定须遵循一定的程序。在他看来，立法技术涵盖了立法程序的范畴，立法被视为一个技术性操作过程。

2. 规则说。该说认为，立法技术是用以表达法律规范的规则、细则。例如苏联法学家凯里莫夫认为：“立法技术在一定的立法制度中，历史地形成、最合理地制定并正确地表述法的规定，以达到最完善的表述形式所形成的规则的总和。”③ 我国学者孙潮指出，立法技术可以分为立法的表现技术和立法的表述技术。其中，立法的表现技术是指在法律的创作过程中，立法者在自己的观念和思维范畴内设计构思未来法律关系的技术；立法的表述技术是指立法者为既定的法律思想和设计配置最佳的文字载体的技术。④ 这两个层面的技术是帮助立法者先抽象概括客观世界的一般规律，进而将一般规律提升为法律理念和法律思想，再通过有效的、准确的法律文字形式，将法律思想转化为法律文本。其落脚点在于法律表述与法律思想的统一，且注重法律表述的规范性。

---

① 参见杜国胜：《地方立法技术科学性之探讨》，载《韶关学院学报》2017 年第 10 期。

② 罗成典：《立法技术论》，台湾文笙书局 1983 年版，第 1 页。

③ 转引自郭道晖总主编：《当代中国立法》（下），中国民主法制出版社 1998 年版，第 1106 页。

④ 参见孙潮：《立法技术学》，浙江人民出版社 1993 年版，第 7 ~ 8 页。

3. 方法或技巧说。该说认为，立法技术是一种方法或技巧，我国多数学者认同这一观点。例如吴大英教授和任允正教授认为："立法技术，就是立法工作实践所形成的方法或技巧的总和。"① 周旺生教授也主张："立法技术是立法活动中所遵循的、用以促使立法科学化的方法和操作技巧的总称。"② 以此为基础，周旺生教授还从微观、中观和宏观三个维度对立法技术作了理解。其中，他所指称的"微观的立法技术"，与"立法方法或技巧说"中立法技术的范畴基本一致。但他所界定的中观或宏观的立法技术则超越了这一范畴，如中观的立法技术涵盖了立法程序等内容，宏观的立法技术还包括立法原则、指导思想等内容，因而不能被纳入"立法方法或技巧说"之中。

对于"活动或过程说"，我们认为，尽管立法技术被运用于立法过程，但它却不等同于立法过程，也不属于立法过程的某个部分。对于"规则说"，我们认为，尽管立法技术蕴涵一定的规范性要求，科学的立法技术也被立法规则所确认，但立法技术不能等同于立法规则，它缺乏立法规则所具备的严格的拘束力，且往往表现出较大的灵活性。因此，我们赞同"方法或技巧说"，即立法技术可以界定为立法活动中所遵循的方法和操作技巧的总称。据此，地方立法技术是指有关主体在地方立法过程中积累起来并加以运用的方法和操作技巧的总称。

二、地方立法技术的功能

立法技术与立法活动相伴而生，立法技术的优劣直接影响到立法质量的高低与法的实施效果的好坏，关系到社会的和谐与稳定，在一定程度上还直接反映出一个国家法制水平的高低。地方立法技术同样承载着这些价值和功能。

（一）地方立法技术是提高地方立法质量的重要保证

立法技术的水平决定着法的质量。"立法活动需要有各方共同遵循的立法技术及其规范，只有这样才能保证立法质量。"③ 中共十八大提出了"新的法治建设的十六字方针"，即"科学立法、严格执法、公正司法、全民守法"。"科学立法"对立法技术提出了较高的要求，"要求立法者通过高明的法律内容确定技术，实现法律制度的科学和理性，制造出和谐一致、符合客观现实、可操作性强的'法律产品'"。④ 地方立法者必须走"科学立法"道路，在确定地方立法目标后，经实地调研、理论论证、民意征集与协商等工作后，立法者会对立法意图、社会对法的接纳程度、法的任务等有更为宏观的把握和理解，然而这种理解必须通过科学的立法技术表述出来，去伪存真，去粗取精，使之成为法律文本，这就需要立法者熟练掌握与运用立法技术。在法案起草过程中，地方立法的名称和内容，法的总则、分则和附则，法的目录、标题、序言和附录，法的卷、编、章、节、条、款、项、目，法的文体与语言等要得到科学合理的编排，在相当程度上也取决于立法者的立法技术。这些方面都会直接影响且反映出地方立法的质量高低。例如，2001 年颁行的《广东省地方立法条例》第

---

① 吴大英、任允正：《比较立法学》，法律出版社 1985 年版，第 207 页。

② 周旺生：《立法论》，北京大学出版社 1994 年版，第 181 页。

③ 李高协：《浅议地方立法技术及其规范》，载《人大研究》2015 年第 3 期。

④ 参见刘用安：《立法技术：精无止境》，载《人民论坛》2009 年第 10 期。

5条规定，有权提出地方性法规的机关，应当于每年年底前向省人民代表大会常务委员会提出下一年度制定地方性法规计划的建议。这里的“每年年底前”是一极不确定的时间区间，严重影响了整个条款的可操作性。因此，在该条例于2006年修改时，该款的时间要求就改为“每年第三季度”，如此则明确了提出法规计划建议的时限。

（二）地方立法技术影响着法的实施与监督

地方立法的实施和监督取决于多种因素，如执法环境、执法人员的水平、公民的法律素养等，但前提是法的内容能被准确理解且可操作，如果立法技术运用不科学，立法质量不高，法律规范不具体、不便于操作，则势必会影响到地方立法的实施与监督。科学合理地运用立法技术，确保地方立法的意图明确，指导思想、基本原则和内容的表述准确，内部结构科学合理，与上位法、同位法之间相互协调，就有助于执法者有效执法，司法者公正司法，守法者认真守法，监督者严格监督法的实施，形成全社会知法、信法、守法、用法的法治氛围。

（三）提升地方立法技术有助于合理地调整社会利益关系

经济社会发展必然会引发社会利益关系的变革与调整，公民对法这一利益关系的调节器的要求也会越来越高。在立法数量与质量的双重压力下，立法者愈发要借力于科学的立法技术才能完成使命。在一定程度上，地方立法者只有科学运用立法技术，其所立之法才能合理地定位各种社会利益关系，有效回应国家、社会与公民的不同需求，使立法成为促进社会和谐的稳定器。

总之，“工欲善其事，必先利其器”，重视立法技术的研究与运用，是“科学立法”必备的条件，对提高地方立法质量和开创地方立法新局面有着重要的意义。完善地方立法技术，是提升地方立法水平，实现地方法治的重要路径。

第二节　地方立法技术的内容

关于立法技术的内容，有学者将其分为三类：第一类是规定立法机关组织形式的规则；第二类是规定立法程序的规则；第三类是关于法律的内部结构和外部结构的形式、法律的修改和废止的方法、法律的文本、法律的系统化的方法等方面的规则。[①] 也有学者提出，在立法过程的各个阶段，立法所遵循的方法和技巧都属于立法技术，包括三个方面：一是立法准备阶段的立法技术，如立法预测技术、立法规划技术等；二是由法案到法的阶段的立法技术，如提案技术、审议技术等；三是立法完善阶段的立法技术，如立法解释技术、法的修改补充和废止技术等。[②] 尽管上述观点对于立法技术的内容存在不同的理解，但都基本认可法的结构构造技术和语言表达技术应属于立法技术的内容。这是由于立法所创造的一般规范必须以文本形式予以呈现，且这个文本应当依照一定的结构体系并通过合理的方式予以表达，因而必须借助于法的结构构造技术和语言表达技术作为支撑。除此以外的立法组织形式、立法程序

---

① 参见吴大英、任允正：《比较立法学》，法律出版社1985年版，第207~208页。

② 参见周旺生：《立法论》，北京大学出版社1994年版，第183页。

等，虽然与立法活动密切相关，但都不属于立法技术的内容，而属于立法制度的范畴。因此，我们认为，地方立法技术的内容，是指地方立法的结构构造技术和语言表达技术。

一、地方立法的结构构造技术

任何立法成果都要表现为由若干部分组成的立法文本，不同立法文本的形式与结构也有所不同，但是通过归纳分析，我们仍可以发现在结构上所存在的一些必备要素，这就是立法文本的形式和内容要件。那么，为系统准确地表达立法意图，反映客观现实的需求，地方立法者在立法活动中积累的并运用于营造地方立法文本的形式和内容的方法与技巧，即地方立法的结构构造技术。

（一）地方立法的形式结构构造技术

地方立法的形式结构，是指地方立法文本外在的各组成部分的设置、排列形式及其相互间的逻辑联系。这是地方立法文本的外在形式要件，科学合理的外部设计不仅体现立法的严谨与专业，也有助于法的认知和实施。地方立法的形式结构要件通常包括地方立法文本的名称、序言、目录、标题、附录以及结构符号。

1. 地方立法文本的名称

地方立法文本的名称，即地方立法文本的称谓。每部地方立法文本必须有一个特定的名称，以显现其适用范围、调整对象和效力等级。名称设置是否科学，是衡量该项立法成功与否的重要标准之一。地方立法文本的名称一般包括三个要素：一是适用范围，即法发生效力的空间范围；二是调整对象，即法所要调整的社会关系；三是效力等级，即法在法律体系中所处的位置。例如《广东省旅游管理条例》，在该名称中，“广东省”表示该法仅适用于广东省辖域，“旅游管理”表明法的内容是“旅游管理”，“条例”表明该法是广东省制定的地方性法规。

在确定地方立法文本的名称时，要集中体现地方立法文本的实质内容，采用足以包含全部内容的词语，避免词语表达的模糊性，不宜在名称中使用“几个”“等等”“若干”等语义不确定的词汇；同时，名称要简洁，不宜过长，中间不得使用标点符号，尽可能避免使用“和”“与”等连接词。此外，虽然《立法法》对地方立法文本的名称没有作出统一规定，但各地立法文本用以表明效力等级的通用名称应力求一致，以易于准确判断法的效力等级。在地方立法实践中，一般采用条例、规定、办法、实施细则或规则等体裁形式。“条例”一般是地方权力机关根据授权和本地实际情况对某一方面的事项作出的较为全面、系统和综合性的规范，如2000年施行的《广东省发展中医条例》。与“规定”和“办法”相比，“条例”所涉及的事物和问题的性质更重要，适用范围比较宽；内容高度概括；有效的时间与空间范围广，稳定性强；对制定与发布机关的地位有较严格限制。“规定”是对某一方面的事项作出部分或者专项性的规范。其往往是根据实际工作的迫切需要，针对亟须解决的问题，作出的内容较为具体、明确的规定，因此，地方政府规章亦可使用该名称，如2009年实施的《广东省政府规章清理工作规定》。“规定”的使用范围广泛，对制定和发布机关的地位无严格限制；所涉及事物和问题不如“条例”重大，范围相对窄一些；内容详尽具体，针对性强。“办法”是对某一项工作或某类社会关系所作的较为具体的规范。它具有较强的实施性，不必再制定实施细则，如《广东省人民政府机关人员分流实施办法》。“办法”比

“规定”所涉及的事物和问题的规模要更小一些，性质也相对轻一些；针对性更强，内容也更加详尽、具体而精细，更重可操作性。“实施细则或规则”是落实某一法律法规所制定的具体规范，如2000年施行的《广东省社会养老保险实施细则》即为落实《广东省社会养老保险条例》而制定的。

2. 地方立法文本的题注

地方立法文本的题注是名称下方反映制定、修改该法的主体名称以及通过时间，以此表明其合法性和效力等级的文字，一般以括号形式标注。题注中的不同内容之间应以空格分开，不得使用标点符号，如“（××年××月××日××省第××届人民代表大会常务委会员第××次会议通过）”。如该法是经批准发布的，还必须注明批准机关。

3. 地方立法文本的目录

地方立法文本的结构有简单与复杂之分。复杂的地方立法文本大多设有章、节，有的还有卷、编，从而形成了文本结构的各个组成部分，这些组成部分一般有各自的标题，所以为了便于人们了解法的结构以及查找相关法律条文，在正文之前一般会将各部分的标题集中排列，成为文本的目录。然而，在当前地方立法实践中，地方立法文本的目录设置情况比较混乱，没有统一的标准。在设章以上标题的地方性法规、自治条例中，有的有目录，有的又不设目录；在不设章以上标题的地方性法规、自治条例以及地方政府规章中，一般没有目录。因此，地方立法对文本目录的设置应当有统一的规范，可以考虑对于设有章、节的地方立法文本，均要求目录列到“节”这一层次；“章”以下无“节”设置的，目录列到“章”。

4. 地方立法文本的标题

对于设置了章、节以至卷、编的地方立法文本，为便于人们宏观把握法的结构和基本内容，各卷、编、章、节可以根据该部分主要内容来设置各部分的标题。标题的层次多少亦无统一规定，但其应当确切反映各组成部分的立法目的和主要内容；标题所用文字应当规范、简洁、明了，各级别的标题以及标题与正文之间的字体应当有所区别；标题中间一般不使用标点符号，标题后面不能使用标点符号；各级别标题的结构、文字风格等应协调一致；当法的内容被修改或者补充后，原标题与新的内容不相适应的，应当改动相应部分的标题。①

5. 地方立法文本正文的结构符号

这是指地方立法文本的卷、编、章、节、条、款、项、目的设置与排列。一般而言，在一部地方立法中，每“编”至少包含两章，每“章”至少包含两节，每“节”至少包含两条，“条”之下可以不设项、目，所以“条”是立法文本中的必要单位。在顺序排列上，各部分序号以中文数字表示，如第一章、第十节，“项”以中文数字加圆括号表示；“款”以自然段形式表现，每个自然段即为一款；“条”应依次排列而不按章、节排序。实践中，我国地方立法使用最为频繁的结构是“章、条、款、项”的体例，很少使用卷、编、节、目。通常来看，立法者起草法案时首先须从法的整体角度来合理编排各章次序，明确各章的内容及主题，确定各章的最佳标题。其次，要认识到条、款、项在法律中具有的相对独立性和完整性，每条、款、项只能规定某一特定内容，同一特定内容只能规定于同一条、款、项之

① 参见郭道晖总主编：《当代中国立法》（下），中国民主法制出版社1998年版，第1305～1306页。

中，各条、款、项之间应相互协调，避免相同内容的重复规定以及不同内容之间的冲突。

无论采行何种结构符号，在逻辑形式上，地方立法文本正文一般可分为总则、分则和附则三大部分：(1) 总则。这是地方立法对所调整的社会关系所作的原则性的总规定，其主要内容包括立法依据和目的、调整对象和适用范围、法的指导思想和基本原则、基本概念、主管部门及其主要职责等其他概括性条款。在形式上，设“章”的地方立法会将首章列为“总则”，或称“总纲”“一般规定”等。在不设“章”的简单立法结构中会直接以条款表述总则的内容。(2) 分则。这是具体规定法律关系主体的权利与义务、权力与责任，确定一般行为模式及其法律后果，使总则内容得以具体化的条文总称，是地方立法文本的实质内容与中心部分。在表现形式上，有些地方立法在分则的内容前标有“分则”标题，明确划分法律的纲领性规定和具体性规定。但是多数地方立法没有标明“分则”字样，而以具体“章”标题或者条文内容表现分则的内容。(3) 附则。这是地方立法在文本最后对辅助性内容所作的非规范性内容的技术规定，如名词术语的解释、法律解释权的归属、生效日期等。附则不是法规的必备部分，但其存在亦有助于总则和分则的实施。

6. 地方立法文本的附录

附录是附在立法文本之后，用以说明正文内容的辅助性文字，其目的在于帮助人们理解相关法条以及促进法的实施，如有关法律文件、数据、图表等。与附件不同的是，附录是立法文本的组成部分，但不是法律文本的必要组成部分，地方立法中一般也很少设置附录；而附件独立于立法文本，是具有自身法律地位的文件材料。

（二）地方立法的内容结构构造技术

地方立法的内容结构是指地方立法文本中内在各要素的设置逻辑及其相互关系，包括规范性内容和非规范性内容。规范性内容是地方立法中调整法律关系主体的具体行为模式的内容。非规范性内容是对规范性内容起辅助作用的内容，如立法的宗旨和依据，一般法律原则、法律概念的解释等。任何一部法律文本都是形式与内容统一的作品，但法的实施关键仍取决于其内容设置的科学与否，所以研究法的内容结构构造技术至为重要。

1. 规范性内容的立法技术

法的规范性内容就是常说的法律规范（或称法律规则），是法律文本中最重要的部分。那么，立法者要构造科学的法律规范，首先就要理解其是由哪些要素组成的，以及这些要素之间是如何联结在一起的，也就是法律规范的逻辑结构。但是，目前学术界对于法律规范的逻辑结构这一问题还存在较大争议，主要有三种代表性观点，即三要素说、两要素说和新三要素说。“三要素说”认为法律规范是由假定、处理和制裁三个要素组成的。这种将法律后果片面理解为“制裁”的认识，排除了肯定性法律后果，也忽视了否定性法律后果中非惩罚性的因素，难以合理解释所有的法律规范类型，所以该观点是片面的。“两要素说”认为法律规范是由行为模式和法律后果两个要素组成的。这种忽视具体行为适用的前提条件的观点，从逻辑上讲是不完整的。“新三要素说”则认为法律规范是由假定条件、行为模式和法律后果三个部分组成，这就弥补了前两种理论的不足。[①] 值得说明的是，虽然理论上可以将

① 参见周旺生主编：《法理学》，西安交通大学出版社 2006 年版，第 253～254 页。

一个逻辑性规范的三个构成要素规定于一个法律条文中，但这种立法十分罕见，实践中一个法律规范常表述在几个条文中，或者几个规范表述于一个条文中，一个法律条文也不一定由完整的法律规范三要素所组成，因此不能将法律规范与法律条文相等同。以下将从这三个要素着手来分析地方立法中构造法律规范的方式方法。

（1）“假定条件”的构造技术。假定条件是指法律规范中关于适用该规范的条件的部分，主要解决的是法律规范适用的时间、空间、对象以及在何种情况下对法律关系主体行为具有约束力的问题。其主要包括两方面内容：一是法律规范适用时所需考虑的一般性前提，即法律规范适用的时间与空间，法律关系主体的权利能力与行为能力等；二是法律规范适用的特定性前提。在地方立法实践中，立法者为求文字表达的简明扼要，会在法规条文中省略假定条件部分，但省略不意味着假定条件的不存在。通过法律规范的内在逻辑，从法的整体内容仍可以推导出假定条件；如果省略可能引起误解，则一定不能省略。所以，在构造法律规范的假定条件时，应立足于法的体系和内容的完整性，明确规定假定条件，如果条件不明确，法律规范不具有可操作性，也不可能被真正地适用与执行；同时，条件的规定应尽可能详实、合理，从而为法律关系主体的行为提供有效的指引。

（2）“行为模式”的构造技术。行为模式是指法律规范中规定法律关系主体行为方式的要素，是对主体的权利与义务、权力与责任的具体规定。作为法律对行为规范性调整的直接载体，行为模式的合理程度直接影响着法律的品质，是法律规范的核心部分。一般而言，行为模式从性质上可分为三种：一是可为模式，即在假定条件下法律关系主体可以作出某种行为。在法律条文中，一般用“可以……”“有权……”“有……的权利”等句式来表述，如2015年修正的《广东省村务公开条例》第10条第2款规定：“村民委员会可以结合实际需要，通过会议、宣传单、广播、明白卡、入户告知、网络、手机等多种方式同步公开村务，公布的内容应当一致”，在此村民委员会选择这些方式同步公开村务都为法规所允许。二是应为模式，即在假定条件下要求人们必须作出某种行为，这通常为义务性要求。在法条中，多用“应当……”“必须……”“有……的义务”等句式来表达，如根据上款规定，虽然村民委员会可以选择村务公开的诸种方式，但是不同方式公布的同一村务内容“必须”一致，这是村民委员会“应为”的。三是勿为模式，即在假定条件下，禁止或者限制法律关系主体实施某种行为。在具体条文中，通常以“不得……”“禁止……”等句式来表达，如《广东省村务公开条例》第12条第2款规定，当村民要求查阅村务公开档案时，“村民委员会不得拒绝”，这是对村民委员会阻碍村民查阅公开档案的行为的禁止。因此，在构造法律规范的行为模式时，立法者应当牢固树立以行为为法律规范对象的认识，基于立法目的，对不同性质的行为作出合理规范，通过规范法律关系主体的行为来调整社会关系；同时，还要明确行为主体，以及科学合理地配置法律关系主体的权利与义务、权力与责任，确保权利与义务的总量平衡，保证权力与责任的一致性，使权利的享有者亦为义务的履行者，权力的拥有者亦为责任的承担者。

（3）“法律后果”的构造技术。法律后果是指法律规范中规定法律关系主体在假定条件下作出符合或者不符合行为模式所要求的行为时应当承担相应后果的部分，这又包括肯定性法律后果和否定性法律后果。前者是指法律确认法律关系主体的行为以及由此产生的利益状态具有法律保护的有效性；后者是指法律确认法律关系主体的行为以及由此产生的利益和状态不具有法律保护的有效性，应当予以取消或者对主体给予相应的法律制裁。“法律后果”直接反映出法对法律关系主体行为的评价，法律关系主体的权益实现与责任承担，所以立法者必须十分审慎地构造法律规范的法律后果，这要求：一是要依法设定法律后果。不同层次地方立法的权限有所不同，所以立法者创设的法律后果类型和幅度要与该法的效力等级相适应，如《立法法》第 8 条规定的刑罚、限制公民人身自由的强制措施和处罚等事项，地方立法不得设定。根据《行政处罚法》第 11 条的规定，法律、行政法规已经对违法行为作出行政处罚规定，地方性法规需要作出具体规定的，必须在上位法规定行政处罚的行为、种类和幅度的范围内进行规定。二是要合理设定法律后果。无论是肯定性法律后果，还是否定性法律后果，都要综合考量法律关系主体的行为对国家、社会、他人权益所造成的影响，权衡个体利益与公共利益，合理确定法律关系主体承担法律后果的大小程度。三是要科学设定法律后果。这要求法律后果必须是可行的，有明确的责任主体、追责主体以及责任量化等。

以上是从法律规范的各要素角度来阐释相关立法技术，但鉴于规范性内容的重要性，仍有必要从整体上进一步归纳该技术的要求：第一，确保规范性内容的逻辑完整性。法律规范是由假定条件、行为模式、法律后果三个要素有机组合而成的，三者缺一不可；反之，所设计的规范是有缺陷的，也难以具有实际效用。在立法实践中，可能会在设计法条时省略某个要素，但必须确保该法不因某要素的省略而被误解，且人们能基于对该法的整体理解而轻易补充完整所省略的部分。第二，确保规范性内容的具体性和可操作性。在设定法律规范时，应尽可能避免内容的含糊不清，尽可能保证规定事项的具体与明确，以便于权利的实现、义务的履行、权力的行使和责任的承担，减少或避免执法的随意性和盲目性。值得注意的是，具体性不是要求法律规范针对特定个人或者不可重复的行为、责任承担方式，而是要重视行为模式和法律后果的共性概括，促进法律规范的普遍适用。

2. 非规范性内容的立法技术

法的非规范性内容是指有关法律的效力等级、时间效力、适用范围以及其他辅助法律规范的内容。[①] 这些内容是正确理解和适用法律规范所必需的，如法律原则的确定、法律规范效力范围的厘定等，它们与法律规范相结合，共同发挥着法律调整的功能，脱离这些内容，法律规范的具体行为模式就难以运作。在地方立法实践中，非规范性内容的立法目的及依据、适用范围、法的原则等内容一般置于立法文本的总则部分，而概念解释、施行时间等通常置于附则部分。根据这些内容在法律调整中的不同功能，可以将其分为：原则性规范、解释性规范、效力性规范和冲突解决规范。

（1）原则性规范的构造技术。原则性规范的功能是为确定立法的目的、依据、指导思想或者价值取向。从形式上看，原则性规范不具备法律规范的结构要素，而仅是表述所立之法的原则性与立场性要求。在地方立法实践中，原则性规范的制定应当注意以下几个方面的问题：第一，任何规范性立法文本都必须包含原则性规范。目前地方立法对于立法目的、任务、依据等内容较为重视，有关条款的位置排列也相对固定。首先，立法目的及依据一般位于立法文本的第一条，以表明该法的制定缘由及法律依据，通常表述为“为了……制定

① 参见周旺生：《立法学》，北京大学出版社 1988 年版，第 431 页。

本……”。立法目的的表述要求明确、直接，若有多重立法目的，可以按照由小及大、由远及近的顺序排列，如《广东省社会养老保险条例》第 1 条规定：“为保障劳动者年老退休后的基本生活，维护社会稳定……制定本条例”。在立法目的之后紧接的是立法依据，二者共同组成一个法律条文。在依据的表述上，地方立法的内容应当与其引为立法根据的法律具有关联性、直接隶属性和授权性，可以用“根据……法的规定”的句式来表达，但如果涉及的上位法较多，应当选择其中最直接的依据，表述为“根据《××》及有关法律、法规”。此外，为了突出立法的地方性，在法律依据之后，通常会强调“结合……省（区、市）实际”，如 2014 年通过的《广东省气象灾害防御条例》的立法依据的表述是“根据《中华人民共和国气象法》《气象灾害防御条例》等有关法律、行政法规，结合本省实际，制定本案例”。其次，法的原则虽然是指导创制法的具体内容的纲领，但客观地讲，当前地方立法对法律原则的关注还有所不足，一些地方立法亦未设定有关法律原则的条款。一般而言，地方立法应当在法律文本的总则中对该法所遵循的基本原则予以规定，若有多项原则的，应当按照重要程度依次排列，这样才能为所立之法奠定基石。第二，原则性规范应当与法律规范相结合，使原则性的一般要求转化为具体的行为模式。第三，原则性规范之间应当相互协调，如下位法的原则性规范不得与上位法的原则性规范相抵触，地方立法的原则性规范应当符合立法体系的总原则，地方立法之间的原则性规范应当相互协调。

（2）解释性规范的构造技术。解释性规范的功能在于解释或说明法律概念或者专业术语的特定含义，以便于人们理解法的内容，确保法律规范的准确、有效实施。任何立法都强调法律规范要易于理解，但是客观上，同一名词在法律规范中的含义与其普通含义，以及同一名词在不同法律规范中的含义，或许会存在差异，所以必须对可能产生歧义或者有特定含义的法律名词予以诠释，这同时也要求解释性规范的表述要更为清晰、明确和肯定。在法律文本中，解释性规范的法条一般是置于总则部分，也有在附则中解释概念（或术语）的含义，其通常采用“本条例所称……是指……”的格式以明确概念的内涵和外延，或者采用“本条例所称……包括……”的方式列举界定概念的外延，如《广东省环境保护条例》在附则中解释称“本条例所指的小区域，包括小城镇、小流域、各类经济开发区、生态保护区及其他需要特定保护的区域”。此外，这里还涉及一个问题是如何确定地方立法的解释机关。一般而言，根据“谁制定，谁解释”的立法基本原则，制定机关即法的解释机关。当地方立法不由制定机关解释时，该法附则中应当专设一条明确法的解释机关，如“本条例授权××解释”“本规定由××负责解释”等。

（3）效力性规范的构造技术。效力性规范的功能在于确定法律规范的效力范围，包括时间效力、空间效力、对人的效力和对事的效力等内容。由于不同法律规范的效力范围有所不同，所以地方立法都会以专门条文对其予以明确规定。这里将根据地方立法文本中法条的通常排列顺序来阐述此类规范的构造技术。

首先是空间效力与对事的效力的规范，即该法在哪些地域以及对何种行为有效。在法律文本中，该规范通常被列为第 2 条，而在表述形式上，一般以正面肯定为主，如“本条例适用于……”，也有在附则中以反面排除的，或者两者结合使用的情形。例如《广东省环境保护条例》第 2 条规定：“本条例适用于本省行政区域内保护和改善环境、防治污染和其他公害以及监督管理等活动”，这里的“本省行政区域内”即该法的空间效力范围，“保护和改善环境……等活动”即该法对事的效力范围。

其次是对人的效力的规范，即该法对哪些主体有效。一般而言，地方立法在总则部分会明确其适用对象和主管部门。在适用对象方面，有的地方立法适用于该行政区域内的全部自然人、法人和其他组织，如《广东省环境保护条例》第5条第1款规定：“公民、法人和其他组织依法有享受良好环境、知悉环境信息、参与及监督环境保护的权利……”；有的地方立法则仅适用于该行政区域内的一部分自然人、法人和其他组织，如《广东省社会养老保险实施细则》第2条第4款规定：“国家机关公务员、财政全额拨款的事业单位、社会团体工作人员的养老保险基金计征和发放办法另行规定”，这说明该实施细则不适用于此三类主体的养老保险事项。在主管部门设置上，一般涉及行政管理事项的地方立法均应当明确主管部门，如《广东省环境保护条例》第4条中规定了各级人民政府、县级以上人民政府环境保护主管部门及有关部门、乡镇人民政府、街道办事处和基层群众性自治组织为相应事项的管理主体。值得注意的是，主管部门的设置应当立足于该部门的固有职责，若需要规定多个机关为主管部门的，应当划分相关各方的职责，避免职能交叉；部门名称的表述也不宜规定该部门的具体名称，避免因机构调整而产生混乱；对于主管部门职责的表述要尽量具体、明确，如可用“负责”“管理”“实施”“协助”“组织”“领导”“规划”“执行”等词语，以便于法的执行。

另外，时间效力的规范是指法的生效时间和效力终止时间的规定。地方立法通过并公布后，应当明确规定其施行日期，在表述上应具体到年、月、日。立法的目的在于实施。为了使所立之法能够得以全面有效地实施，一般在其通过后需要一定的时间进行宣传和执法准备，有的还需要制定配套的实施细则。因此，地方性法规、规章的施行日期，一般不能以“通过之日”为准，也不能以“公布之日”为准，最恰当的方法是明示施行的具体日期。[①] 通常情况下，地方立法在附则中会专设一条（通常都是在最后一个条文）规定法的实施时间，常表述为“本条例（办法、实施细则等）自××年××月××日起施行”，如《广东省环境保护条例》第83条规定“本条例自2015年7月1日起施行”。此外，在地方立法实施过程中，若法规、规章或者法规、规章的某些规定已不适应社会经济发展需要，或者与上位法相抵触的，在对原规定进行修改后，必须在附则部分明确列出所废止法规、规章的通过时间、名称、内容和范围，一般表述为“××年××月××日通过的《××》同时废止”，如《广东省基本农田保护区管理条例》第24条规定“本条例自2002年4月1日起施行。1993年9月16日广东省第八届人民代表大会常务委员会第四次会议通过的《广东省基本农田保护区管理条例》同时废止”。

（4）冲突解决规范的构造技术。冲突解决规范的功能是在不同法规、规章所规定内容相互冲突时，确定应当适用哪一部法规或者规章。在当前地方立法中，有关此类规范的规定并不多见，这一方面是因为《立法法》等法律已经确立了不同法律规范的效力等级，提供了一定的冲突解决途径；另一方面是因为当法规、规章之间存在冲突时，执法部门早已习惯于通过共同的上级机关的批复、决定来解决问题；还有就是因为地方立法普遍存在着部门立法的情形，立法草案一般由具有相关职能的行政部门起草，各部门更关注于为自身权力设定

① 参见钱富兴、王宗炎：《地方立法要重视立法技术规范》，载《上海人大月刊》2011年第9期。

法律依据以及执法的便利条件，对立法之间可能存在的冲突以及化解冲突的方式估计不足。随着地方法治建设的深入推进，在基本实现有法可依之后，地方立法工作的重心应当转向法规、规章的清理与修改，以尽量祛除法规、规章之间的龃龉，建立起相互协调、统一完整的地方法制体系。这就需要重视冲突解决规范的设置，从而使此法与彼法之间的关系明确，使各法在地方法制体系中的位置相对确定。

综上所述，非规范性内容是为辅助规范性内容的实施而存在的，不是有关法律关系主体具体权利与义务、权力与责任的规定。这也意味着地方立法并非必须具备上述要素，在一些单纯的实施性立法中，由于其上位法已经规定了相关内容，就不必要重复规定。因此，是否需要设定非规范性内容，以及设定哪些非规范性内容，要根据地方立法的具体情况和实际需要来确定。

二、地方立法的语言表达技术

任何法的结构构造都要借助于语言文字表现出来，所以立法技术最后要落实到语言表达上来，这种用于制定和修正法律规范的专门语言文字就是立法语言。作为立法者创制法律规范的文字载体，立法语言是一国语言的重要组成部分，是语言中最为规范、最为严谨的语言之一。它既要符合语言表达的共同标准，又要满足法律表达的特别要求，这样才能准确地表现立法者的立法意图，设定行为规范并最终形成规范性文件。按照表述对象的不同，立法语言可分为国家立法语言和地方立法语言。地方立法语言是指地方立法主体按照一定的规则表述立法意图，制定和变动在一定行政区域内具有法律效力的地方规范性文件中所用的一种专门语言文字，是一定的意志或利益得以表现为成文法或法的规范的专门载体。① 在很大程度上，地方立法语言直接决定着地方立法的表现形式和质量，也影响着公民对法的理解与对立法意图的把握，关系到法的实施效果。所以，地方立法的语言表达技术是地方立法技术的关键内容。具体来看，地方立法语言表达技术有以下几方面要求：

（一）地方立法语言的准确性

准确性是立法语言的灵魂和生命。准确性意味着地方立法的词义、语义要准确，没有歧义。准确是地方立法语言的核心技术特点和根本标准，这要求地方立法在规定假定条件、行为模式和法律后果以及非规范性内容时应当使用具体、清楚、明白无误的语言文字。地方立法语言的高度准确性要求，与地方立法工作的特点以及法的功能有着直接的关系。地方立法工作的结果是以地方立法语言形式显现出来的法规、规章，是特定行政区域内国家机关、公民、法人、社会团体及其他社会组织的行为准则，只有准确的立法语言才能真正体现立法者的立法思想和法的具体内容，使法规、规章为公民所正确理解和遵守。反之，立法语言模糊不清，伸缩性大，就容易产生歧义，所立之法将难以操作，地方立法的权威性也会受到质疑。在地方立法过程中，地方立法者要做到以精确的文字词语来表述法规、规章条文。

1. 文字、词语的准确使用。在同一法规、规章中，同一法律概念、术语名词要用同一词语来表示，确保一词一义，尽可能不使用近义词、同义词；不同概念、术语名词不应当使

---

① 参见黄洪旺：《地方立法语言及其表述技术》，载《闽江学院学报》2010 年第 4 期。

用同一词语来表述；不同词语之间不能有相互替代的现象；如果所用词语有多种含义的，必须使用限定词来界定其含义，或者以解释性规范说明该词语在该法中的特定含义，尽量保证在一部法规、规章中的同一词语在任何环境下都能得到非歧义的理解和认知。

2. 要以确定性语言表达法的内容，避免使用询问性、商榷性语言来表述。同时，语言表述要周密、详尽，对时间、空间和适用范围要具体规定，对有关程序、行为、对象等的规定要周全，要注意细节性事项的规定，以免产生误解。

3. 时间、组织机构和文件名称等专用名词应当使用其全称，如不宜使用“05 年”“人大”“《行政处罚法》”等简称。如前所述，在地方立法中，虽然对于人民政府下属各职能部门不宜表述其具体名称，但必须依据部门职能写明其全称，如广东省人民政府下属的具体负责环境保护事项的省级机关是广东省环境保护局，但在立法中一般不表述“广东省环境保护局”这一具体名称，而表述为“省级人民政府环境保护主管部门”，以免部门职能调整而产生误解。

4. 专门术语的准确适用。在地方立法中，立法者往往会运用相关领域的专门术语来准确表明立法意图，这既包括使用专门的法律术语来表述法所专用的概念，如行政处罚、行政强制等；也包括选择可用于日常生活但在法律中有专门含义的术语，如执法、责令改正等，在使用这类词语时，应当注意对其特定含义或适用范围作出限定，如上述术语可限定为“环境执法”“责令限期改正”；还包括使用法所调整领域的专用术语，如环境保护领域的清洁能源、循环经济、生态功能保护区等。

5. 语句表达符合逻辑规律。除了文字词语的准确性外，立法语言的语句表达应当严格遵循同一律、矛盾律和排中律的逻辑规律要求，以免前后矛盾、概念不一、逻辑混乱，影响法的内容的准确性。但是，客观地讲，在已经颁布的地方立法中，仍有不少法规、规章的语句逻辑是不严谨的。例如，《广东省环境保护条例》第 73 条第 2 款规定：“违反本条例第三十五条第五款规定，饮食服务业经营者未按照规定设置油烟净化设施的，由县级以上人民政府环境保护主管部门责令改正，处二万元以上五万元以下罚款；拒不改正的，责令停业整治。……”，这里的“责令改正”与“处二万元以上五万元以下罚款”之间的逻辑关系的表述是不严谨的。换言之，行政主体在处理该类违法行为时是同时作出此两种处罚行为，还是有先有后，还是由行政主体自由裁量，都不能从该款规定中得出确定性的行为依据。那么，参照其他立法以及该条例的其他规定来看，若将后者改为“并处二万元以上五万元以下罚款”则更符合逻辑，也易于该款的理解与执行。

但是，立法语言的准确性并非是绝对的。由于人的认识的有限性、语言自身的局限性、法律语言的概括性、地方发展的不平衡性等因素的影响，立法语言的模糊性是客观存在的，这种模糊性也不必然会减损法律条文的准确性。相反，在坚持准确性的同时，合理使用模糊词语还有助于增进立法语言的严谨与准确，使语言表达更为得体，使所立之法能够尽可能地适应客观世界的发展变化，增强规范性法律文件自身的生存力。例如，2013 年施行的《广州市餐饮场所污染防治管理办法》中便使用“其他清洁能源”“其他餐饮业户”“特殊历史、文化、科学、民族意义的保护地”等模糊词语，这不仅增强了法律条文的伸缩性，也给予了环境保护部门必要的自由裁量权，以有效管理餐饮场所，改善城市环境质量。

（二）地方立法语言的规范性

规范性是地方立法语言的基本技术要求，这是强调地方立法文本必须用符合语法规则的语言文字来表述，而也只有规范标准、严谨周密的语言文字才能清晰地表达法的内容，才便于公民理解和遵守法律。在地方立法工作中，立法者若违背语法规则，就会导致法的内容模糊、矛盾，最终影响法的尊严和权威。当然，在极其特殊的情况下，为了更准确地表达立法意图或者法的内容，也可以适当超出语法常规来使用语言文字。那么，地方立法语言要做到规范严谨，就要求立法者掌握以下方法：（1）规范用词。通常情况下，地方立法者应当按照人们在日常生活中所理解的含义来使用语言文字，所选取的词义不宜偏离公众对该词的公认理解，但也不能使用口语化、标语化、政治化或者具有特定时间属性的词语，以及含义尚未固定的新词汇和网络语言等，同时要仔细甄别词语的性质、含义与适用范围，审慎使用外延模糊的词语，并力求保持用语的前后一致。（2）用语符合语法规范。法律条文一般是由完整的句子成分构成的，句子成分之间应当协调有序、搭配得当，符合通行的语法规则以及地方立法语言的自身规律的要求。（3）应当尽量使用标准化、格式化的词语和句式。这类词语和句式是立法工作者在立法实践中精心提炼而成的，已成为法律规范的固定表述格式，地方立法者掌握并正确运用这些格式不仅能事半功倍，而且有助于一国法律条文表述的统一与规范，如“可以”“应当”“负责”等词语，以及但书条款、除外条款等句式。

（三）地方立法语言的简洁性

简洁性是立法语言的突出特点，这意味着地方立法应当使用蕴涵较大信息量的语言文字，以尽可能少的语言材料表达尽可能多的内容。在地方立法中，法律规范的表述须简洁精练，但也不能为此随意简化法律条文，不应该减损法所必须包括的内容，也不能为了追求简短而随意使用简称或者省略，而是要以精练文字实现准确表述。若必须使用简称，也应对其含义予以说明，做到该用的必用，不该用的不用，既要防止法条的烦琐、冗长和重复，也要警惕简化所致的言不达意，增强法律规范的准确性与严谨性。简而言之，地方立法语言的简洁性要以法规、规章所规定内容的准确性和规范性为前提，不能离开准确性和规范性谈简洁性。

地方立法语言要做到简洁凝练，立法者应熟知并合理运用以下方法：一是精练用词，避免冗长重复。立法者要尽量用最简练的词语和句式来表述法的内容，用词力求一语道破，不使用多余的词汇，即便是立法中的重点问题，也不必转换角度加以规定，或者重复强调说明，更不必从反面进行论证。例如，《广东省母婴保健管理条例》第 13 条第 2 款规定：“……医疗保健机构可为其施行终止妊娠手术……”，这里的“可”字也能用“可以”，但前者更为简洁。二是平铺直叙，减少不必要的修饰。地方立法语言表述要直接，不必委婉含蓄，要审慎使用形容词、副词等修饰性词语，以避免冗词废语。三是合理使用并列句式结构，多采用长句、无主句等句式。无主句即没有主语的句式。在立法活动中，这种句式以联合词组充当句子成分以及介宾短语作为定语或者状语，从而使法律条文表述得简洁明确。如《广东省林地保护管理条例》第 1 条规定：“为了加强林地的保护和管理，保障林业稳定持续发展，根据《中华人民共和国森林法》《中华人民共和国森林法实施条例》和《中华人民共和国土地法》及有关法律、法规，结合本省实际，制定本条例”。该条作为无主句是通过介宾短语的并列使用来阐明该法的目的、依据等内容，达到了简洁明确的效果。

（四）地方立法语言的通俗性

通俗性是地方立法语言的特殊技术要求，这是指地方立法应当尽量使用本行政区域内公众所通用且容易理解的语言文字。一般而言，法律规范只有易于被人们所理解和掌握，才能有效发挥其治理社会和规范人们行为的效用，所以立法者都会致力于让法律条文明白易知。德国学者鲁道夫·冯·耶林有句名言："立法者应当像哲学家一样思考，但像农人般说话。"①立法活动既是专业性很强的活动，同时也是平民化活动，地方立法者在尊重历史传承、遵循专业手法和技术守则的同时，应当使立法语言尽可能地通俗易懂，处理好专业化和平民化之间的矛盾。② 但与国家立法相比，地方立法更为贴近社会公众的生产生活，也更强调其内容的具体性和可操作性，要求突出地方特色，这意味着其通俗性特别要求使用该行政区域内普遍熟悉的语言文字。那么，地方立法语言要做到通俗易懂，立法者就需要掌握以下方法：(1) 使用本行政区域内公众普遍熟悉的语言，但不宜使用方言土语、外来语等。在此值得说明的是，有关民族自治地方立法语言文字的问题。我国《宪法》《民族区域自治法》和《立法法》中均未明确规定在民族自治地方是使用汉字还是当地民族语言文字进行立法，而《国家通用语言文字法》第 9 条也仅规定"国家机关以普通话和规范汉字为公务用语用字。法律另有规定的除外"。从民族自治地方的立法实践来看，如《内蒙古自治区人民代表大会及其常务委员会立法条例》第 39 条、第 58 条分别规定地方性法规草案以及批准的地方性法规、自治条例、单行条例以蒙、汉两种文字公布。此外，新疆、西藏等少数民族自治区亦要求地方立法应当以汉语和自治地方通用的一种或者几种民族语言文字予以公布。这表明民族自治地方制定的地方性法规、自治条例、单行条例、规章应同时使用汉语和当地民族通用语言文字，但对不同种文字版本发生冲突时的解决办法，仍需由法律来进一步明确。(2) 不宜使用晦涩生僻的词语，尽量使用易懂的普通词语；也不宜在立法中使用带有个人感情和想象色彩的词汇，切忌使用双关语和诙谐语，避免使用夸张、比喻等文学手法，注意用语的严肃性和庄重性；更不宜使用古语、过时的公文程式套话。总之，追求立法语言的通俗性，并非排斥法律专业术语和概念，而是要采用绝大多数公众所能理解的语言文字和表达方式。

准确、规范、简洁、通俗，这既是立法语言的一般性要求，也是地方立法中必须掌握的语言表达技术。要注意的是，地方立法的语言表达技术与结构构造技术不是决然对立的；相反，二者是相互交织、相互作用的。立法者在构造法的结构时要重视表达技术的运用，否则就会出现法律条文的词不达意、语言混乱，但也不能为了追求表达的完美，而轻易改动法的结构，导致法的构成要素缺失。因此，地方立法者要全面理解、掌握并综合运用两种技术手段，切实提高地方立法质量。

第三节 地方立法技术的完善

产品的质量高低、效益好坏，很大程度上取决于产品的生产技术。与之类似，地方立法质量的高低很大程度上也取决于它的"生产技术"——地方立法技术。改革开放以来，我国地方立法取得了巨大的成就，但立法质量还存在明显不足，立法技术有待提高。因此，有必

① 参见［德］亚图·考夫曼：《法律哲学》，刘幸义等译，台湾五南图书出版有限公司 2000 年版，第 110 ~ 111 页。
② 参见杜国胜：《地方立法技术科学性之探讨》，载《韶关学院学报》2017 年第 10 期。

要认清当前地方立法技术存在的问题，寻找相应的对策，以使我国的地方立法逐渐走向以立法技术为基础的科学立法。

一、地方立法技术存在的问题

（一）地方立法形式结构存在的主要问题

1. 地方立法文本的名称使用不规范。国家对地方立法的名称，尚无统一要求。各地立法条例（或者立法程序的规定）中，有的对名称问题作了原则规定，有的根本没作规定。地方立法实践中，对名称的使用比较混乱，目前各地使用的地方性法规名称有条例、办法、暂行办法、实施办法、试行办法、规定、暂行规定、若干规定、实施细则、规则、决定、决议等十多种。① 但是何种情况下使用哪种名称，实践中往往难以分清，容易引发争议。另外，地方政府规章的名称也可称规定、办法，但不得称条例；各地方政府制定的其他规范性文件，其名称也可称规定、办法、决定、细则、规则等。这样，地方性法规、地方政府规章与其他规范性文件在名称上是交错的，这不仅给人们判断地方立法的性质和效力带来困难，也给相关国家机关工作人员依法办事带来麻烦，还不利于对各种法规、规章等地方立法文件进行监督。② 对名称的不规范使用，是典型的立法技术不成熟的表现。规范严谨的地方立法名称既便于公民识别，也有利于地方立法者正确设定立法条款，从而保证地方立法质量。

2. 结构符号随意。地方立法是否设章、节等，主要看内容的多少和复杂程度。内容多、层次多的，应当设章，章下还可设节；否则就不必分章、节。但是，当前地方立法的章、节、条、款等分配使用比较随意，贪大求全，动辄齐上，甚至总则、分则、附则无一不备。有些四十多条却不分章，二十多条却分了若干章；条、款、项的设置方面，有时把几个不相关的内容放在一条；有时又把一个内容分作若干条；有时该分款的不分款，有时不该分款的却分款；一个内容有若干层次时，有时分项，有时不分项，而是放在一款用分号隔开。

（二）地方立法内容结构存在的主要问题

1. 原则性规定过多、权责不明。地方立法中适当的原则性规定，能够补充法律漏洞，明确权力者的自由裁量，防止由于适用不合理的规则而带来的不良后果。然而，过犹不及，过多的原则性规定会削弱地方立法的确定性，从而导致执法过程中的随意，损害公民合法权益，这与法治精神格格不入。

2. 规则要素缺失。法律规则可以分为假定条件、行为模式和法律后果三要素，各要素必须明确、齐备且符合固有的搭配要求。相较于法律原则，法律规则具有微观的指导性、可操作性强以及确定程度高等特点，因此，它被认为是法律规范中最具硬度的部分。但是，当前我国的地方立法在设置法律规则时还存在许多问题。首先，假定条件设定不明确，存在授权性和处罚性条款过于原则等问题。例如不少法规中规定“按有关法律规定追究责任”“对情节严重的严肃处理”。这些条款并未明确按“什么法律”追究“何种责任”，什么是“情

---

① 参见阮荣祥、赵恺主编：《地方立法的理论与实践》（第二版），社会科学文献出版社2011年版，第274页。需要指出的是，“条例”“实施办法”“规则”“规定”等表述广泛存在于行政法规、政府规章甚至党的规范性文件中，并非专属于地方立法规范。

② 参见朱文杰：《立法技术在地方立法中的运用研究》，载《北京人大》2012年第6期。

节严重”，如何“严肃处理”等问题。其次，行为模式与法律后果的配置失衡。地方立法中往往关于政府管理权力和被管理者义务的规范很多，这些规范一般十分具体、可操作性很强。相反，涉及政府服务职责和被管理者权利方面的内容比较少，而且比较原则，约束力较弱。最后，行为模式缺乏法律后果。有些地方立法对某种行为设定了强制性规范，却未规定违背了这些强制性规范如何处理；有些地方立法设定了某种权利，却没有相应的救济；有些地方立法规定了一些目标，却没有规定保障其实施的措施。[①]

3. 依据表述不科学。在我国，法律、法规通常都会在第1条中明确立法宗旨和立法依据，阐明立法目的、立法作用等，这对于人们了解、掌握、遵守和适用法律文件颇有益处，同时也有助于表明国家法制统一、宣示国家法律权威。就地方立法而言，宪法、法律、行政法规就是立法依据，这是地方立法的前提和基础。然而，当前的地方立法在对依据的表述上很不统一，有些还很模糊，有时用“有关法律、法规规定”与“其他有关法律、法规”等字眼，给人一种立法机关自己都不清楚为什么要立法的感觉，直接影响了地方立法的质量。

（三）地方立法的语言表达技术存在的主要问题

书面语言是立法者意志的载体，书面语言运用得好，运用得当，对法治建设来说百利而无一害；反之，只会让公众觉得立法者不重视法治，视法律为儿戏，严重影响立法的严肃性和权威性。当前，我国地方立法的语言不规范问题还很严重，主要表现在以下五个方面：

1. 政策性语言过多使用。在地方立法实践中，有些立法者受政治情绪影响，滥用政治口号、政策原则等非立法语言，且号召性语言、宣示性语言较多，立法语言过于空洞。有的地方立法使用了很多号召性的语言和形容词，读起来像政策文件或者像政治宣言而不像法规、规章，如“禁毒工作实行打击与预防相结合，坚持有毒必肃、贩毒必惩、种毒必究、吸毒必戒”“原则上实行有偿使用”等。过多使用政策性语言只会降低法规、规章效力位阶，使公众把政策与法律等同视之。

2. 滥用简化词。例如有的地方立法使用“一府两院”“计生委”“农转非”等词，这些生造的简化词容易产生歧义，增加公众理解难度。

3. 文字冗长，内容烦琐重复。例如有些地方立法表达带有浓重的感情色彩，类似抒情散文，而有些地方立法旨在片面宣传其重要性而造成条文冗长，还有些地方立法的冗长烦琐则是由列举不当、过多或不必要的列举造成的。

4. 与国际惯例和要求有差距。当今世界紧密联系，交流广泛，尤其是在我国加入WTO之后，各地方的立法不可避免地会越来越频繁地在国际交往中适用。在这一背景下，如果各地方在制定法律文件时不使用规范的法律语言，不注意国际惯例和要求，势必会带来一些理解和交流障碍，造成阻碍贸易环境成长、甚至阻碍本区域经济发展的不良后果。

5. 其他欠规范问题。有的表述模糊含混，用“少量”“大量”“多数”等表示数量，用“某些地区”“个别地段”“部分地方”等表示空间，用“一定时间”“特定时期”等表示时间，用“正常情况”“生活困难”等表示状态，还有的使用诙谐语、双关语，如“谁造谁有”“以水养水”“谁用人谁管理”等。有些地方立法中对同一对象的数量，时而用中文，

① 参见朱文杰：《立法技术在地方立法中的运用研究》，载《北京人大》2012年第6期。

时而用阿拉伯数字。还有的是语法错误或者句子使用不当，如没有谓语，动宾搭配不当等许多语法和表述错误及标点符号错误等。

二、地方立法技术的完善之策

（一）重视立法技术，提高立法技术水平

地方立法主体须在主观态度上重视立法技术。当前，地方立法技术水平不高，立法质量瑕疵，与地方立法者未能高度重视立法技术有很大关系。立法技术直接关系立法质量，而立法质量又直接关系到法治的质量。越是强调依法治国，越是要注重提高立法质量，而越是要注重提高立法质量，就越是要重视立法技术。另外，重视立法技术，还要求转变立法观念，淘汰落后的立法观念。随着我国地方立法实践的展开和加强，各地受国家立法政策的影响，逐渐形成了一些影响立法活动的观念（如前文所述的"宜粗不宜细""数量至上"），这些观念已经不能适应全面依法治国的需要。因此，转变观念（如变"宜粗不宜细"为"宜细不宜粗"、变"数量至上"为"质量至上"等），克服旧观念带来的立法技术上的不良惯性，对地方立法来说至关重要。总之，态度是前提，观念是先导，只有在态度上、观念上重视立法技术，才会在行动上努力提高立法技术。

重视立法技术，不仅是转变态度和观念的问题，更重要的是以实际行动促进地方立法技术水平的提高。

首先，在地方立法主体的内部，要保证地方立法主体对立法技术的重视和掌握。地方立法技术问题，归根结底其实是人的问题。地方立法主体的工作人员对立法技术有着相当的认识和掌握是制定出一部高质量的地方性法规或地方政府规章的前提。具体来说，即地方立法主体要对立法工作人员定期进行立法技术的专门培训，不断提高其立法技术水平，使之与其所从事的工作相适应。另外，还需要对立法机关的组成人员做结构上的调整（如提高专职人员的比例，保证其充分的履职时间与充沛的精力；常委会组成人员中适当增加法学专家、律师的比例等）。此外，各地可在条件允许的情况下，成立地方立法技术研究会，开展地方立法技术的理论研究工作，定期分析地方立法文本，研讨地方立法技术；创办关于地方立法技术研究的刊物，鼓励出版地方立法技术研究成果。

其次，提高地方立法技术水平，还需充分借助社会各界的力量，尤其是专家学者的参与。现代立法是一门极具专业性和技术性的科学活动。诚如英国法学家戴雪所言："几乎没有任何脑力工作像立法工作那样，需要不仅是有经验和受过训练，而且通过长期而辛勤的研究训练有素的人去做。"[①] 而"美国、日本等国的议会，除议员本身有经常工作外，还有成百上千的专门研究人员为议会、议员服务"，因此，"我们也要逐步加强人大常委会自身的研究力量，并充分利用大学、科研单位的专门人才和研究成果"[②]。总之，通过吸收或委托专家学者起草、讨论立法草案，保证来自社会各方面的先进的立法技术都服务于立法实践，是提高地方立法水平的重要举措。

---

① ［英］J. S. 密尔：《代议制政府》，汪暄译，商务印书馆1982年版，第76页。

② 彭真：《论新时期的社会主义民主与法制建设》，中央文献出版社1989年版，第217页。

（二）建立统一的地方立法技术规范

目前我国尚没有一部规范立法技术的法律，《立法法》也仅对少量的立法技术作了原则性的规定。除此之外，《全国人民代表大会常务委员会议事规则》《行政法规制定程序条例》等法律、行政法规中仅有部分涉及立法技术方面的规范。因此，出于实践的需要，许多地方便自行制定了关于立法技术的规范性文件，[①] 这是地方立法主体重视立法技术，提高立法质量的有益尝试。但由于这些规范性文件效力位阶不高（一般由人大常委会主任会议通过），彼此之间差异较大（有的地方立法技术规范甚至把不属于立法技术的问题规定在内），难以发挥立法技术规范在提高地方乃至全国的立法技术方面应有的作用。因此，可尝试在我国《立法法》原则性规定的基础上，借鉴国外有关规范立法技术的法律以及立法技术经验，结合实际制定一部统一地方立法技术规范，对地方立法中诸如何时称“条例”、何时称“实施办法”，是否可以引用上位法以及在引用上位法时应当掌握什么样的标准和尺度，是否都要写法律救济条款和追究执法人员责任条款等问题作出统一规定。

当然，全国层面上统一的地方立法技术规范，并不妨碍各地方在此基础上充分发挥其积极性和主动性，展现地方特色，制定符合地方实际的地方立法技术规范。各个地方可以根据本地实际，进一步细化规定，只是此时各地的细化规定，核心方面由于由效力位阶更高的规范统一规定，当不会出现目前各地立法技术规范之质量和效力参差不齐的局面。

（三）设置地方立法技术审查程序

有地方立法技术规范，存在可供操作的立法标准，设置地方立法技术审查程序就会水到渠成。舍规则而不用，规则等于具文。用规则到什么程度，用得好不好，是否达到要求，这就需要对规则运用进行审查。当前，各地普遍缺少专门的立法技术审查程序，也是地方立法技术失范的重要原因之一。因此，要使立法技术从失范走向规范化，有必要在立法程序中增加一道程序——立法技术审查程序。地方立法技术的审查内容应当包括文字语言、表达技术、结构形式、构造技术以及逻辑等方面，以保证地方立法明确、规范、精致、易于理解、可以执行、没有矛盾。立法技术审查程序大体上应当包括专家审查、公众审查和机构审查等几个子程序，未能通过立法技术审查程序的法案不能生效。[②]

思考题：

1. 如何看待地方立法技术概念界定的不同观点？
2. 地方立法技术的功能是什么？
3. 地方立法的形式结构要件包括哪些？
4. 地方立法语言表达技术有哪些要求？
5. 当前地方立法技术存在什么问题？应如何完善？

---

① 例如，吉林省通过了《吉林省人大常委会立法技术规范》，广东省通过了《广东省人民代表大会常务委员会立法技术与工作程序规范（试行）》，重庆市通过了《重庆市地方立法技术规范》等。

② 参见阮荣祥、赵恺主编：《地方立法的理论与实践》（第二版），社会科学文献出版社 2011 年版，第 286 页。

第九章　地方立法评估

第一节　地方立法评估的概念与由来

一、地方立法评估的概念及相关概念辨析

概念的清晰、正确和同一，是任何思想和理论形成于制度的前提和基础。[①] 实践中，人们正是借助概念作为思维工具，对事物的本质特征与规律进行抽象与概括，从而达到正确认识事物之目的。[②] 地方立法评估概念的界定及其相关概念的辨析，无疑将为我们系统研究地方立法评估提供必要的理论基础。

（一）评估的概念

评估，即评价与估量[③]，是指对质量、水平、成绩等进行评议估价[④]。与其语义相近的词语有“评价”（衡量、评定价值[⑤]）、“评判”（判定胜负或优劣[⑥]）、“评定”（经过评判或审核来决定[⑦]）、“评议”（经过商讨而评定[⑧]）、“评品”（评论高低[⑨]）等。从词义上讲，“评估”与“评价”词义更近，都是根据一定的标准判断某一特定系统的整体，或系统内部诸要素和环节的结构与功能的状态，或判断系统产出的数量和质量水平及与预定目标的差距等基本情况，从而得到特定信息的过程。[⑩] 从实践来看，评估是借助一定的标准、程序和方法，由一定的组织或个人对客体的价值、发展趋势进行评价、判断、预测的活动，是人们认识、把握事物或活动价值或规律的行为。[⑪]

（二）立法评估的概念

目前我国法学界和实务界对立法评估的概念界定大致可以分为几种：（1）立法反馈论，认为立法评估“是地方性法规颁布实施一段时期后，相关部门、团体和群众对该法规在实践中的运行情况是否符合立法质量标准，实践中的作用和效果如何等问题，向立法机关进行反馈，由立法机关分析研究后提出相应处理措施的一种机制或制度”。[⑫]（2）立法评价论，认为立法评估实际上是立法评价，“立法评价是指法律实施一定时间后，对法律的功能、实

---

① 参见任尔昕等：《地方立法质量跟踪评估制度研究》，北京大学出版社 2011 年版，第 3 页。

② 参见朱最新：《行政备案的法理界说》，载《法学杂志》2010 年第 4 期。

③ 参见罗竹风主编：《汉语大词典》，汉语大词典出版社 1990 年版，第 98 页。

④ 参见李行健主编：《现代汉语规范词典》（第二版），外语教学与研究出版社、语文出版社 2010 年版，第 1013 页。

⑤ 参见中国社会科学院语言研究所词典编辑室编：《现代汉语词典》（第五版），商务印书馆 2005 年版，第 1054 页。

⑥ 参见罗竹风主编：《汉语大词典》，汉语大词典出版社 1993 年版，第 98 页。

⑦ 参见中国社会科学院语言研究所词典编辑室编：《现代汉语词典》（第五版），商务印书馆 2005 年版，第 1054 页。

⑧ 参见中国社会科学院语言研究所词典编辑室编：《现代汉语词典》（第五版），商务印书馆 2005 年版，第 1054 页。

⑨ 参见罗竹风主编：《汉语大词典》，汉语大词典出版社 1990 年版，第 98 页。

⑩ 参见牟杰、杨诚虎：《公共政策评估：理论与方法》，中国社会科学出版社 2006 年版，第 21 页。

⑪ 参见许安标：《立法后评估初探》，载《中国人大》2007 年第 8 期。

⑫ 参见陈洪江主编：《地方立法简本》，天津人民出版社 2007 年版，第 303 页。

施效果的评论估价和在此基础上对整个立法质量和价值的评价”。[①]（3）立法完善论，认为立法评估是“以立法为目的，将立法后评估作为进一步完善立法的一种手段”，由立法部门、执法部门及社会公众、专家学者等，采用社会调查、定量分析、成本效益计算等多种方式，对法律、法规在实施中的效果进行分析评价，针对法律法规自身的缺陷及时加以矫正和修缮”。[②]（4）立法监督论，即对法律、法规、规章的合法性予以评估，是立法主体的自我监督。[③]（5）后立法过程论，认为我国的立法分为前立法和后立法阶段，并且应在后立法阶段，对各项法律、法规进行立法评估，然后予以修改和完善。[④] 从立法评估的这些界定来看，立法评估只是指立法后评估。其实，立法评估是一个全面的概念，是对立法行为和立法效果的分析和评估，包括了“立法过程前评估（可称之立法前评估）、立法过程评估以及立法后评估”[⑤]。而且不同阶段的评估，其评估对象、标准等都有所不同。将立法评估简单地视为立法后评估，就有可能将立法前评估的指标、表决前评估指标看作是立法后评估的指标，从而本末倒置。[⑥] 因此，所谓立法评估，是指具有立法权的国家机关，借助一定的标准、程序和方法，对将要拟定、已经拟定的或者已生效的法律、法规、规章的价值，发展和效果进行综合评价、判断和预测，提出制定、废止、修改等评估意见的活动。

（三）地方立法评估的界定

实践中，全国各地方人大对地方性法规进行立法评估所采用的名称各异：有 5 个以上的省、市称为“地方立法评估”，有 3 个以上的省（自治区）、市称为“地方立法效果评估”，采用其他名称的还有“地方性法规质量评估”“地方立法跟踪问效”“地方立法反馈制度”“地方立法质量跟踪评估”等，有的地方还形象地把这项工作称为“立法回头看”或者“立法工作回头看”[⑦]。这些名称虽然各异，但基本都是指地方立法后评估。实践中，地方人大也曾出现“地方立法前评估”[⑧]“表决前评估”[⑨] 等名称。实际上，地方立法评估作为立法评估的重要组成部分，其内涵也应该与立法评估一致，只不过其评估的主体和对象有所差别而已。因此，所谓地方立法评估，是指具有立法权的地方国家机关，借助一定的标准、程序和方法，对将要拟定、已经拟定的或者已生效的地方性法规和地方政府规章的价值，发展和效果进行综合评价、判断和预测，提出制定、废止、修改等评估意见的活动。

---

① 参见周旺生、张建华主编：《立法技术手册》，中国法制出版社 1999 年版，第 499 页；崔卓兰、于立琛等：《地方立法实证研究》，知识产权出版社 2007 年版，第 421 页。

② 参见童海保：《试论构建我国立法效果评估制度》，载《江淮法治》2006 年第 13 期。

③ 参见郑文金：《立法后评估探讨——全国人大常委会立法后评估研讨会观点综述》，载《楚天主人》2008 年第 9 期。

④ 参见邢亮：《论地方政府立法评估的第三人参与权利和保护》，载《海峡法学》2014 年第 1 期。

⑤ 参见许安标：《立法后评估初探》，载《中国人大》2007 年第 8 期；汪全胜：《立法后评估概念阐释》，载《重庆工学院学报（社会科学版）》2008 年第 6 期。

⑥ 参见席涛：《立法评估：评估什么和如何评估（上）——以中国立法评估为例》，载《政法论坛》2012 年第5 期。

⑦ 参见任尔昕等：《地方立法质量跟踪评估制度研究》，北京大学出版社 2011 年版，第 6 ~ 7 页。

⑧ 2012 年 4 月，山东省人大常委会将《山东省专利保护条例（修订）》和《山东省辐射污染防治条例》两件立法项目委托给山东社会科学院和山东大学，由两单位对两件法规进行“综合会诊”，研究法规是否当立、何时立、如何立并做出评估报告。

⑨ 2013 年开始，广东省人大常委会所有地方性法规的制定和修改都要经过中山大学、广东外语外贸大学等 9 个地方立法研究评估与咨询服务基地的表决前评估，才能进行表决。

二、地方立法评估的分类

地方立法评估是对地方立法行为和立法结果的分析和评估。厘清地方立法评估的类型是科学、有效进行地方立法评估的基础。按照不同标准，地方立法评估可以分为不同类型。按照时间先后顺序，地方立法评估的类型分为三种：地方立法前评估、地方立法表决前评估和地方立法后评估。

（一）地方立法前评估

地方立法前评估，是指具有立法权的地方国家机关，借助一定的标准、程序和方法，对将要拟定的地方性法规和地方政府规章的立法项目进行综合评价、判断和预测，提出是否应该列入地方立法计划、地方立法规划等评估意见的活动。目前，我国各省地方立法机关每年在编制年度立法计划时都要求有关部门就所提立法项目的必要性和可行性作出说明，也会征求政府有关部门的意见，征求人大代表、人大常委会组成人员的意见，征求人民团体、一些行业协会以及一些专家学者的意见，但总的来看，地方立法机关没有专门就地方立法项目开展地方立法前评估。地方立法前评估，是将地方立法质量的关口前移，通过地方立法前评估这个环节，把那些突出部门本位的、“无害也无益”的、“宣言性”式的等有损地方立法质量的项目，排除在地方立法计划之外，最大限度地“过滤”掉那些不合法、不必要的地方立法项目，从而节约地方立法资源，为提高地方立法质量把好第一关。

（二）地方立法表决前评估

众所周知，工厂生产流水线都有一道成品出厂前的质检关，成品出厂前都必须经过严格的质检才能贴上合格证。同理，作为公共产品的地方性法规、地方政府规章在正式出台前也应当经过“质检”，地方表决前评估正是这道重要的“质检关”。[1] 地方立法表决前评估，又称地方立法中评估，是指在地方立法过程中，具有立法权的地方国家机关，借助一定的标准、程序和方法，对已经拟定的地方性法规和地方政府规章的价值、发展和效果进行综合评价、判断和预测，提出是否予以表决等评估意见的活动。因此，地方立法表决前评估的对象是立法草案。从法国等国的经验来看，政府提交议会审议的每个法律草案都必须有一个影响评估报告。[2] 从确保地方立法质量来看，每一个立法草案在表决前都应该进行表决前评估。评估的重点是“是否存在部门利益立法化、地方利益立法化、可行性和实效性是否强等，针对草案的可行性、出台时机、实施效果及实施中可能出现的问题进行论证评估。此外，论证评估也应着重对法律实施的效益与成本进行分析，包括对拟立法规实施后产生的经济效益、社会效益的预测和分析，以及对其立法成本、宣教成本、执法成本、守法成本的预测和分析”。[3]

［拓展阅读］

理论界对地方立法后评估的不同观点

（三）地方立法后评估

对于立法后评估，不同学者有着不同界定。我们认为，所谓地方立法后评估，是指地方性法规、地方政府规章实施后，具有立法权的地方国家机关，借助一定的标准、程序和方法，对已生效的地方性法规和地方政府规章

①③　参见刘武俊：《立法表决前评估必须常态化》，载《深圳特区报》2013年12月30日。

②　参见徐平：《国外立法评估的启示》，载《人民政坛》2010年第11期。

的价值、发展和效果进行综合评价、判断和预测，提出废止、修改等评估意见的活动，是地方立法工作的继续和延伸，是提高地方立法质量的重要环节。

三、地方立法评估的由来

（一）国外立法评估的由来

立法评估起源于20世纪末西方法治发达国家。20世纪60年代，为保障行政立法的有效性，减少社会的经济负担，美国兴起了行政立法评估，是最早实施行政立法评估的国家。经过40多年的实践，美国立法评估制度日益完善。英国的立法评估始于1968年的立法后评估。随后，政府通过一系列政府改革措施以及法案，建立了以1998年制定并于2000年修改的“良好规制原则”以及2001年生效的《规制改革方案》为基础的英国立法后评估制度。德国于20世纪70年代开始尝试探索立法效果评估的制度化和程序化。通过《立法效果评估手册》《立法效果评估入门》《立法效果评估的实践测试》和《联邦部委共同议事规程（OGO）》等法律和指导性文案，建立了事先评估、跟踪评估和事后立法效果评估三种立法评估制度。日本的立法评估是从地方开始的。1995年7月，日本三重县北川知事开展了包含政府立法评估内容的“明白服务改革运动”。随后，北海道政府等地方借鉴其经验，推行“即时评价”。在总结地方评估经验基础上，日本中央政府探索出中央政府的“政策评价”重略，不断推进中央立法评估，并于2002年制定《行政机构实施评估政策有关的法律》确立了中央行政立法后评估制度。欧盟于20世纪80年代中期，开始运用效果评估的相关工具进行评估。随后为改善欧盟规制质量，欧盟对所有涉及政府与市场的重要的立法、条例、规章、指令等议案进行潜在影响评价，建立并不断完善了以《影响评估指南》为基础的欧盟立法评估制度。

［拓展阅读］

国外立法评估制度概况

（二）我国地方立法评估的由来

我国地方立法评估实践最早开始于安徽。1999年开始，安徽省人民政府法制办要求每年选择3至4部政府规章，与相关实施部门联合进行规章实施效果测评，向安徽省人民政府提交测评报告，并提出修改和废止相关规章的建议。2000年，山东省人大常委会将“立法回头看”列为工作要点，在山东省人大法制委员会的牵头组织下，先后对本省的地方性法规进行了“立法回头看”。2004年，北京、上海、重庆、云南等省市人大常委会启动了地方性法规立法后评估。2005年，江西、海南等省人大常委会开展了地方性法规立法后评估。2006年，四川、河北、浙江、福建、深圳、青岛等省市人大常委会启动了地方性法规立法后评估。2007年，湖南、黑龙江、长沙等省市人大常委会开展了地方性法规立法后评估。2009年，青海、陕西等省人大常委会启动了地方性法规立法后评估。2010年，广东、哈尔滨等省市人大常委会启动了地方性法规立法后评估。从各地地方立法评估实践中可以看出，我国各地的地方立法评估正处于实践发展阶段。伴随着地方立法评估实践的发展，地方立法评估的规范化、制度化也在进行当中。

我国地方立法评估制度的规范化探索开端于安徽省淮南市。2001年淮南市颁布的《淮南市政府立法跟踪问效试行办法》对实施一段时间后的地方性法规和政府规章进行评估作出了一定的规范要求，它是对地方立法评估规范化、制度化的一种摸索和尝试。2004年国务院发布的《全面推进依法行政实施纲要》规定："规章、规范性文件施行后，制定机关、实施机关应当定期对其实施情况进行评估。实施机关应当将评估意见报告制定机关；制定机关要定期对规章、规范性文件进行清理。"同时要求：积极探索对政府立法项目尤其是经济立法项目的成本效益分析制度；建立和完善行政法规、规章修改、废止的工作制度和规章、规范性文件的定期清理制度，从而基本确立了立法评估制度。2004年施行的《行政许可法》规定："行政许可的设定机关应当定期对其设定的行政许可进行评价；对已设定的行政许可，认为通过本法第十三条所列方式能够解决的，应当对设定该行政许可的实施情况及时予以修改或者废止"；"行政许可的实施机关可以对已设定的行政许可的实施情况及存在的必要性适时进行评价，并将意见报告该行政许可的设定机关。"这是国家首次以立法的方式规定了行政许可的设定机关和实施机关要对已实施的行政许可进行立法评估，是立法评估法律化的一个标志。2006年通过的《各级人民代表大会常务委员会监督法》第26条规定："执法检查结束后，执法检查组应当及时提出执法检查报告，由委员长会议或者主任会议决定提请常务委员会审议。执法检查报告包括下列内容：（一）对所检查的法律、法规实施情况进行评价，提出执法中存在的问题和改进执法工作的建议；（二）对有关法律、法规提出修改完善的建议。"这实际上是从执法检查角度，对立法评估提出的要求。2007年，江西省人大常委会主任会议通过了我国第一部关于地方性法规质量评价的规范性文件——《江西省地方性法规质量评价标准》，对地方性法规质量评价的内涵、适用范围、评价主体、评价程序、评价标准等作了详细的规定。2008年年底，广东省通过了地方政府规章质量评价的规章——《广东省政府规章立法后评估规定》，以地方立法形式明确了地方立法后评估主体，对如何开展地方立法评估工作及相关事宜予以规范。随后，陕西、广东等省人大常委会，厦门、重庆、苏州、西安等市政府先后制定了相关规定对地方立法评估进行规范化、制度化。

第二节　地方立法评估的功能与原则

一、地方立法评估的功能

地方立法评估作为地方立法的重要组成部分，应该体现出以下功能。

（一）扩大公众参与地方立法的功能

"社会的需要和社会的意见常常是或多或少走在法律前面的。我们可以非常接近地达到他们之间的结合处，但永远存在的趋向是要把这缺口重新打开来。因为法律是稳定的，而我们所谈到的社会是进步的，人民幸福的或大或小，完全决定于缺口缩小的快慢程度。"① 而且法治不仅应该是良法之治，还是众人之治。"因为多数人必将从各个角度评判、审慎思量，集思广益，仔细斟酌方能窥其貌，必能百密无一疏了。"② 而且"法律规范的有效性与通过民

① 参见［英］梅因：《古代法》，沈景一译，商务印书馆1959年版，第15页。

② 参见曾仰如：《亚里斯多德》，台湾东大图书公司1988年版，第462～463页。

主原则所保障的所有潜在相关者对法律规范制定的参与和同意是密不可分的。”① 为此，地方立法者必须与法规规章的执行者、守法者充分沟通，倾听他们的意见和建议。地方立法评估，作为地方立法的重要组成部分，制度上常常要求评估主体通过各种形式来征求公众对地方性法规、规章的意见和建议，有时候评估主体甚至会将地方性法规、规章委托给社会组织或者个人进行评估，从而为公众参与地方立法提供了制度平台和程序保障。

（二）提高地方立法质量的功能

“法律是治国之重器，良法是善治之前提。”而地方立法评估是保证良法的重要措施，对地方立法计划、地方立法规划、地方立法草案和地方立法实施后效果的评估，能让我们对地方立法活动有着更为科学的认识和了解，及时发现地方立法工作的好与坏，及时反馈地方立法效果，通过具体的实施效果发现与实践不相符合的地方性法规、规章，让理论回到实践中去，让实践去检验地方立法的效果如何，然后立法者能根据检验结果，决定地方立法的立、改、废，从而提高地方立法质量。地方立法评估“既是科学立法的动力，又是科学立法的有效途径。通过建立和完善规范化、长效化的立法效果评估制度，不断促进立法工作科学化，不断提高立法质量”。②

（三）增进地方立法实效的功能

地方立法评估有助于提高地方立法质量，实现良法治国。而反映人民意志、得到人民拥护的良法必然能够得到人民的遵守和信仰，也有助于执法者严格执行地方性法规、规章，从而使地方性法规、规章能得到真正贯彻执行。立法是一项技术性、专业性的工作，地方立法因需要凸显地方特色，因此难度更高，更需要专业的立法技术。通过地方立法评估，综合运用成本—收益分析、成本—效果分析等定量方法，通过分析地方立法产生的影响，判断地方立法的实施能否解决问题或实现立法预期目标，通过就不同的方案之间的成本和收益进行反复比较和选择，从而选择净收益（收益-成本）最大的方案，将那些成本过高、不能达到目标的地方立法排除出去，以降低地方立法的执行成本，确保其实效性。③

（四）反思地方立法的功能

地方立法评估中的立法后评估可视作“二次立法”的先导活动，是对既往地方性法规、规章的系统批判。它使地方性法规、规章在运行状态中被人们重新认识，实现以实践检验立法成效的目的，为地方立法的完善奠定了基础。立法后评估主要是立法机关的自我批判，它不仅对地方性法规、规章质量的优劣反躬自问，也对地方立法活动的经验教训进行反思。前者针对的是静态的地方性法规、规章本身，依据所设计的若干评估指标进行批判，直接决定着某一部具体地方性法规、规章的修改内容和进度；后者涉及的是动态的地方立法过程，主要是对地方立法程序与立法技术的反思，其结果反映在将来的地方立法活动中。我们认为，后一种批判与反思更为重要，它是地方立法正反两方面经验的理性总结，对今后地方性法规、规章的制定与修改提供了根本性的指导。比如，我们要认真反思如何避免地方立法部门化倾向，如何增加公众的立法参与性，如何作地方立法的成本—效益分析。所以说，对地方

---

① 参见汪晖：《对中国公众参与立法制度完善的思考》，载《法制与社会》2008 年第 9 期。

② 参见阮荣祥主编：《地方立法的理论与实践》，社会科学文献出版社 2008 年版，第 433 页。

③ 参见郑宁：《我国行政立法评估制度的背景与价值探析》，载《行政法学研究》2010 年第 4 期。

性法规、规章进行立法后评估，既是对地方性法规、规章文本的个别批判，也是对地方立法制度的整体反思。此外，执法者和社会公众是地方性法规、规章的适用者和遵守者，尽管他们可以对地方性法规、规章作出否定性评价，但不能随意否定地方性法规、规章的效力。在立法后评估活动中，他们作为评估参与主体，对法规的批判就被纳入制度化的渠道，他们的意见和建议可以帮助立法者更好地反思立法的成败。①

（五）规范地方立法权的功能

地方立法权在许多情况下是从整体利益、公众利益的角度去设计和行使的，但由于地方立法权的监督不力、监督缺位，立法者在履行地方立法权时可能会出现地方立法权滥用的现象。“把权力关进制度的笼子里”是普遍规律。地方立法评估制度贯穿于地方立法的立项阶段、草案的形成、讨论、决定和修改阶段以及实施后的反思阶段。评估实施主体遵循界定问题——确立目标——方案选择——比较方案——得出结论的步骤，在各种可能方案之间作出最优选择，从而决定地方立法的制定、废止、修改或变更，突破了只控制结果而忽略过程的传统模式，为决策者提供了理性而综合的信息，能够协调不同的利益，提高地方立法的质量，优化地方立法决策，实现对地方立法的全程控制。②

二、地方立法评估的基本原则

地方立法评估的基本原则，是指地方立法评估主体在进行地方立法评估时所必须遵循的，贯穿于地方立法评估全过程的、最基本的法律准则和法律精神。对地方立法评估的基本原则，理论界作了不同的概括。实践中，在各地制定的地方性法规、规章和其他规范性文件中规定的原则也有所不同。例如《广东省政府规章立法后评估规定》第 7 条规定：“立法后评估应当遵循合法、公正、公开、公众参与的原则，建立科学、规范的评估标准。”《重庆市政府规章立法后评估办法》第 3 条规定：“政府规章立法后评估工作应当遵循客观公正、公开透明、合法有序、科学合理的原则。”《厦门市规章立法后评估办法》第 3 条规定：“立法后评估应当遵循合法、合理、公正、公开的原则。”《广州市人大常委会立法后评估办法》第 4 条规定：“立法后评估应当遵循公开透明、公众参与、客观公正、严谨科学的原则。”《广东省人民代表大会常务委员会立法评估工作规定（试行）》第 3 条规定：“立法评估要按照科学决策、民主决策、依法决策的要求，坚持客观公正、公开透明、注重实效的原则。”

［拓展阅读］

理论界对地方立法评估基本原则的不同概括

我们认为，理论和立法实践归纳的地方立法评估基本原则都有一定的合理性，但也存在一些值得商榷的地方。在总结我国地方立法评估理论与实践经验的基础上，地方立法评估的基本原则应包括合法原则、客观公正原则、公开透明原则、民主参与原则、科学原则、实效原则和比例原则七个原则。

（一）合法原则

运用法治思维、法治方式推进改革、解决问题是中国特色社会主义法治建设的基本要

① 参见史建三主编：《地方立法后评估的理论与实践》，法律出版社 2012 年版，第 52～53 页。
② 参见郑宁：《我国行政立法评估制度的背景与价值探析》，载《行政法学研究》2010 年第 4 期。

求。地方立法评估制度在全国各地制定的地方性法规、规章和其他规范性文件中逐渐得到了普遍认可和规范，因此必然要求这一制度在运行时应当遵循相关法律的规定。合法原则在地方立法评估制度中具体体现为两个方面：[①] (1) 地方立法评估主体和权限应当合法。地方立法评估主体的确定应当符合相应的法律、地方性法规、规章的规定，不得随意改变既定的权力配置。而且，评估主体的权力行使也应当合法，不得不作为、超越职权或滥用职权。(2) 地方立法评估的标准、方法和程序应当合法。当存在现有法律规范时，地方立法评估的标准、方法和程序都应当不与该法律规范相抵触。例如，《广东省政府规章立法后评估规定》规定"政府规章立法后评估应当制定年度计划。评估计划由政府法制机构会同有关部门提出，报同级人民政府批准后实施"，政府法制机构没有报同级人民政府批准评估计划就进行立法后评估，则构成程序违法。

（二）客观公正原则

在地方立法评估过程中，评估主体应处于一种中立的地位，进行公正客观的评价分析。一项已经颁布实施的地方性法规、规章，其内容的对与错，表达的准确与否，权利义务规定是否合适，既不能以立法者的自我评价为准，也不能由执法者说了算，而是由客观事实和实践效果决定的。目前，各个地方的立法评估工作多是以立法部门，或者立法部门和执法部门共同作为评估主体，地方立法部门是地方性法规、规章的制定者，执法部门是地方性法规、规章的实施者，两者与被评估的地方性法规、规章具有最紧密的联系，但是也正由于两者与被评估法律关系最密切，难免给评估工作的客观公正性带来一些影响，因此，地方立法评估工作必须严格贯彻客观公正原则。[②] 所谓地方立法评估的客观公正性，一是指评估者的主观意志要客观公正，坚持实事求是，采取客观公正的态度和方法，尽可能收集地方性法规、规章的全面真实信息，对地方性法规、规章进行评估。二是指要把被评估的地方性法规、规章放到当时的环境和历史背景中去评估。一部地方性法规、规章制定时绝不能脱离当时的背景和环境，因此，要历史、公正、客观地评估地方性法规、规章。三是指地方立法评估要突出其针对性，即要面对现实情况，评估该地方性法规、规章在当今是否具有可操作性以及其有效性如何。

（三）公开透明原则

作为公民知情权与参政权的保障，公开透明原则为公民了解地方立法评估制度的全过程，表达其意愿和要求，监督地方立法机关的行为提供了一个制度平台。公开透明原则具体表现为：[③] (1) 公开评估的目标、原则、主体、标准、方法等事项。评估实施主体应当将有关地方立法评估制度的所有地方性法规、规章和内部规则都向社会公开，使评估过程和结果具有明确性和可预测性。(2) 制订地方立法计划和评估计划阶段的公开。在地方立法机关准备制订地方立法计划和评估计划时就应当公开相关事项，使公众做好参与的相关准备；当地方立法计划和评估计划确定之后，也应当公开。(3) 实施评估过程的公开。地方立法评估的实施过程应当公开，包括咨询的时间、咨询的结果、回应的记录等。(4) 地方立法评

---

① 参见郑宁：《行政立法评估制度研究》，中国政法大学出版社 2013 年版，第 95 页。

② 参见地方立法框架下的立法评估研究课题组：《地方立法评估的特点与原则探析》，载《沈阳干部学刊》2010 年第 3 期。

③ 参见郑宁：《行政立法评估制度研究》，中国政法大学出版社 2013 年版，第 96 页。

估结果应当公开。应当将地方立法评估的结果全部公开，不仅包括评估报告，还应当包括与之有关的数据和信息。根据《国家安全法》等法律法规规定，涉及国家秘密、商业秘密、个人隐私的除外。地方立法评估结果的公开，是为了将地方立法评估置于全社会的监督之下，避免评估仅仅流于形式，针对评估结果的立法改进才是地方立法评估的最终目的。[①]

（四）民主参与原则

民主参与原则贯穿于立法的整个过程，是反映人民意志和客观规律之必需，更是对立法实行有效的监督和制约，防止滥用立法职权、个人独断或不尽立法职责所必需。[②] 地方立法是地方国家机关的一项重要权能，它源自人民授权，目的在于保障各项公民权利的实现，因此人民是地方立法优劣最权威的评价主体。公民、法人和其他组织是地方立法的受动者，权利义务深受地方立法影响，对地方立法质量有直接而深刻的体会，是最恰当的评价主体。[③] 同时，地方立法评估是一项科学，专家参与是理性决策的需要，而行政机关的参与则是制度实效的保障。因此，地方立法评估的有效性离不开各方主体的民主参与。民主参与的功能在于收集各类信息、整合各种资源，为评估实施主体和决策主体提供更加多元化和开放式的方案选择，使得评估民主化、理性化与科学化。民主参与原则要求做到以下三个方面：[④] （1）广泛参与。参与主体应当尽可能广泛，与地方立法有利害关系的主体都应当能够亲自或通过有关代表参与。如果有关电梯安全的地方立法只咨询了电梯检测机构的意见，而没有征求电梯管理者的意见，这种参与就过于片面。（2）有效参与。在选择和确定立法后评估主体时，应通过调查问卷、接受来信、座谈会、实地调研、走访等各种有效手段，广泛吸收社会公众参加，充分听取各方意见，作为立法后评估信息的首要来源。[⑤]（3）平等参与。在参与的过程中应当对各方主体一律平等，不得歧视或优待任何一方，应确保其有平等机会来表达意见，并平等地对他们的意见作出反馈。

（五）科学原则

科学原则，是指地方立法评估工作应当坚持科学严谨的态度，运用科学的方法、遵循科学的程序，得出科学的结论。这主要体现在三个方面：[⑥]（1）地方立法评估对象的选择要注重科学性，排除启动机制设置的随意性。不论是单项评估、分类评估还是整体评估，抑或是地方性法规、规章的全部评价乃至个别条文的评估都要综合考量。（2）地方立法评估的标准也要具备科学性。评估结果的科学性很大程度上取决于评估标准的科学性，评估标准的设计决定着评估结果，评估标准体系的科学性决定着评估结果的合理性。（3）地方立法评估的程序也应该保证科学性。因为评估活动是根据程序进行的，如果评估程序不合理，评估内容自然不具有客观性，评估程序的科学性是得出科学结论的前提，也是地方立法评估结果让人信服的外在形态。

---

① 参见地方立法框架下的立法评估研究课题组：《地方立法评估的特点与原则探析》，载《沈阳干部学刊》2010 年第 3 期。

② 参见周旺生：《立法学教程》，北京大学出版社 2006 年版，第 84 页。

③ 参见张禹：《立法后评估主体制度刍议——以地方行政立法后评估为范本》，载《行政法学研究》2008 年第 3 期。

④ 参见郑宁：《行政立法评估制度研究》，中国政法大学出版社 2013 年版，第 96 页。

⑤ 参见张禹：《立法后评估主体制度刍议——以地方行政立法后评估为范本》，载《行政法学研究》2008 年第 3 期。

⑥ 参见史建三主编：《地方立法后评估的理论与实践》，法律出版社 2012 年版，第 49 页。

（六）实效原则

实效原则，是指要把评估工作作为提高地方立法质量的出发点和落脚点，要敢于发现问题、解决问题，对地方性法规、规章提出具体的修改意见和建议，使评估的结论成为地方性法规、规章修改和今后立法的参考对象。[①] 地方立法评估最重要的意义在于通过评估结论来指导和监督地方立法活动，提高地方立法质量。注重实效原则要求地方立法评估主体在地方立法评估过程中必须以问题为导向，以事实为基础，从宏观和微观两个层面全面、客观地考虑地方性法规、规章草案或地方性法规、规章可能或已经产生的社会影响，提出能切实解决问题的意见和建议，充分发挥地方立法评估工作的实效，提高地方立法质量。同时，对法律规则不但要考量其客观性（即真实性），还要考量其主体性（即可接受性），才能证立其正当性和存在的合理性。[②] 也就是说，地方立法评估还必须考虑实效背后民众的认知和接受度。“大量的事实证明，一部不符合习惯的法律，即使具有一定的合理性或强制性，在现实生活中也很难得到人们的普遍遵守。”[③] 因此，对地方性法规、规章的实效性评估，不仅要从微观上了解地方性法规、规章转化为行为的直接状况，从宏观上把握地方性法规、规章转化为行为所发挥的社会作用与地方性法规、规章立法目的之间的辩证关系，还要考虑实效背后民众的认知和接受度，全面、客观反映地方立法的相关信息，从而科学地判断地方性法规、规章的实施效果或可能的实效。

（七）比例原则

比例原则，常常被人们称为行政法的“帝王条款”，也是地方立法评估的核心原则。地方立法评估的比例原则包括三个内容：（1）目的性原则。这是对地方立法评估的一种目的上的要求，即地方立法评估主体实施地方立法评估必须能够实现提高地方立法质量、增进地方立法实效、规范地方立法权力等功能和目标，至少是有助于该功能和目的的实现。如果地方立法评估与这些功能和目标相悖离，根本无法实现这些功能和目标，则违反了比例原则之目的性原则。（2）必要性原则。这是对地方立法评估主体实施地方立法评估的一种手段上的要求，即地方立法评估主体实施地方立法评估不能超越实现该目标的必要程度，也就是说，地方立法评估主体在实施地方立法评估时，有多种可供选择的手段可以达到地方立法评估目的的，地方立法评估主体应该尽可能采取社会成本最小的手段。（3）均衡原则。这是对地方立法评估主体实施地方立法评估的一种利益衡平上的要求，即地方立法评估主体实施地方立法评估时，必须将地方立法评估所能够达成的利益与这个地方立法评估的成本进行衡平，只有证明前者大于后者，才可以实施该地方立法评估，否则，不应实行地方立法评估。

第三节 地方立法评估的主体与对象

一、地方立法评估主体概述

建立地方立法评估制度，首先必须明确地方立法评估主体，即谁来组织对将要拟定、已

---

① 参见史建三主编：《地方立法后评估的理论与实践》，法律出版社 2012 年版，第 50 页。

② 参见于立琛：《行政立法过程的利益表达、意见沟通和整合》，载《当代法学》2004 年第 2 期。

③ 参见［意］布鲁诺·莱奥尼等：《自由与法律》，秋风译，吉林人民出版社 2004 年版，第 17 页。

经拟定的或者已生效的地方性法规和地方政府规章的价值、发展和效果进行综合评价、判断和预测，提出制定、废止、修改等评估意见。“评估主体的确定不仅关乎评估结果的公正性和客观性，而且评估主体的地位、角色不同，其评估结论的效力和评估工作的侧重点、运行的模式等方面也存在差异。”① 因此，明确地方立法评估主体非常必要。所谓地方立法评估主体，是指在地方立法评估法律关系中享有权利和承担义务的组织和个人，主要包括地方立法评估实施主体、地方立法评估的参与主体和地方立法评估监督主体。地方立法评估实施主体，是指依法有权实施地方立法评估的组织。地方立法评估参与主体，是指地方立法评估实施主体之外，参与到地方立法评估过程中，对地方立法评估结果产生一定影响的组织或个人，是地方立法评估法律关系中与地方立法评估实施主体相对应的重要的一方当事人。地方立法评估是地方立法的重要组成部分，因此对地方立法评估的监督也是地方立法监督的重要组成部分，该部分内容将在地方立法监督中作统一论述。

二、地方立法评估实施主体

地方立法评估实施主体，是指依法有权实施地方立法评估的组织。“评估实施主体的身影贯穿于评估程序的始终，连接着评估参与主体和评估监督主体，是评估主体制度的主线。从评估的启动，到评估的实施，再到评估的终结，都离不开评估实施主体的参与。”② 然而，在理论和实践中人们对地方立法评估实施主体的认识不够深入，没有完全弄清楚地方立法评估实施主体的外延。本书所研究的地方立法评估是有权评估，而不是学理评估，是立法评估，而不是执法评估。而有权的立法评估是一种立法行为。依据《宪法》《立法法》等法律规定，地方立法只能由省（直辖市、自治区）和设区的市的人大及其常委会和相应的政府③行使。同时，地方立法评估是一项综合性、技术性的工作，地方立法机关因各种因素影响，不可能由其自己完全垄断评估工作，委托、授权给其他机构具体实施地方立法评估就成为一种必然。因此，地方立法评估实施主体，包括地方立法评估实施机关和地方立法评估实施机构。地方立法评估实施机关，是指依法有权组织地方立法评估活动的地方立法机关。地方立法评估实施机构，则是指受地方立法机关委托具体从事地方立法评估的组织。区分地方立法评估实施机关和地方立法评估实施机构，有助于明确其各自职责，提高地方立法评估质量。

（一）地方立法评估实施机关

地方立法评估实施机关，是指依法有权组织地方立法评估活动的地方立法机关。根据《宪法》《立法法》等法律规定，地方立法评估实施机关主要有省（直辖市、自治区）人大及其常委会、设区的市的人大及其常委会、省（直辖市、自治区）人民政府和设区的市人民政府。地方立法评估实施机关的主要职权是：（1）依法设定地方立法评估规则。地方立法评估实施机关是地方立法机关，如果上位法已经设立了地方立法评估制度规范，则可以在不抵触上位法的基础上进一步细化；如果上位法没有规定，则可以在不违反上位法禁止性规

---

① 任尔昕等：《地方立法质量跟踪评估制度研究》，北京大学出版社 2011 年版，第 48 页。

② 郑宁：《行政立法评估制度研究》，中国政法大学出版社 2013 年版，第 108 页。

③ 在自治州、自治县，其人民代表大会也依法享有地方立法权。但其除了立法主体、立法权限与设区的市人大有所不同外，立法评估实施主体并没有大的差异。为论述方便，不再单独提起。

定的前提下，构建地方立法评估规范体系。（2）启动地方立法评估。地方立法评估实施机关有权根据法定的评估启动条件启动地方立法评估；也可以根据法定条件授权地方立法评估实施机构启动立法评估。当然，地方立法评估实施机关拥有评估启动权，并不意味其他组织不能提出评估的动议。但任何评估动议，没有得到地方立法评估实施机关的批准，都不能启动地方立法评估。（3）实施地方立法评估。地方立法评估实施主体的主要职责就是依照地方立法评估的基本原则、评估标准、评估方法、评估程序依次开展评估。地方立法评估实施机关是地方立法评估实施主体的主导者，既可以自己具体实施地方立法评估，也可以委托、授权地方立法评估实施机构来具体实施。（4）审决地方立法评估报告。地方立法评估实施机关应该依法对地方立法评估报告进行审议，并决定其具体运用。

（二）地方立法评估实施机构

地方立法评估实施机构，是具体从事地方立法评估的组织。其主要职责就是依照委托或授权具体开展地方立法评估，作出评估报告。地方立法评估实践中，实施机构各有不同。纵观各国和我国各地的实践，地方立法评估机构主要有四种模式：（1）由地方性法规、规章制定机关的工作机构担当评估主体模式，即地方立法评估由地方立法机关的工作机构，如人大常委会的法工委、政府的法制机构等进行。其优点在于制定机关的工作机构了解地方性法规、规章的全貌，包括地方性法规、规章的价值取向、执行程序、执行情况以及执行中遇到的问题等。但是制定机关的工作机构在评估时有可能从自身利益出发，甚至采用各种手段操纵民众的偏好，使最终的评估结果失去客观性。（2）由地方性法规、规章的实施机关担当评估主体模式。这种模式的优点在于实施机关更精通专业知识，对地方性法规、规章实施过程中的问题比较熟悉。但是地方性法规、规章实施机关进行地方立法评估缺乏相应的权力和权威，易于受到立法机关权力、权威的影响，使得地方立法评估偏离正常的轨道。另一方面，地方性法规、规章实施机关也可能基于自身管理便利等考虑，而使地方立法评估背离客观公正原则。（3）由制定机关的工作机构承担评估组织协调工作，实施机关具体实施模式。例如《广东省政府规章立法后评估规定》第 4 条第 2 款规定："省人民政府法制机构、较大市人民政府法制机构负责立法后评估的组织、指导和协调工作，并对重要的、直接涉及公民、法人或者其他组织切身利益的政府规章进行立法后评估。省人民政府行政主管部门、较大市人民政府行政主管部门对其负责组织实施的政府规章进行立法后评估。"其优点是制定机关工作机构不承担具体评估工作，可以把精力集中在组织协调监督方面，同时发挥实施机关的优势。但其不足是如果没有统一的评估标准，不加强监督，评估的质量可能参差不齐。（4）由独立组织担当评估主体模式。这种模式主要是由独立于制定机关、实施机关之外的研究机构、高等学校和社会中介组织等来承担评估职能。其优点在于符合自然正义原则的要求，评估组织地位超脱，能实现评估工作的客观性、独立性，提高评估结果的公信度。"然而，那些受委托的评估者，往往在评估经费、评估资料等方面受到委托人的控制，有时会出现评估者只对委托人负责，而不对评估对象或者公众利益负责的现象。在这种情况下，评估者很可能为了迎合委托人的要求而放弃科学公正的评估结论。"[①] 地方立法评估实施机构的

① 赵勇、李敏：《试析公共政策评估主体的多元性》，载《上海行政学院学报》2005 年第 6 期。

四种模式各有利弊，实践中，应该根据地方立法评估的对象、目的等具体确定地方立法评估实施机构。

三、地方立法评估参与主体

立法评估参与主体是立法评估制度的必不可少的一方当事人。例如韩国规定，评估实施主体应当充分听取和反映行政机关、非政府组织、利害关系人、研究机构以及专家等主体的意见。[①] 地方立法评估参与主体，是评估实施主体之外，参与到地方立法评估过程中，对地方立法评估结果产生一定影响的组织或个人。根据我国各地有关地方立法评估的地方性法规、规章等规范性文件的规定，我国地方立法评估参与主体的范围比国外更为广泛，包括利害关系人、社会公众、专家、社会组织、相关国家机关、企事业单位、人大代表、政协委员、民主党派人士等。但在实践中，由于利害关系人的知情权和平等参与权没有受到充分重视，专家的参与缺乏长效机制保障，其他行政机关和社会组织的参与不够充分等原因，[②] 未能真正发挥地方立法评估参与主体的积极性，实现提高地方立法评估质量的效果。为此，应该通过建立健全地方立法评估的程序制度，明确地方立法评估的参与主体参与评估的范围、参与的时间、参与的程度以及在参与中享有的权利义务[③]：（1）应当通过信息公开、咨询、参与时限等途径保障利害关系人的知情权和平等参与权，使其规范、及时、有效地参与到地方立法评估中去，充分表达其利益诉求；（2）应当建立专家数据库，与外部专家定期保持联系，或将专家吸收到评估小组之中持续参与，并通过规范专家选拔的标准，选择能够保持客观中立的专家参与评估的全过程，或将评估委托给客观中立、具有相应实践经验的专家进行；（3）应当与其他国家机关、社会组织建立必要的沟通协调机制，保持相互间的更紧密的合作和互动。

四、地方立法评估对象

地方立法评估对象的选择对地方立法评估制度来说意义重大。评估对象的选择既要符合地方立法工作的现实需要，又要考虑地方立法评估工作开展的现实基础；既要考虑地方立法的社会关注度，也要考虑地方立法评估的实际效果；既要考虑地方立法评估工作的典型意义，也要考虑不同类型的地方立法评估的现实要求。不同类型的地方立法评估，其评估对象是不同的。

（一）地方立法前评估的对象

地方立法前评估，是一个收集信息、反映问题的过程，也是利益主体诉求的博弈过程，是将地方立法质量的关口前移，通过立法前评估这个环节，把那些突出部门本位的、无害也无益的、宣言性的等有损地方立法质量的项目，排除在地方立法计划之外，最大程度地“过滤”掉那些不合法、不必要的立法项目，从而节约地方立法资源，为提高地方立法质量把好第一关。地方立法前评估的对象是立法项目，评估的目的是“确定该立法项目是否可

---

① See Basic Action Administrative Regulation, 1997 (South Korea).

②③ 参见郑宁：《行政立法评估制度研究》，中国政法大学出版社2013年版，第132～133页。

以进入立法程序”。[①] 地方立法前评估应该对什么内容进行评估？从欧盟的实践来看，立法前评估的基本内容包括立法的正当理由和目标、立法的法理基础、文本的易懂性、辅助原则和比例原则、对提案所带来的在立法和行政上的影响进行简要分析、与其他共同体立法的一致性、外部咨询、需要细化的程序和技术事项、欺诈风险、财政报告。[②] 我国地方立法与欧盟立法有所区别，但可以借鉴欧盟的一些经验。我们认为，地方立法前评估的内容应该是地方立法项目的必要性、可行性、合法性和对提案所带来的在立法和行政上的影响，以确定是否应该列入立法规划、立法计划。地方立法前评估的方法虽然也需要采取定量分析与定性分析相结合的评估方法，但是以定性分析为主。[③]

（二）地方立法表决前评估的对象

地方立法表决前评估，是在地方立法过程中对立法草案所进行的评估。因此，地方立法表决前评估的对象是地方立法草案。从法国等国的经验来看，政府提交议会审议的每个法律草案都必须有一个影响评估报告。[④] 从确保地方立法质量来看，每一个立法草案在表决前都应该进行表决前评估。

对于地方立法表决前评估的内容，不同学者有不同见解。在欧盟，立法中评估主要是在立法草案的起草过程中对草案条文的表达、修改及其所涉及的成本效益的评估。从提高效益和立法质量的角度来看，我们认为，对一般立法草案，地方立法表决前评估应该就以下主要内容进行评估：（1）地方立法的合法性评估。合法性评估既要评估立法草案是否符合宪法和法律、司法解释、行政法规，又要评估法律制度设计是否处理好市场机制与政府行为的边界，从而限制政府行政权力对市场不必要的干预。（2）地方立法的协调性评估，主要评估立法草案与现有地方性法规的协调性，以及立法草案与现行政策的协调性。（3）地方立法的可操作性评估，即评估立法草案建立的法律制度、设立的法律规则，是否有明确的法律主体、客体和内容，守法者、执法者和司法者有明确的权利、义务和责任。（4）地方立法的规范性评估，主要对立法草案的名称、法规和规章的结构、必要条款和语言文字等问题进行评估。（5）地方立法的具体制度设计评估，主要评估立法草案中具体制度设计的必要性和约束条件等。对于立法草案的必要性因为在立法前评估中已经作出评估，表决前评估就没有必要再进行，而且立法草案已起草完毕，再来评估其必要性似乎是一种“面子工程”，没有多少意义。[⑤]

对于重要立法草案，地方立法表决前评估还应该对地方立法的影响进行评估，即主要分析和评估立法可能对经济、社会和环境产生的影响。在欧盟，影响性评估即欧盟法律法规对经济影响、社会影响和环境影响的主要指标如表 9-1[⑥]：

---

① 俞荣根：《地方立法前质量评价指标体系研究》，载《法治研究》2013 年第 5 期。

② 参见王保民、崔东晓：《欧盟立法评估制度研究》，载《行政与法》2011 年第 5 期。

③ 参见朱最新：《地方立法评估的几个问题》，http://www.rd.gd.cn/pub/gdrd2012/rdzt/rdxfz/zjgd/201312/t20131230_138640.html。访问时间：2018 年 4 月 28 日。

④ 参见徐平：《国外立法评估的启示》，载《人民政坛》2010 年第 11 期。

⑤ 参见朱最新：《地方立法评估的几个问题》，http://www.rd.gd.cn/pub/gdrd2012/rdzt/rdxfz/zjgd/201312/t20131230_138640.html。访问时间：2018 年 4 月 28 日。

⑥ 资料来源：European Commission，SEC（2009）92，Impact Assessment Guidelines，15January2009，pp. 32-37.

表 9–1 欧盟地方立法表决前影响性评估指标

1	经济影响	公司或中小企业的经营成本和行为	草案会不会加重公司的调整成本、守法成本、交易成本？ 草案如何影响到费用或生产要素投入（原材料、机械、劳工、能源等）？ 草案是否影响融资行为？ 草案是否对投资周期产生影响？ 草案是否需要从市场上撤回某些产品？产品市场是否被限制或禁止？ 草案是否需要对特定企业进行更严格的监管？ 草案会否导致新企业产生或企业的倒闭？ 草案是否有一些企业在类似情况下与一般厂商有不同的待遇？
		消费者和家庭	草案是否会影响消费者的购买价格？ 草案是否对消费者得益于国内市场的能力产生影响？ 草案对商品的质量和供应是否有影响？对消费者对商品的选择和信任是否产生影响？ 草案是否影响消费者信息及其保护？ 草案是否对个人或家庭的财务状况产生当下和长远的重大影响？ 草案是否影响到家庭和儿童的经济保障？
2	社会影响	就业和劳动力市场	草案是否有利于创造新的就业机会？ 草案是否直接或间接导致就业机会的损失？ 草案对特定行业是否有具体的消极影响？ 草案是否影响特殊的年龄团体？ 草案是否影响市场对劳动力的需求？ 草案是否影响劳动力市场的运行？ 草案是否影响个人家庭生活和职业间的协调？
3	环境影响	可再生和不可再生资源	草案是否影响可再生资源的使用，并导致其消耗快过它们的再生速度？ 草案是否增加或减少使用不可再生资源（地下水、矿产等）？

（三）地方立法后评估的对象

根据各国立法评估的经验和我国地方立法后评估的实际情况，地方立法后评估对象从内容上可以分为五种类型：[①]（1）单项法评估，包括对章节条款的评估和对文本的全面评估。前者还没有先例，但全国人大常委会 2010 年曾对《科技进步法》第 20 条和第 33 条进行立法后评估；后者则是各地普遍实施的。（2）法制度的评估，即对地方性法规、规章中设立的具体制度进行评估。地方立法中还没有此类评估的先例，如自然资源部曾就矿业权出让制度、招标拍卖挂牌出让国有建设用地使用权制度进行评估。（3）法的类型化评估，也称法

① 参见任尔昕等：《地方立法质量跟踪评估制度研究》，北京大学出版社 2011 年版，第 66～67 页。

的部门评估，即对调整对象涉及的不同单行法或条款组成的某一法的部门进行评估。其优点在于通过同类多部地方性法规、规章的研究，找出一些共性的问题，利用系统性原理，分析相关地方性法规、规章的成败得失。这样的评估报告具有较强的指导性和针对性，对改善地方立法工作，提高地方立法质量，提高地方性法规、规章的实施效果具有重要意义。例如2013年广东省人大常委会在地方性法规清理中，就是按照法的部门分别委托中山大学、广东外语外贸大学等地方立法基地进行立法后评估，并根据评估情况进行法规清理。（4）法的领域化评估，即对某一领域内现行有效的地方性法规、规章进行立法评估，其优点在于能够比较全面地对评估领域所涉及的问题提出合理化建议。例如甘肃就曾对综合生态系统管理的地方性法规、规章进行了立法评估，评估涉及生态系统内的野生动物保护领域、农业领域、草原领域、环境资源保护领域、森林资源领域、水资源领域、水土保护领域、土地管理领域等，评估对象主要有《甘肃省农村能源建设管理条例》《甘肃省湿地保护条例》《甘肃省耕地保养办法》等15项法规。[①]（5）法的总体性评估。实践中主要有三种情形：对历史上制定的地方性法规、规章进行全面评估；对现行地方性法规、规章体系的评估，以考察我国地方性法规、规章体系是否健全；对某一立法主体在一定时期制定的所有的地方性法规、规章的实施效果进行评估。实践中，地方立法评估还没有进行过法的总体性评估，但国家层面曾进行过，如1987年第六届全国人大常委会第二十三次会议通过的《全国人民代表大会常务委员会关于批准法制工作委员会关于对1978年底以前颁布的法律进行清理的情况和意见的报告的决定》。

在地方立法评估中，地方立法后评估的对象是既定的，即地方性法规、规章。但这并不是说所有地方性法规、规章在任何时候都可以并有必要进行评估。“评估应以有效性（有没有实际价值）、时间性（时机合适不合适）、必要性（有没有现实需要）和可行性为前提，具体问题具体分析，不能不加区别，一概而论”[②]，即地方立法后评估应该按照立法后评估的有效性、必要性与可行性原则相结合的标准选择地方立法后评估的对象。在评估对象选择后，地方立法后评估的内容重点应该是：[③]（1）评估地方性法规、规章的实施对经济、社会和环境产生的影响。从宏观层面看法律制度规范是否坚持了社会公正、实现了分配正义、维护了竞争秩序、促进了经济增长、完成了资源的有效配置。这种宏观层面的影响是通过地方性法规、规章对行为主体的具体影响，即对个人的影响、对企业的影响、对社会组织的影响和对政府的影响，包括直接影响和间接影响、积极影响和消极影响、国内影响和国际影响，影响行为主体的所得或者所失，影响利益关系的重新调整和社会资源的重新配置，实现的是社会资源的分配正义。（2）评估地方性法规、规章在实施过程中存在的问题。这包括：第一，地方性法规、规章本身存在的问题，如法律授权地方政府制定并发布相关规则，若其制定并发布了相关规则，是属于政府规章，还是其他规范性文件；若其没能制定发布，是受什么因素或者变量制约。第二，地方立法已经不能调整和规范经济、社会和环境等出现的新情况、新问题，需要修改、废止现有的规则，或者需要设立新的制度和规则。

---

① 参见万宗成等：《综合生态系统管理法律制度研究》（下），甘肃人民出版社2008年版，第536～590页。

② 参见谢明：《政策透视——政策分析的理论与实践》，中国人民大学出版社2004年版，第329页。

③ 参见席涛：《立法评估：评估什么和如何评估（上）——以中国立法评估为例》，载《政法论坛》2012年第5期。

第四节　地方立法评估的标准与方法

一、地方立法评估标准

（一）地方立法评估标准的概念和作用

无规矩不成方圆。如果没有一套严谨科学、行之有效的地方立法评估标准，也难以有真正科学的、客观的地方立法评估。地方立法评估标准，是衡量地方立法活动和立法成果利弊优劣的标尺或准则，它是评估工作的起点，也是评估得以顺利进行的基本前提。[①] 评估标准直接影响着评估结果的客观性、科学性和可信度，同时也影响着评估过程的各要素，包括评估步骤、方式、内容、手段等。

1. 评估标准的内容决定了评估工作的内容。根据评估标准的内容才能开展评估工作，如评估资料的收集等，都需要根据评估标准的内容来开展。

2. 评估标准的设置也决定着评估结论的科学性程度。评估工作是根据评估标准而开展的，就像美国政策分析专家邓恩所指出的那样，如果评估者将自以为是的价值标准应用于政策评估，那么即使评估广泛使用了诸如实验设计、数字统计、随机抽样、问卷调查、社会审计等计量化的评估方法，它依然是一种“假评估”，其引导政策实践的功用是十分有限的。[②] 评估标准的设置应当充分体现被评估对象的内容、实质和质量，这样才能通过评估结论得出我们要的结果，对被评估对象进行必要的修改与完善。

3. 评估标准的设置决定了评估工作的参与主体。评估工作的开展需要评估主体和其他参与人员的合作才能完成。评估标准的设置决定着评估工作由哪些评估主体进行，以哪些主体的意见为主，通过何种主体的参与能够更显民主与科学。这些都是在设置评估标准时需要考虑的因素，以确保评估工作更顺利、更客观、更民主、更科学地进行。

4. 评估标准的设置决定着评估工作的方向、手段以及效率。评估标准的内容决定着评估工作的内容，如需要采用调查问卷的形式向群众收集对评估对象的一般看法。这就决定了我们评估工作开展的方式和手段。再例如，在立法成本与效益的评估工作中，需要收集的资料十分复杂与烦琐，需要投入大量的人力和物力，在实践中开展起来十分困难，所以在评估标准的内容设置上需要考虑到这一因素，让评估标准的设置更加科学。

（二）地方立法评估标准的具体内容

对于遵循什么标准进行地方立法评估，学者们看法各异。有的学者认为，地方立法评估标准是经济标准、效率标准、效益标准和公平标准；[③] 有的认为，地方立法评估标准是合法性、合理性、实效性、协调性、立法技术性、专业性、成本效益、社会认同；[④] 有的认为，

---

① 参见史建三主编：《地方立法后评估的理论与实践》，法律出版社 2012 年版，第 84 页。

② 参见张国庆：《现代公共政策导论》，北京大学出版社 1997 版，第 212 页。

③ 参见许安标：《立法后评估初探》，载《中国人大》2007 年第 8 期。

④ 参见刘平等：《地方立法后评估制度研究》，载《政府法制研究》2008 年第 4 期。

地方立法评估标准是正当性标准、实效性标准、程序性标准和规范性标准等;[①] 有的认为,地方立法评估标准是合法性标准、合目的性标准、技术性标准、执行力标准、效率标准、效能标准、公平标准和适当性标准;[②] 有的认为,地方立法评估标准是合法性、合理性、协调性、实效性和技术性;[③] 有的认为,地方立法评估标准是价值标准、法理标准、规范标准、实效标准;[④] 有的认为,地方立法前评估标准是必要性、合法性、协调性和可操作性;[⑤] 实践中,各地地方性法规、规章、其他规范性文件规定的地方立法评估的标准也有所差异。《广东省政府规章立法后评估规定》规定的评估标准是合法性标准、合理性标准、协调性标准、可操作性标准、规范性标准和实效性标准;《厦门市规章立法后评估办法》规定的评估标准是合法性标准、合理性标准、科学性标准、协调性标准、规范性标准、操作性标准和实效性标准;《陕西省地方立法评估工作规定》规定的评估标准是合法性、实效性、合理性、协调性和操作性。总结各地地方立法评估的经验,综合考虑法治中国建设的要求、地方立法的特殊情况等因素,在借鉴现有学界评估标准理论的基础上,我们将地方立法评估的标准概括为三方面:合法性标准、比例性标准和技术合理性标准。

1. 合法性标准

作为地方立法活动,最重要的就是要合法,地方立法的最基本原则就是不抵触原则。地方性法规、规章只有具有合法性才有存在的意义。地方立法评估的首要标准就是合法性标准。合法性标准的内容非常丰富,一般情况下,合法性标准可以细分为以下四个具体标准:

(1) 地方立法依据是否合法。地方立法依据,是指制定地方性法规、规章的法律根据,旨在说明地方立法权的来源和效力位阶。从制定依据所涵盖的内容来看,地方性法规、规章制定中的合法依据主要包括两方面:一是制定地方性法规、规章的活动要有法律上的基础,具有法律依据;二是地方性法规、规章的内容要有法律上的依据。[⑥] 地方性法规、规章是否具有合法的制定依据,决定了一项地方性法规、规章制定活动及其所立地方性法规、规章是否具有法律效力。从法理上讲,任何一项立法活动,任何一部地方性法规、规章,都存在是否"适格"的问题,而地方立法依据正是说明和解决地方性法规、规章制定活动和地方性法规、规章是否"适格"这一问题的重要指标。[⑦] 在地方立法评估过程中,评估主体需要明确与被评估地方性法规、规章相关的上位法依据,才能够展开合法性标准的评估。需要说明的是,地方立法依据有直接依据和间接依据之分。地方立法活动要有确定有效的法律依据并不意味着每一项立法活动都必须具有明示的、直接的依据。在地方立法实践中,有的地方性法规、规章,其立法依据是明示的、直接的,一目了然;有的地方性法规、规章在其制定时虽然无法从宪法和法律的具体规定上找到明示的授权,但却可以从宪法和法律的有关原则性

---

① 参见阮荣祥主编:《地方立法的理论与实践》,社会科学文献出版社 2008 年版,第 443~445 页。

② 参见汪全胜等:《立法后评估研究》,人民出版社 2012 年版,第 338~339 页。

③ 参见俞荣根主编:《地方立法后评估研究》,中国民主法制出版社 2009 年版,第 17~18 页。

④ 参见任尔昕等:《地方立法质量跟踪评估制度研究》,北京大学出版社 2011 年版,第 112~113 页。

⑤ 参见席涛:《立法评估:评估什么和如何评估(上)——以中国立法评估为例》,载《政法论坛》2012 年第 5 期。

⑥ 参见李长喜:《立法质量检测标准研究》,载周旺生主编:《立法研究》(第 2 卷),法律出版社 2001 年版。

⑦ 参见任尔昕等:《地方立法质量跟踪评估制度研究》,北京大学出版社 2011 年版,第 123 页。

规定中引申出制定依据。这种间接的法律依据同样是有效的，该项地方性法规、规章制定活动也是合法、有效的。①

（2）主体、权限是否合法。“名不正则言不顺，言不顺则事不成”。地方性法规、规章的制定主体及其权限是否为合法，也是判断一部地方性法规、规章是否合法有效，立法质量优劣的标尺之一。具体来讲，地方立法主体及其权限合法包括两层含义：第一，地方性法规、规章的制定主体是依法享有地方立法权的国家机关。只有由法定立法主体制定的地方性法规、规章才有可能是合法的。而那些由法定主体以外的主体制定的规范性法律文件，即使它在其他各方面都符合法律法规的各项规定，具有良法所必须具备的其他形式，仍不能称之为地方性法规、规章，更不用说其立法质量。第二，地方性法规、规章制定权限合法。在我国，《立法法》第 8 条、第 9 条规定的法律保留事项，是属于中央立法专有权限，地方立法不应“涉足”。《立法法》第 72 条、第 73 条规定了地方人大及其常委会的立法权限，包括执行性立法，即为执行法律、行政法规的规定，需要根据本行政区域的实际情况作具体规定的事项；职权性立法，即属于地方性事务需要制定地方性法规的事项；先行性立法，即中央专属立法权限以外事项国家尚未制定法律或者行政法规的，省、自治区、直辖市和设区的市、自治州根据本地方的具体情况和实际需要，可以先制定地方性法规。同时，对设区市的人大立法权限限定在城乡建设与管理、环境保护、历史文化保护等有限领域。《立法法》第 82 条划定了规章的制定权限：为执行法律、行政法规、地方性法规的规定需要制定规章的事项；属于本行政区域的具体行政管理事项。同时将设区市、自治州政府立法权限限定在城乡建设与管理、环境保护、历史文化保护等有限领域。在地方性法规、规章制定活动中，制定主体违反有关的法律规定超越立法权限范围进行法规制定活动，是违法行使立法权的最主要的表现。这种状况的存在，违反了国家法律的规定，造成了国家立法权限行使的混乱，并极易造成地方性法规、规章之间的矛盾和冲突。因此，在地方立法评估过程中，强调对地方性法规、规章制定权限的认定具有重要和积极的现实意义。

（3）内容是否合法。地方性法规、规章的内容，即地方性法规、规章关于法定权利和法定义务的设定。地方性法规、规章的内容是否合法，是决定地方性法规、规章质量的一个关键因素。在地方立法评估过程中，分析和判断地方性法规、规章的内容是否合法，主要围绕两个方面展开：第一，地方性法规、规章的具体规定是否与上位法的具体规定相协调。对于地方性法规而言，主要分析和判断地方性法规的具体规定是否与上位法相抵触，只要不抵触，则意味着地方性法规与上位法的具体规定相协调。对于地方政府规章而言，主要分析和判断地方政府规章的具体规定是否有上位法的依据。没有上位法依据，如果涉及设定减损公民、法人和其他组织权利或者增加其义务，则可以认定为与上位法不协调；如果没有涉及设定减损公民、法人和其他组织权利或者增加其义务，则看是否属于其职权范围内的事项，属于其职权范围内的事项则可认定为与上位法相协调。经济特区授权立法、民族自治地方立法虽然可以变通法律法规的具体规定，但也必须遵循相应授权规定。如果违反了相应的授权规定，则认定为与上位法相抵触。第二，地方性法规、规章的内容是否与上位法的立法精神、

① 参见李长喜：《立法质量检测标准研究》，载周旺生主编：《立法研究》（第 2 卷），法律出版社 2001 年版。

立法目的、立法原则相一致。所谓立法精神，“是指立法性质、宗旨、根本任务和价值追求的总体体现，具有统领性的作用，它对所有法条都有指导意义”。① 所谓立法目的，“是指制定一部法律所要达到的目标任务”。② 立法原则，是指立法主体据以进行立法活动的主要准绳或基本准则，是立法指导思想在立法实践中的重要体现，是立法的内在精神品格之所在。由于不同地方立法机关拥有不同的地方立法权限，承担着不同的地方立法。而且每部上位法都有相应的立法精神、立法目的、立法原则。不同的上位法有着不同的立法精神、立法目的、立法原则。因此，并非所有的地方性法规、规章都可以从上位法中找到相对应的具体规定。如果没有从上位法中找到相对应的具体规定，但其内容符合上位法的立法精神、立法目的、立法原则，则可以认定为合法。违反上位法的立法精神、立法目的、立法原则，无论是普通地方立法，还是民族地方立法、经济特区立法，都是不合法的。

（4）制定程序是否合法。地方性法规、规章制定程序是指地方各级人大及其常委会以及相应的人民政府，在制定、认可、修改、补充和废止地方性法规、规章活动中，所需遵循的法定步骤和方法。地方性法规、规章的制定必须按照法定的程序进行。“法律获得充分的规范意义，既不是通过其形式本身，也不是通过先天所具有的道德内容，而是通过立法程序，正是这种程序产生了合法性。”③ 因此，地方性法规、规章制定的程序是否符合法律法规的有关规定，成为检验地方性法规、规章制定活动是否合法的一个标尺。检验一部地方性法规、规章的制定程序是否合法，可以从如下两个方面来进行：④ 第一，判断地方性法规、规章制定程序是否完整。制定地方性法规、规章是一个动态的活动过程，必须依照法律法规的相关规定，遵照法律法规所确定的全部立法程序制定地方性法规、规章。第二，判断地方性法规、规章制定程序是否严格、充分地按照法律、法规所规定的程序进行。这决定地方立法程序是否能够真正地对地方性法规、规章制定活动发生作用。每一阶段的程序都对地方性法规、规章制定活动起着特定的作用。只有真正地将每一阶段的程序落到实处，地方性法规、规章制定程序才有意义。如果地方性法规、规章制定主体在地方性法规、规章制定活动中只是“为程序而程序”，只是追求程序的外在形式而不顾及该程序所带来的实质效果，那么程序也就不能称其为程序了。

2. 比例性标准

比例性标准是比例原则在地方立法评估指标体系中的具体体现，包括有效性标准、必要性标准和均衡性标准。

（1）有效性标准。有效性标准是指地方立法的实际效果相较所要解决的问题或地方立法预期目标的实现程度。该标准运用时要注意地方立法评估的类型。地方立法前评估、表决前评估评价的是地方立法可能产生的实际效果，地方立法后评估则分析已经产生的实际效果。这个标准实际上分为两个步骤：第一，判断方案将会产生或已经产生什么效果。对此可

---

① 江必新等：《最高人民法院指导性案例裁判规则理解与适用（公司卷二）》，中国法制出版社 2016 年版，第 27～28 页。

② 吴高盛主编：《人大立法工作教程》，中国民主法制出版社 2015 年版，第 12 页。

③ ［德］哈贝马斯：《在事实与规范之间：关于法律和民主法治国的商谈理论》，童世骏译，生活·读书·新知三联书店 2003 年版，第 167 页。

④ 参见任尔昕等：《地方立法质量跟踪评估制度研究》，北京大学出版社 2011 年版，第 128 页。

以借鉴国外经验，从影响分析入手，全面地考虑地方立法或提案在各个领域（政治、经济、社会、环境等）产生的各种影响，包括积极影响和消极影响，市场的影响和非市场的影响、财政的影响和非财政的影响，直接影响、非直接的短期影响以及动态的影响，并关注各种影响之间的关系；区分受到影响的不同群体的类型，以及他们在哪些方面受到影响（如行为、权利义务、环境、成本、收益等）。在地方立法前评估、表决前评估时还应当考虑风险和不确定性。第二，分析该效果能否解决问题或达到地方立法的预期目标。为此，在操作方面要考虑影响在不同群体之间的分布是否公平。在地方立法前评估、表决前评估时应当对方案的服从和执行程度作一个理性的预期。①

（2）必要性标准，即判断该方案是否是没有其他更好方案之下的选择。必要性判断是一个综合的政策考量过程，是建立在对其他方案否定的基础之上的，因此必要性判断不仅要运用净收益的比较、利益平衡等方法，而且要对其他非地方立法方案进行分析比较，来确定地方立法是否必要，其他非地方立法方案有：第一，发挥现有制度（如市场机制、社会自治机制等）和现行法律规范的作用能否解决问题，能够解决则不应该进行新的地方立法。第二，能否通过政府规制和行业协会自我规制相结合来解决问题。这是当前的一种发展趋势，其优点是体现协商民主精神，能够满足多样化的个性需求，减少国家成本和社会公众负担，增强地方性法规、规章的实效性。第三，是否可以通过软法解决。软法的表现形式多样，包括建议、指南、通知、行动纲领、标准、倡议书等。软法的运用能够弥补硬法的不足，降低立法和执行成本，增进民主，增强实效。第四，是否可以通过非强制行政行为来解决。非强制行政行为包括行政指导、行政合同、行政资助、行政奖励等，其特点和优势是手段的柔和性、方式的灵活性，注重与相对人的沟通和参与，容易得到公众的认同和接受，从而增强其实效。第五，是否可以通过公示、信息和教育行动、税收、补助等其他市场手段，或者可交易的财产权等其他经济手段来解决。需要注意的是，虽然现代社会没有法律是万万不能的，但法律也不是万能的，我们不能过分强调追求减少行政负担，而忽视了采用其他更为有效的非立法的方式来解决问题，有的非立法的方式可能行政成本较高，但是更为有效，需要综合平衡分析。②

（3）均衡性标准。立法是能够带来收益的，但立法也需要必要的成本投入，法律实效的取得也需要社会付出必要的成本。均衡性标准要求对地方性法规、规章所能够达成的利益与这个地方性法规、规章制定、实施的社会成本进行衡平，只有证明前者大于后者，才可以制定或维持该地方性法规、规章，否则不应纳入立法计划、进行表决，或必须进行修改、废止。早在2004年国务院发布的《全面推进依法行政实施纲要》中就明确规定，“积极探索对政府立法项目尤其是经济立法项目的成本效益分析制度”。均衡性标准主要包括两个方面：一是对地方性法规、规章实施过程中的立法成本、守法成本、执法成本与社会成本的评估。对其立法成本的评估主要是了解立法机关运行、立法的程序性活动和立法监督的成本；守法成本的评估主要是了解公民、法人或者其他社会组织利用该地方性法规、规章维权的成本；执法成本则主要是为保障地方性法规、规章运行所耗费的人力与物力的总和；社会成本

① 参见郑宁：《行政立法评估制度研究》，中国政法大学出版社2013年版，第180～183页。

② 以下内容参见郑宁：《行政立法评估制度研究》，中国政法大学出版社2013年版，第185～188页。

是指除立法成本、守法成本、执法成本之外，法律规范实施过程中所要耗费的其他社会资源的总和。然后，结合成本与效益进行综合评估。① 二是根据地方性法规、规章的实施成本，看它对整个社会的政治、经济、文化、环境等方面产生的效益（包括积极影响和消极影响）。

3. 技术合理性标准

地方立法技术合理性要求地方立法或提案在形式和内容上要符合地方立法技术标准。技术合理性标准的内容非常丰富，一般情况下，技术合理性标准可以细分为以下四个具体标准：

（1）协调性标准。法制统一是法治社会的基本目标。地方立法的协调性是法制统一的重要保障。地方立法协调性主要是指单个地方性法规、规章内部的协调；同位阶地方性法规、规章之间的协调；地方性法规、规章与上位法之间的协调；整个法律体系相互之间的协调。在地方立法前评估、表决前评估时，如果发现地方性法规、规章草案或提案与其他同位阶立法存在不协调问题，如果是起草者有意以新的规定来取代其他机关制定的不合理规定，则需要具备合理的理由，否则需要考虑对草案或提案进行修改或否决。在地方立法后评估中，评估实施机关需要考虑本地方性法规、规章的规定是否有继续存在的必要，在其他同位阶地方性法规、规章的规定更适合社会需求时，则应当考虑废止本规定。②

（2）具体性标准。在国家层面，其制定的法律或行政法规要对国家全局负责，其概括性和总结性不可避免地成为法律和行政法规的一大特点，很难做到细节具体、整齐划一。③ 而作为地方立法机关在制定地方性法规、规章，特别是在制定贯彻实施上位法的地方性法规、规章时必须要结合本区域实际情况，具体细化上位法的规定，体现地方特色。《立法法》第 73 条第 4 款也明确规定："制定地方性法规，对上位法已经明确规定的内容，一般不作重复性规定。"地方立法，尤其是设区市的立法，不应该侧重于大而全，苛求形式上的美感，而应当务实地解决问题、调整社会关系。地方立法评估，尤其是地方立法前评估、表决前评估时，应特别注意具体性标准，防止立法资源的极大浪费。

（3）规范性标准。地方立法本身是一种技术含量很高的工作。正如产品生产技术对产品质量具有直接影响一样，地方立法技术对地方立法质量也具有直接影响。因此，规范性标准是评估地方立法质量不可或缺的一个基本标准。地方性法规、规章评估的规范性标准主要包括以下内容：④ 第一，地方性法规、规章的名称。法的名称作为法的内部结构中的第一层次的、每部法都必备的要件，它的科学化和完善化，对立法、司法、守法以至法学研究的科学化、完善化都有重要的意义。⑤ 地方性法规、规章中名称的使用力求科学、完整、准确、

---

① 参见陈建平：《行政立法后评估的标准》，载《行政与法》2008 年第 9 期。

② 参见郑宁：《行政立法评估制度研究》，中国政法大学出版社 2013 年版，第 183 页。

③ 参见周伟：《论我国地方立法存在的问题及其解决》，载《河南财经政法大学学报》2013 年第 2 期。

④ 参见任尔昕、王铖：《浅议地方立法质量跟踪评估标准之构建》，载《人大研究》2011 年第 6 期；任尔昕等：《地方立法质量跟踪评估制度研究》，北京大学出版社 2011 年版，第 133 ~ 137 页；史建三主编：《地方立法后评估的理论与实践》，法律出版社 2012 年版，第 98 页；郑宁：《行政立法评估制度研究》，中国政法大学出版社 2013 年版，第 184 页。

⑤ 参见周旺生：《立法学》，法律出版社 2004 年版，第 336 页。

简洁和合法。地方性法规、规章的名称一般由制定机关、规范事项和体例三要素构成。地方性法规的体例一般有三种：条例、规定和办法。对地方性事务中某些事项作比较全面系统的规定，一般称为“条例”；对某一事项作部分规定的，一般称为“规定”；如果对特定事项作出较强的专项规定，一般称为“若干规定”；对某一事项作比较具体、详细的规定，一般称为“办法”。地方政府规章的体例一般有规定、办法、实施细则、规则等。评估时，应当分析其是否根据地方性法规、规章的具体内容确定了相应的条例名称。第二，地方性法规、规章的体系结构。任何一部地方性法规、规章要能系统、完整、全面地表述立法者的意志内容，反映现实社会关系要求，就必须具有一定的体系结构。地方性法规、规章往往有章、节、条、款、项、目的体系结构。其中，条是地方性法规、规章不可缺少的基本单位。一般情况下，地方性法规、规章在总体结构上，应当把握总则、核心章节、奖惩章节、附则四个部分。总则重点包括立法的指导思想、立法目的、立法依据、立法的适用范围、立法的执行与监督机构。核心章节主要规定具体规范适用的条件及结果，即地方性法规、规章允许、授权、要求、命令、禁止人们的行为规则。奖惩章节是地方性法规、规章中有关奖励和处罚的规定，一般可单列成章。附则主要规定的是有关地方性法规、规章的时间效力、地域效力、溯及力、修改权、解释权等问题。地方性法规、规章分则的内容必须紧扣总则所明确的宗旨、根据、任务、基本原则和指导思想、适用范围以及管理权限等概括性内容，不应当出现与总则内容无关或相悖的内容，也不能遗漏对总则内容的体现。分则的主要内容也要层次清晰、顺序适当。而不应当自相矛盾。附则应当根据总则和分则的内容作出有针对性的技术性规定，如附则中所解释的名词必须是总则或分则中述及的，并且是有必要进行解释的。在评估过程中，对地方性法规、规章的体系结构考察主要是看其结构安排是否适当和规范。第三，地方性法规、规章的逻辑结构。地方性法规、规章逻辑结构，是指地方性法规、规章中法律规范的构成要素，学理上一般认为法律规范由假定（或称条件）、行为模式和法律效果三个部分构成。假定，是指法律规范所规定的适用法律规范的条件和情况部分，包括行为发生的时空、各种条件等实际状态的预设。行为模式，是指法律规范所规定的行为规则部分，具体规定人们可以做什么，必须做什么，禁止人们做什么的部分。法律效果，是指法律规范所规定的行为所产生的相应的法律效果部分，是法律规范对人们具有法律意义的行为的态度。地方立法评估必须注意地方性法规、规章逻辑结构的完整性。第四，地方立法语言。确保地方性法规、规章的严肃性，对其语言文字有着特别严格的要求：一是用词应准确，即地方性法规、规章应使用正式的公文用语，而不能使用文学语言、地方语、口语、古语、隐语和双关语等。地方性法规、规章对于概念、术语和基本规范的表述与现行法律、行政法规已有规定应当保持一致；不同地方性法规、规章对同类事项或者基本相同内容的规定应当保持一致。二是概念应明确，即法规和规章中的概念应具体明确，而不能含糊不清，不确定的法律概念应尽可能少用或不用。明确性是真正的法律所必须具有的一个属性，它“对于一自由社会得以有效且顺利地运行来讲，具有不可估量的重要意义”①。三是语言应简洁，即法规和规章中的语言应简明扼要，而不能冗长烦琐、重复累赘、相互包含，避免适用夸张、比

① 参见［英］弗里德利希·冯·哈耶克：《自由秩序原理》，邓正来译，生活·读书·新知三联书店 1997 年版，第 183 页。

喻以及带有感情色彩的修饰性语言和宣言性、论述性语言。四是语言应明白易懂，对法律术语、专业语言和科技用语等应予以适当的解释。对地方性法规、规章立法语言的评估应围绕以上内容展开。

（4）可操作性标准。地方性法规、规章的可操作性，是指执法机关能否依据地方性法规、规章所设定的各项制度措施在社会生活中实现立法目的以及实现的效果问题，具体包括各项制度是否切实可行，能否解决行政管理中的具体问题，各项措施是否高效、便民，程序是否渐变、易于操作等。[①] 清代魏源说过："强人之所不能，法必不立；禁人之所必犯，法必不行。虽然，立能行之法，禁能革之事，而求治太速，疾恶太严，革弊太尽，亦有激而反之者矣；用人太骤，所言太轻，处已太峻，亦有能发不能收之者矣。"[②]《立法法》第 6 条第 2 款规定："法律规范应当明确、具体，具有针对性和可执行性。"《规章制定程序条例》第 8 条规定："规章用语应当准确、简洁，条文内容应当明确、具体，具有可操作性。"只有地方性法规、规章的内容合理、可行，具有可操作性，地方性法规、规章才符合《立法法》《规章制定程序条例》的要求，才能发挥其应有的价值和功能。反之，不具有可操作性的地方性法规、规章等于一纸空文，而且有损法律的尊严和威信。因此，在地方立法评估过程中，我们应当注重对地方性法规、规章可操作性的考察。"可操作性是一种相对标准，国家立法与地方立法层次不同，对操作性的要求亦不相同。国家立法是全局性和根本性的，必须统筹兼顾，而地方立法是区域性和具体性的，立法权责要分明，针对性要强。"[③] 对于地方性法规、规章可操作性的评估标准，不同学者提出了不同的看法。有的认为，可操作性标准分为 7 个方面，主要包括法律条文是否明确，法律条文是否具有利益调整性，是否具有前瞻性，有无配套措施，法律漏洞有无及时修补等。[④]有的认为，可操作性标准有 12 个方面，主要包括立法调整的对象和范围要界定清楚，不能模糊或者产生歧义等。[⑤] 有的认为可操作性标准有 6 个方面，主要包括地方性法规、规章适用的社会现实背景是否发生变化等。[⑥] 有的则认为，地方立法可操作性评估主要围绕权利性规则、义务性规则、法律程序规则以及法律责任规则的设计来考察。[⑦]

借鉴、综合这些研究成果的合理因素，我们认为对地方性法规、规章可操作性的立法评估应从以下六个方面入手：第一，地方性法规、规章适用的社会背景是否发生变化。人只有有限理性。法的"完整性只是永久不断地对完整性的接近而已"[⑧]。因而，任何一部地方性法规、规章的制定都不可能是完美的。而且世界是在不断变化的，法律则是凝固的智慧。地方性法规、规章制定时所设想的美好目标，可能会因为社会情势发生变迁而难以实现，甚至走向反面。因此，对地方性法规、规章进行立法评估时，必然要分析地方性法规、规章适用

---

① 参见史建三主编：《地方立法后评估的理论与实践》，法律出版社 2012 年版，第 96 页。

② 选自魏源：《默觚下・治篇三》参见魏源：《魏源集》，中华书局 1976 年版，第 45 页。

③④ 参见黄明涛：《我国全民阅读地方立法的可操作性研究基于 7 部地方性法规和规章文本的分析》，载《科技与出版》2017 年第 12 期。

⑤ 参见李高协：《地方立法的可操作性问题探讨》，载《人大研究》2007 年第 10 期。

⑥ 参见柴凤琴：《地方立法评估标准与程序设计》，西北师范大学 2009 年硕士学位论文，第 24 ~ 26 页。

⑦ 参见汪全胜：《论立法的可操作性评估》，载《山西大学学报（哲学社会科学版）》2009 年第 4 期。

⑧ 参见［德］黑格尔：《法哲学原理》，范扬、张企泰译，商务印书馆 1982 年版，第 225 页。

的社会背景是否发生了变化。第二，地方性法规、规章的适用范围是否适当。地方性法规、规章的适用范围包括纵向和横向两个方面。纵向适用范围，主要是指纵向权力分配，即地方性法规、规章是否依法合理地处理了中央立法与地方立法的关系以及中央与地方在管理权限上的分配。横向适用范围，主要是指横向权力分工，即地方性法规、规章是否在调整范围上相互协调和相互补充，以及是否科学合理地处理了地方国家权力机关与地方行政机关的权限分工。地方性法规、规章的适用范围是否清楚明确和恰当，将从根本上影响地方性法规、规章的贯彻实施。因此，地方性法规、规章适用范围也就成为评估地方性法规、规章可操作性的重要内容。第三，地方性法规、规章行政管理职责的规定是否清楚、恰当。“地方立法一般不能调整军事、外交等方面的事项，对于民事、刑事等基本法律、法规，很多国家的地方立法都不能制定。”① 地方立法主要调整行政管理领域的事务。因而，行政管理职责的分配是否清楚、恰当，即行政管理层级是否明确，同级政府部门之间的职责分工是否明确等就成为地方性法规、规章评估不可或缺的内容。第四，地方性法规、规章所设定的行为规范是否具有可行性，即是否符合人民群众的需要。“属于人民的立法权必须由设定的立法机关代为行使，立法机关必须秉承人民的意愿行使立法权，否则人民有权变更立法机关直至起来革命。”② “从地方立法的事项上来看，很多是涉及本地方社会民众民生、教育、社会保障等‘社会权’领域的事项，社会民众对其认同，才能得到更有效地实施。”③ 例如我国各城市在20 世纪 90 年代后大多颁布了禁止燃放烟花爆竹的地方性法规，但相当多的社会民众出于习惯和传统风俗不认同、不遵守禁燃法规，执法机关亦难以执行。正是在对禁燃的地方立法实施后是否达到立法目的、社会的接受度和认同度、法规的实际作用等可行性指标进行了考量评估后，各地纷纷将“禁燃”改为“限燃”，才被社会民众接受和认同，达到了立法目的和追求的社会效果。④ 因此，地方立法的可行性是地方立法可操作性的具体内容之一。第五，地方性法规、规章规定的法律责任是否合理。“法律、法规的实施情况表明，任何一部法律、法规的实施效果和立法目的达到的程度，在一定意义上取决于法律责任可实现的程度。”⑤ 法律责任是否合理、可行，应当从以下方面进行评估：法律责任设定的依据是否符合法律规定；法律责任的性质、种类、轻重等是否与违法行为的情节、损害后果、过错程度等相当；对于重大的违法行为，是否具体分析了违法者实施该违法行为的收益、违法行为造成的损害和代价等因素；是否在坚持合法性的前提下尽可能设计出了不同的责任形式；部门法的法律责任的设定是否与其他法律规范性文件相互协调。第六，地方性法规、规章中的实体性规定是否有必要的程序保障。“程序法的唯一正当目的，是最大限度地实现实体法。”⑥ 明确的程序设计是地方性法规、规章适用主体真正实现自身权利的前提。没有明确而具体的程序性规定，则地方性法规、规章的实体性规定可能无法操作。因而，地

① 参见魏海军主编：《立法概述》，东北大学出版社 2013 年版，第 266 页。

② ［英］洛克：《政府论》（下篇），叶启芳等译，商务印书馆 1986 年版，第 90 页。

③ 姜述弢：《地方立法后评估制度的法治化及对策》，载《学术交流》2016 年第 4 期。

④ 参见杜莉：《论我国地方立法的无效供给问题及其对策——以烟花爆竹禁放改限放为视角》，载《云南大学学报（法学版）》2008 年第 6 期。

⑤ 李培传：《论立法》，中国法制出版社 2004 年版，第 402 页。

⑥ 陈瑞华：《刑事审判原理论》，北京大学出版社 1997 年版，第 27 页。

方立法评估需要考察地方性法规、规章在规定实体性问题的同时是否有必要的程序保障。对地方性法规、规章程序保障的评估，既要考察程序的技术理性（即能促成公正结果产生的基本技术）和程序的社会理性（立法程序蕴含的内在价值与社会上流行的规范和价值一致，作为程序制度为维持社会制度也应作出一定的贡献），还要考察程序本身的公正品质（即对程序评判的最低标准）[①] ——“公民的权利义务将因为决定而受到影响时，在决定作出之前，他必须有行使陈述权和知情权的公正的机会”[②]。

二、地方立法评估方法

地方立法评估方法，是指地方立法评估实施主体收集相关数据和资料，并对评估标准进行分析，从而得出评估结论的途径、工具、技术和方法。评估方法可以分为两类：一是获取评估信息的方法，是指评估实施主体获取分析标准所需要的各种信息，如数据、资料等方法。这是评估开展的前提和基础。二是评估分析方法，是评估实施主体对各类信息进行分析，得出一定的结论所采取的方法，这是评估的关键性步骤。[③]

（一）获取评估信息的方法

获取地方立法评估信息的方法是多种多样的，其中主要有以下几种：

1. 文献调查法

所谓文献调查法，是指对目前为止的，与某一研究相关的各种文献进行系统的查阅和分析，以了解该领域研究状况的过程。[④] 地方立法评估的文献调查法，也就是指评估实施主体通过搜集各种地方立法文献资料，摘取与地方立法评估有关的信息的方法，包括搜集文献的方法和摘取信息的方法。在文献调查中，熟悉文献资料的来源及其检索方法，是文献调查工作成败的关键。地方立法评估文献除了一般文献之外，还包括地方机关拥有的立法文献，主要是地方性法规、规章的立法文本，有关地方性法规、规章的各种草案、说明及为立法目的而搜集的背景资料（包括域外可借鉴的相关立法），立法讨论中的会议记录、备忘录，有关该地方性法规、规章的立法解释、司法解释等。

2. 问卷调查法

问卷调查法，也称为“书面调查法”，或称“填表法”，是指调查者运用统一设计的问卷向被选取的调查对象了解情况或征询意见来间接获得材料和信息的一种调查方法。问卷调查法的优点在于能突破时空限制，在广阔范围内，对众多调查对象同时进行调查，也便于对调查结果进行定量研究。然而，整个问卷调查过程中举足轻重的一环是问卷设计。问卷设计的水平和质量，直接影响到整个调查研究工作的最终成果，决定其质量的高低。如果脱离了理论框架的指导，问卷设计工作往往是漫无边际、没有中心地提问题。其结果既可能缺少某些必要的资料，也可能收集到太多与研究目的无关的资料。一旦缺少必要的资料，分析工作就难以进行，正确、全面的结论就难以得到。而当与研究目的无关的资料太多，则又会浪费

① 参见汪全胜：《论立法的可操作性评估》，载《山西大学学报（哲学社会科学版）》2009 年第 4 期。

② 季卫东：《程序比较论》，载《比较法研究》1993 年第 1 期。

③ 参见郑宁：《行政立法评估制度研究》，中国政法大学出版社 2013 年版，第 188 ~ 189 页。

④ 参见风笑天：《社会学研究方法》（第二版），中国人民大学出版社 2005 年版，第 59 页。

大量的人力、物力和时间，并且给资料的整理和分析工作带来许多不必要的麻烦，有时甚至会使研究者陷于资料的海洋难以自拔。[①] 因此，评估实施主体必须根据评估对象的要求和评估标准，设计出有针对性的调查问卷。

3. 咨询调查法

咨询调查法，是指通过咨询方式获取地方立法评估的相关信息的一种方法。严格意义上讲，咨询调查并不是一种具体的评估方法，而是一种获取评估信息的途径，其具体方法包括专家小组、听证会、网络咨询、访谈、实地考察、讨论会、专题研讨等。评估实施主体通过咨询调查收集信息时，应该保持客观中立地位，尽可能全面收集各种信息，不能只片面地收集某一方面的信息，忽视另一方面的信息，从而造成结果的片面性。同时，应该根据咨询内容、咨询对象的不同，而采取灵活的方式来收集资料，咨询的次数也可以灵活掌握。[②]

（二）评估分析方法

在收集了评估信息后，就进入了最为关键的步骤，即恰当地运用地方立法评估分析方法，对各种数据和资料进行分析，从而判断地方立法或提案是否符合评估标准，并最终得出相应的结论。评估分析方法的选择和适用要保持灵活性，要根据具体地方性法规、规章灵活采取相应的分析方法。常见的评估分析方法主要有：

1. 成本效益分析方法

成本效益分析方法已成为世界各国评估立法质量的主要方法。有人称之为“最佳实践”。其一般原理是：借助货币化的形式，通过量化法律、法规和政策对经济、社会、环境的各种影响（表现为成本和收益），预估不同的立法方案实施后可能带来的代价和收益，并以此作为立法决策的理性标准。成本效益分析方法的作业流程通常有以下四个方面：(1) 确认分析的范围，明确分析的对象。(2) 确定分析的基准。至少应确立一个客观的基准，才能利用该基准来评估和比较不同立法方案的短长优劣。一般而言，最常用的基准是“安于现状”。地方立法的必要性在于地方立法能够带来“优于现状”的效果和结论。换言之，如果新的地方立法所造成的社会成本远超过其可能获得的收益，那么还不如维持现状。(3) 进行不同立法方案的利益和成本计算，其核心在于将核心的考量因素予以量化和货币化。(4) 在不同方案之间的竞争格局中，通过成本效益分析得出净收益最大化的立法方案。成本效益分析方法主要是对地方性法规、规章可能对经济、社会、环境等各方面的影响所产生的成本与效益进行分析评判，并预测其未来可能会产生的社会总成本、总收益与净收益。但由于成本效益分析方法自身的市场法则性质，在运用该方法进行分析评估的过程中，必然会涉及可量化的、具备货币性的相关统计资料和信息，且无法正视社会公平与分配等诸弊端，进而使得一种相对宽松的效益衡量方法，即成本有效性分析成为了替代性的手段。对于既无法用价格表示货币数量，又不存在交易市场的社会性监管中的安全、健康和环境保护的地方性法规、规章，可以比较实施该地方性法规、规章所投入的成本与采取其他的规制措施

---

① 参见风笑天：《方法论背景中的问卷调查法》，载《社会学研究》1994 年第 3 期。

② 参见郑宁：《行政立法评估制度研究》，中国政法大学出版社 2013 年版，第 189 ~ 190 页。

所可能支付的成本大小，以选择成本最小的方案。[①]

2. 比较分析法[②]

比较分析法在地方立法评估领域的应用，是指将收集到的地方性法规、规章实施前后的相关信息资料进行整理分组，通过对没有地方性法规、规章与有地方性法规、规章后社会效果的比较分析，立法预期与法律现实绩效的比较分析，实施效果的正反方面比较分析，以及同一领域相关地方性法规、规章间的横向比较分析等，运用各种对比分析的手法得出最终评估结论。根据比较分析方法的基本原理，其主要从水平、速度、结构和效益的角度来比较评价地方性法规、规章的文本质量与实施绩效，具体内容如下：（1）水平比较，具体表现为整体水平和平均水平。主要研究地方性法规、规章在实施后所取得的各方面绩效总和，描述其整体上所呈现出的规律，并科学地计算出其平均值，以便全面地比较。在进行整体与平均水平的比较时，一定要确保资料的典型性和准确性。（2）速度比较：引入时间要素，通过对两个不同时间所对应的社会效果总量的比较，来反映地方性法规、规章实施前后所产生的社会效果变化的相对程度。（3）结构比较：合理严密的逻辑结构编排有利于资源的充分利用，实现最大的预期效果。依据地方立法评估的规范标准要求，地方性法规、规章的条文间逻辑关系是否清楚，结构安排合理与否，是评价地方性法规、规章文本质量高低的关键。（4）效益比较：就地方立法给社会所带来的效益来说，主要有经济效益、社会效益和生态效益，能否实现这三个效益总体的最大化应该成为比较分析的重点。同时，也应该根据所评估对象的不同特点与立法宗旨等相关因素，来做好效益选择的价值判断，为获得科学合理的比较分析结果提供正确的指南。

3. 定量与定性分析相结合的方法

定量与定性分析相结合的方法，主要是指在评估活动中把定量评估指标与定性评估指标按照一定的权重整合形成综合评估结果。具体来说，在地方立法评估标准的指引下，将待评估的地方性法规、规章分解为不同的要素，以便于量化为可进行比较衡量的数据。同时运用逻辑思维法等定性分析方法进行质的分析与加工，对地方性法规、规章的文本质量与实施效果作出基本的评判，这样就集合了定量评估方法与定性评估方法的优点。定量分析方法主要是在调查研究、收集资料的基础上综合运用运筹学、统计学、数学、计量经济学、系统工程理论等学科理论，对能用数量描述的内容或者其他可以转化为数量形式的具体标准进行分析与处理的方法。该方法的特色就在于能够保证分析过程与结果的可控性与系统性，借助于频数分布、百分比等统计方法，为评估者提供客观的数据，能有效排除部门保护主义利益等主观性和盲目性的侵蚀，保证客观、公正、科学地揭示评估对象的发展规律。定性分析方法是借助于各种逻辑学方法，运用逻辑思维工具（主要是形式逻辑与辩证逻辑）来对评估对象进行本质上的评价。通过定性思维工具的分解与综合、归纳与演绎、比较与分类等具体的逻

---

① 参见唐莹莹、李锦：《立法影响评估的程序设计与方法研究》，载《北京人大》2012年第11期；吉敏丽、袁晓杰：《论地方立法质量跟踪评估的方法——以甘肃省地方立法为实证的分析》，载《西部法学评论》2011年第2期；史建三主编：《地方立法后评估的理论与实践》，法律出版社2012年版，第80~81页。

② 参见吉敏丽、袁晓杰：《论地方立法质量跟踪评估的方法——以甘肃省地方立法为实证的分析》，载《西部法学评论》2011年第2期；郑宁：《行政立法评估制度研究》，中国政法大学出版社2013年版，第201页；任尔昕等：《地方立法质量跟踪评估制度研究》，北京大学出版社2011年版，第194~196页。

辑方法应用，不仅可从宏观上对评估的对象进行分析研究，而且保证在经过严密的逻辑推理后，增强评估结果的说服力。就定性与定量分析的关系来说，二者应该是相互统一，相互补充的。定性分析是定量分析的基本前提，脱离定性分析的量化评估方法是一种盲目的、毫无价值的定量；而定性分析也同样依存于定量分析的过程中，因为定量分析为其提供准确的可以衡量的数据，使定性分析应用得更加科学、准确，可以促使定性分析得出的结论更加全面而深刻。二者的结合应用使得评估结论更有说服力。因此，地方立法评估方法选择时应该注重定性分析和定量分析的有机结合。①

4. 系统分析方法

系统分析方法，是指在对评估对象进行分析评估的过程中，在广泛收集相关数据资料的基础上，根据系统性理论，把该评估内容相关的同一阶位的、上位法的以及与之配套规定的相关情况等放在一个整体中进行统一考虑、分析和判断，以便于考察地方性法规、规章的内部制度设计与法规之间的协调性与一致性，进而得出评估结论的一种方法。系统分析的基本原理是把一个复杂的评估项目看成一项系统的工程，通过系统目标分析、系统要素分析、系统环境分析、系统资源分析和系统管理分析等一体化的分析，来准确地界定待评估对象的性质和作用，以保证进行全方位、一体化的评估。系统分析方法一般分为系统特征分析方法、系统逻辑分析方法和系统工程技术。而地方立法评估则应综合上述三种类型的理论方法技术，系统性地将地方性法规、规章进行整体的评价与分析。系统分析方法的运用大致包括限定评估内容、确定目标、调查研究收集数据、确定评价标准体系、选择具体方法、得出分析结论等步骤。其具体内容如下：（1）限定评估内容。系统分析的核心内容有两个：其一是发现问题并揭示原因；其二是确定解决问题的可行方案。所以，地方立法评估运用系统分析方法时，需要从明确评估对象的性质、立法背景和条件、存在范围和影响程度等方面着手来限定评估的内容。限定评估内容是系统分析中关键的一步，因为如果不能具体限定评估范围，就容易导致对问题的分析不够详尽透彻，这对于下一步有针对性地解决问题会产生不良影响。此外，在限定评估内容时，要注意识别本质和现象、主要与次要、避免先入为主等各种形式的主观随意性影响，保证评估结论能在调查研究之后确定。（2）确定目标。确定整体目标是系统分析方法的根本，且该目标应该根据地方性法规、规章自身的特点和所存在的现实需求来加以确定。如有可能，应尽量通过指标量化来确定，如果不宜采用定量分析方法来描述，也应尽量采用文字的形式来说明清楚，以便提高系统分析中定性判断的成效。（3）调查研究，收集数据。调查研究和收集数据应该以与评估内容相关的问题为导向，一方面可以验证所限定的评估内容范围的科学性，另一方面则可以为评估目标的实现提供准确的参考数据，为下一步确定评估结论做好周全的准备。据此，可以借用文献分析、专家访谈、实地走访等方式来获取能反映民意的、相对客观公正的信息资料，并且所收集的数据和信息应该是排除主观评价色彩的能反映客观事实的相关数据，以便于以后对数据和信息进行分析时去伪存真，交叉核实，保证真实性和准确性。（4）确定评价标准体系。对评估内容

① 参见郑宁：《行政立法评估制度研究》，中国政法大学出版社 2013 年版，第 207 页；吉敏丽、袁晓杰：《论地方立法质量跟踪评估的方法——以甘肃省地方立法为实证的分析》，载《西部法学评论》2011 年第 2 期；任尔昕等：《地方立法质量跟踪评估制度研究》，北京大学出版社 2011 年版，第 198～202 页。

的系统化分析决定了评估内容不仅仅局限于地方性法规、规章条文本身的质量评估和立法价值评估，还应对地方性法规、规章实施的效益，即经济、社会、政治效益展开分析评估，并分析研究地方性法规、规章的宣传贯彻力度、行政执法情况乃至配套性文件的制定情况等。因此，须确立一整套符合系统分析目标与要求的评价标准体系，综合统一排列单项评估与综合评估的要素标准体系，为系统化分析提供可以衡量的标准。（5）选择具体方法。依据评价标准的指示，将评估内容的各要素放在整体中进行系统化、综合性的评估，不仅要考虑技术因素，也要考虑社会经济等因素，并可以按照评估对象的具体特点与性质等因素，选择灵活性、有针对性的评估方法。（6）得出评估结论。系统分析方法作为一种操作性强的评估方法，是以提供准确科学的评估结论为必要条件的。在综合分析的过程中，将人们的思维过程和主观判断以量化分析的方式客观化，又辅之以定性判断中的价值指导，易于保证评估目标与评估手段的一致性。特别是对于那些难以全部量化处理的地方特色性强的地方性法规、规章，更易于获得比较满意的分析评估结果。因为系统分析方法是通过对以往一些常用评估方法的分析和实践的过程中，不断总结经验，逐步完善而提出的更为全面、更具普遍应用性效果的评估方法。[①]

第五节 地方立法评估的程序

一、地方立法评估程序概述

（一）地方立法评估程序的概念

在现代汉语中，“程序”一词并无固定的含义。《汉语常用词用法词典》的解释是：“做事情的先后次序”。[②]《辞海》的解释则为：“（1）按时间先后或依次安排的工作步骤，如工作程序、医疗程序。（2）为使计算机执行一个或多个操作，或执行某一任务，按序设计的计算机指令的集合。”[③] 从不同角度可以赋予“程序”不同的含义。从法学视角来说，程序究其具体的本体而言是这样的普遍形态：人们遵循法定的时限和时序，并按照法定的方式和关系所进行的行为，[④]“是按照一定的顺序、方式和手续作出决定的相互关系”[⑤]。地方立法评估程序，是指地方立法评估实施主体进行地方立法评估在时间和空间上的表现形式，即地方立法评估实施主体实施地方立法评估时所应当遵循的方式、步骤、时限和顺序。地方立法评估程序这一概念主要包括以下几层含义：

1. 地方立法评估程序是地方立法评估实施主体作出地方立法评估必经的程序。它既不同于行政程序，又不同于司法程序。凡是不属于地方立法评估本身所包含或所必须经过的程序，都不在评估程序的范围之内。地方立法审议程序是地方立法机关对地方性法规、规章进

① 参见吉敏丽、袁晓杰：《论地方立法质量跟踪评估的方法——以甘肃省地方立法为实证的分析》，载《西部法学评论》2011年第2期；任尔昕等：《地方立法质量跟踪评估制度研究》，北京大学出版社2011年版，第206~210页。

② 李晓琪等编：《汉语常用词用法词典》，北京大学出版社1997年版，第76页。

③ 夏征农主编：《辞海》，上海辞书出版社2000年版，第2116页。

④ 参见张文显主编：《法理学》（第三版），高等教育出版社2007年版，第179页。

⑤ 季卫东：《法律程序的意义——对中国法制建设的另一种思考》，中国法制出版社2004年版，第17页。

行审查时所应该遵循的程序，不是地方立法评估本身所包含的程序，因此，它也不是地方立法评估所必经的程序，不是地方立法评估程序。

2. 地方立法评估程序是地方立法评估在时间和空间上的表现形式。任何地方立法评估都有反映在时间和空间上的形式，没有无形式的内容。所谓空间形式，是指地方立法评估过程的表现形式，如作出一个评估报告，需要进行文献收集、咨询调查、分析研究等。所谓时间形式，是指地方立法评估过程的先后顺序以及所必须履行的每个环节。

3. 地方立法评估程序是与地方立法评估的实体内容相对应的。它们是同一立法行为的两个方面，它们相互依存，不存在没有实体内容的地方立法评估程序，也不存在不通过程序就能实现的地方立法评估实体内容。

（二）地方立法评估程序的价值

地方立法评估程序的价值主要体现在以下三个方面：

1. 规范地方立法评估实施主体的权力。“在社会主义民主法治之下，任何权力的行使都必须遵循一定的程序规则，权力寓于程序之中。程序本身就是权力的规范化的运作方式，程序的设计和运行都要反映对权力的制约和规范。任何未经程序化的权力都有被滥用的危险；权力只有化解到程序之中，化解到具体的步骤、过程之中，才能成为有明确界限、有标准、可资奉行的权力。”① 地方立法评估实施主体在整个立法评估中，享有较大的裁量权，有权启动评估、选择评估方案、作出评估报告。如果不对这种权力进行规范，地方立法评估实施主体就可能滥用评估权，从而造成评估质量低下。而规范化、制度化的程序能够有效地制约和规范地方立法评估的裁量权，从而在一定程度上确保地方立法评估的质量。

2. 保障地方立法评估有序进行，提高地方立法评估的权威。地方立法评估是一门具有技术性和复杂政策性的工作，要顺利开展评估，必须依赖于一定的步骤、方法和技术支持，需要各方主体的共同参与，而通过程序的周密设计能够明确各方主体的权利和义务，规范各自的行为，优化资源配置，使得评估始终处于一种有规则的状态，从而确保立法评估的有序进行。② 同时，“权威是一种权力形式，一种影响力的形式，它来自人们自发的授权，它从自愿服从、为民认可中得到力量”③。地方立法评估程序权威的树立并不一定是来自立法评估结论的准确无误，更多地是从立法评估过程本身的公正性、合理性产生出来的。一个公正合理的评估程序，容易使社会成员对评估结论达成共识，从而增强地方立法评估的权威性。

3. 保障利害关系人和社会公众的权利。④地方立法评估绝非评估实施主体的独角戏，而是一个立法决策过程，依法治国赋予地方立法评估制度的一项重要功能就是保障公民的参政权、知情权和监督权。利害关系人和社会公众借助程序的相关规定直接介入或者监督评估实施主体的评估行为，有效地参与地方立法评估过程，表达利益诉求，发表意见和建议，从而影响立法决策。

---

①　苗连营：《立法程序论》，中国检察出版社2001年版，第9页。

②④　参见郑宁：《行政立法评估制度研究》，中国政法大学出版社2013年版，第209页。

③　［美］乔·萨托利：《民主新论》，冯克利等译，东方出版社1998年版，第328页。

二、地方立法前评估程序

学界对地方立法前评估程序的研究并不多，实践中相关的地方性法规、规章和其他规范性文件也很少。如果说，地方立法后评估程序无论在立法和实践上都还停留在初步阶段，那么地方立法前评估程序更是极不成熟。

关于评估程序的启动权，各国有两种做法：一是由评估实施主体自行决定；一是由监督机关审查决定。[①] 按照我国现行实际情况，地方立法前评估的启动主体主要是立项起草部门。例如，《本溪市人民政府规章立法评估办法》第6条规定："市政府各部门应当在每年11月30日前，向市政府法制部门提出立法建议项目申请，并提供立法建议项目的必要性评估和可行性评估报告。"对于评估启动时间，我国地方性法规、规章和其他规范性文件多数没有明确规定具体的启动时间，也没有要求尽早或及时进行地方立法前评估，评估实施主体裁量权非常大。《本溪市人民政府规章立法评估办法》明确规定应当在每年11月30日前提出立法建议项目申请并提供相关评估报告，值得肯定。一般来说，地方立法前评估的启动应该尽早，以便及时形成评估报告，在审定立法计划时参考。地方立法前评估的启动标准，各地大多没有规定。一般来说，所有地方立法提案都应该进行相应的立法评估，只是大多数只需要进行初步评估，程序相对宽松。少数重要的地方立法采用正式评估程序进行，大致可以分为三个步骤：第一，评估实施主体组织或者委托评估实施机构对评估对象进行定量评估分析；第二，在量化评估分析的基础上对评价指标作出重点和整体的定性分析；第三，综合以上定量分析和定性分析，形成评审意见和评估报告。[②]

在评估实施程序完成之后，进入最后的论证程序。地方立法前评估的最后论证程序主要围绕两个方面展开：一是评估报告的内容和形式；二是评估结果的效力。就评估报告的内容而言，主要是论证法案能否解决有关社会问题，是否有实实在在的证据足以充分支持法案对成本和收益的陈述。就评估报告的形式而言，评估的主体部分一般由"问题""解释"和"解决方案"组成。就评估结果的效力而言，评估结果只是一种参考，并不具有强制的法律约束力。[③]但是，地方立法前评估的结果对于立法机关而言，可以作为其是否批准立法项目列入立法计划的主要参考因素之一。

三、地方立法表决前评估程序

地方立法表决前评估程序与地方立法前评估程序一样是极不成熟的。按照我国现行实际情况，地方立法表决前评估的启动主体主要是地方立法机关，一般由其工作机构（办事机构）具体开展。例如《广东省人民代表大会常务委员会立法评估工作规定（试行）》第6条规定："表决前评估由省人大常委会法制工作机构组织开展。"对于地方立法表决前评估启动时间，我国地方性法规、规章及其他规范性文件多数没有明确规定具体的启动时间，也没有要求尽早或及时进行地方立法前评估。但《立法法》第29条规定："列入常务委员会会议议程的法律案，一般应当经三次常务委员会会议审议后再交付表决。"第77条规定："地

---

① 郑宁：《行政立法评估制度研究》，中国政法大学出版社2013年版，第230页。

②③ 参见李丹：《地方立法前评估浅论》，载《人大研究》2014年第4期。

方性法规案、自治条例和单行条例案的提出、审议和表决程序，根据中华人民共和国地方各级人民代表大会和地方各级人民政府组织法，参照本法第二章第二节、第三节、第五节的规定，由本级人民代表大会规定。”因此，我国地方立法一般也实行三审通过。基于此，表决前评估一般是在二审之后、三审之前进行。

地方立法表决前评估的程序，在很大程度上与立法后评估程序基本相同，只是其评估的内容有所不同。其基本程序是确定评估实施机构，评估实施机构根据法案情况确定评估方案，并依据评估方案进行评估，形成评估报告和评估意见报立法机关审议参考。例如，《广东省人民代表大会常务委员会立法评估工作规定（试行）》的规定，地方立法表决前评估由省人大常委会法制工作机构组织开展，通过召开座谈会、论证会、咨询会等方式听取各方意见。参与表决前评估的人员由省人大常委会法制工作机构根据法规案的具体情况和一定的代表性、广泛性的原则，从人大代表、专家学者、利益相关方和有实际工作经验的人员中选取。评估的内容主要是法规案出台的时机是否适宜，是否与本省经济社会发展水平相适应，是否具备相应的实施条件，相关配套措施是否能及时到位；法规案通过后对本地区改革发展稳定可能产生的影响；可能影响法规实施的重大因素和问题等。省人大常委会法制工作机构根据各方反映的意见形成评估情况的报告，印发省人大常委会主任会议，作为审议法规案的参考。法制工作机构作为评估结果的实施机构，对评估参与主体的意见建议进行整理归纳和综合分析，形成报告提交主任会议作为审议法规的参考，未被采纳的意见应视情况作出说明，在增强评估结果实效的同时保护评估参与主体的积极性，有助于提高地方立法质量和水平。①

四、地方立法后评估程序

地方立法后评估程序，是关于评估实施主体开展评估时应当遵循的方式、步骤、顺序、时限的规则，其对取得正确的评估结论起着重要的保障作用。对于地方立法后评估程序理论界有过较多的探讨，各地地方性法规、规章及其他规范性文件也作了较多的规定。总结各地经验，借鉴理论界已有成果②，我们认为地方立法后评估应该包括以下基本程序。

（一）地方立法后评估的启动

地方立法后评估程序的启动，是指如何开始对已生效的地方性法规、规章进行评估。评估的启动有两种形式：一是评估实施主体依职权启动，即评估实施主体依据一定的职权主动、积极地启动地方立法评估，包括因备案制度而启动、因执法检查而启动、因立法清理而启动、因领导意志而启动等；二是评估实施主体依申请而启动，即评估实施主体在申请人的申请、建议下启动地方立法评估，包括因政协的建议而启动、社会主体的建议而启动等。

启动的标准，有的是以时间为标准，如杭州《关于开展2015年度规章立法后评估工作

---

① 参见李冰冰：《浅析提高地方社会领域立法质量的路径——以法规表决前评估为视角》，载《人大研究》2013年第12期。

② 参见刘平等：《地方立法后评估制度研究》，载《政府法制研究》2008年第4期；任尔昕等：《地方立法质量跟踪评估制度研究》，北京大学出版社2011年版，第226～270页；郑宁：《行政立法评估制度研究》，中国政法大学出版社2013年版，第234～267页；史建三主编：《地方立法后评估的理论与实践》，法律出版社2012年版，第102～167页。

的通知》(杭府法〔2015〕6号)规定,“2015年度规章立法后评估的对象为2013年10月至2014年2月间市政府公布的规章”;有的是以社会影响为标准,如《合肥市政府规章评估暂行规定》第3条规定:“市政府法制办每年应当确定1至2件与社会公共利益密切相关、社会影响较大的政府规章进行立法评估”;但大多数地方立法机关采取的是综合标准,即综合时间、影响、难度、民意、相关部门的评价及建议、与其他法律的关系等因素而考虑是否启动,如《广东省政府规章立法后评估规定》第16条规定:“立法后评估主要对直接关系人民群众切身利益、对经济社会发展有较大影响的政府规章进行评估。政府规章实施满3年,有下列情形之一的,应当进行立法后评估:(一)拟上升为地方性法规的;(二)公民、法人或者其他组织对政府规章提出较多意见的;(三)同级政府法制机构认为有必要进行立法后评估的。”又如,《本溪市人民政府规章立法评估办法》第9条第2款规定:“规章自施行之日起未满3年,但有下列情形之一的,市政府法制部门应当组织规章实施部门或机构进行立法后评估:(一)拟修改或废止或上升为地方性法规的;(二)不能适应经济社会新形势变化或在实施中发现存在普遍性问题的;(三)公民、法人或其他组织对政府规章提出较多意见的。根据上位法需要进行修改或有紧急情况需要进行修改的政府规章,可以不进行立法后评估。”采取综合标准的地方,不少地方同时规定了不列入立法后评估的范围,如《广东省政府规章立法后评估规定》《溪市人民政府规章立法评估办法》等都规定了根据上位法需要进行修改或者有紧急情况需要进行修改的政府规章,可以不进行立法后评估。

(二)确定评估实施机构

通过这一程序,地方立法评估实施主体将立法评估的具体工作委托给地方立法评估实施机构,一方面可以明确这项工作的承担主体,另一方面可以使实施机构的评估工作获得正当性,便于其开展具体调查、评估分析工作。具体方式上,可以由评估责任主体通过发文、公告等,明确评估实施机构、评估目的、基本要求。从目前广东省的实践来看,广东省人大常委会委托其所属地方立法研究评估与咨询服务基地开展评估,一般都有发文明确评估的内容和要求以及相应责任与权利。这一程序的精细化、规范化值得肯定。

(三)制定评估工作方案

“凡事预则立,不预则废。”因此评估实施机构接受委托后,需要制定具体的评估工作方案。评估方案的设计,就是根据评估指标和被评估对象,在进行实际评估之前,对立法后评估总任务的各个方面进行的通盘考虑和安排,采取有针对性的评估途径,最终目的是获取评估指标。评估工作方案的设计应该遵循三个基本原则:一是实用性原则,从立法后评估需要和评估主体的主客观条件出发,慎重设计评估方案;二是时效性原则,立法后评估往往具有很强的时间性,设计评估方案必须充分考虑时间效果;三是经济性原则,设计评估方案必须努力节约人力、物力和财力,力争用最少的人、财、物和时间的投入,取得最大的评估效果。立法评估的具体工作方案包括:评估内容、评估指标、评估方法、评估工作小组组成、评估的时间安排与工作阶段、经费保障等。

(四)收集评估的资料信息

评估资料信息收集是地方立法后评估的基础性工作。我们在收集相关资料信息时应该遵循准确可靠原则、全面客观公正原则、针对性原则和时效性原则。收集相关资料信息的方式可以多种多样,可以通过文献搜索、问卷调查、实地走访调研、网上征求意见、专家论证会、利益相关人的座谈会、听取社会中介机构、行业协会等专业组织的意见、听取地方国家机关（包括地方立法机关、地方执法机关和司法机关）的各种意见和建议、收集统计数据（包括行政机关的管理数据、执法部门的执法数据、监督部门的数据，以及受立法内容调整的企业经营情况统计数据等）等方式收集评估的资料信息。必要时还应该举行听证会听取社会各界的意见、建议。

（五）分析整理，形成评估报告

地方立法评估分析是根据党中央、国务院的方针、政策以及相关法律法规，结合评估方案所确定的评估指标，评估实施机构分析总结调查取得的数据、资料，综合运用法理分析、比较分析、成本效益分析、系统分析等方法，对评估对象作出客观评价的过程。得出评估结论，是评估工作的直接目的。从这个意义上说，评估报告是整个立法后评估工作完成的标志。“评估报告是指评估工作小组在完成评估后，向评估组织机构提交的说明评估目的、评估程序、评估标准、评估依据、评估结论以及评估结果分析等基本情况的文本文件，也是评估工作最终完成的体现。”① 立法后评估报告一般由以下基本要素构成：一是评估的预定目标与主要评估方法；二是对评估对象的基本评价、主要成效；三是评估对象存在的主要问题，包括不良后果；四是对主要评估指标的具体分析；五是相关制度的具体评价；六是评估结论与建议。立法后评估报告应符合以下基本要求：一是如实反映地方立法的实施现状；二是对重点问题进行详细分析，力求做到有说服力；三是得出的结论科学可靠；四是提出的建议切实可行；五是语言精练、结构体系完整清晰。

（六）地方立法后评估结果的应用

评估的最终目的是要通过评估总结地方性法规、规章在制定和实施过程中好的经验，将其继续发扬；积极发现不足之处，吸取教训，及时改正；不断总结地方立法的科学规律，进一步提高立法质量。因此，我们必须高度重视对评估结果的应用，使评估报告真正成为地方性法规、规章进行“立、改、废”的重要依据，从而达到完善地方立法的目的。

从目前各地的评估现状来看，评估报告被充分应用主要有两种情况：一种情况是地方立法主体根据评估报告所提出的问题分析决策，对地方立法进行完善；另一种情况是直接采纳评估报告所提出的“立、改、废”建议对地方立法进行完善。但无论是哪种情况，对地方立法的完善采取哪种方式都是有针对性的原因和依据的。当地方立法本身存在的一些问题需要进行立法解释，地方立法、执法、司法衔接上出现的一些问题需要进行立法解释时，地方立法机关应该按照立法解释的程序，根据评估报告作出立法解释。当在评估过程中发现被评估的地方性法规、规章所调整的社会关系发生变化，发现原先所立之地方性法规、规章存在着某种“先天不足”，发现地方性法规、规章和上位法的规定不相协调或者是对相关的上位法已经进行了修改或补充，发现被评估的地方性法规、规章与其他同位阶地方立法的规定不相协调等情形时，地方立法机关应该及时进行修改。当经过评估后发现相关地方性法规、规章的实施效果极差，或发现相关地方性法规、规章的调整对象已经消失，地方立法机关应该及时进行废止。

---

① 参见卓越主编：《公共部门绩效评估》，中国人民大学出版社 2004 年版，第 83 页。

另外，法律的作用不是万能的，在维护和保障社会良好运行发展方面要和其他的相关配套措施相结合。有时候法律规定也很现实，但是，在实践操作中就非常之难，导致法律得不到充分的实施进而无法规范现实问题，达不到立法的目的。仔细分析考虑，这不是立法的问题，而是具体的相关配套制度没有完善。我们在进行地方立法质量跟踪评估的时候，应该客观全面地分析地方性法规、规章的实施状况，找出问题的症结所在，分清楚究竟是地方性法规、规章本身质量有问题还是具体的相关配套制度的完善没有到位。若是相关配套制度的完善没有到位，应当及时将相关问题反映在评估报告上，向相关主体提出完善有关配套制度的建议，以求进一步促进地方性立法科学有效的实施。

思考题：

1. 试述地方立法评估的概念与分类。
2. 地方立法评估有哪些功能？
3. 地方立法评估的基本原则有哪些？
4. 试述地方立法评估的主体与对象。
5. 试述地方立法评估标准的具体内容。
6. 试述地方立法评估的程序。

第十章 地方立法监督

第一节 地方立法监督概述

一、地方立法监督的概念与特征

地方立法监督是贯穿于整个地方立法过程中的一项重要活动，是法定监督主体的一项基本职能，是整个立法监督体系中不可缺少的一部分。广义而言，所有国家机关、一切社会团体、企业事业组织以及公民个人都有权对地方立法进行监督，因为这些主体都可以对地方立法的创制和实施发表意见、提出建议和批评等。广义的监督是最一般意义上的监督。狭义而言，地方立法监督，是指享有地方立法监督权的主体对地方立法所进行的诸如批准、审查、备案、裁决以及参照适用等一系列监察和督促活动的总称。本书采用狭义上的概念。作为一项专门的监督活动，有关地方立法监督的主体、监督的权限以及监督的方式和程序，均由法律予以规定。

相较于全国性的立法监督而言，地方立法监督具有以下特征：

1. 监督主体广泛。现阶段，我国中央立法包括宪法、法律、行政法规、部门规章。而地方立法则包括地方性法规、自治条例和单行条例、地方政府规章。根据《立法法》及有关法律的规定，能对中央立法进行监督的主体严格来说只包括全国人大及其常委会、国务院，而能对地方立法进行监督的机关除了上述中央立法监督主体外，还包括省级人民代表大会及其常委会、省级人民政府、设区的市人民代表大会及其常委会，甚至包括各级人民法院。显而易见，相较于对中央立法进行监督的主体而言，对地方立法进行监督的有权主体要广泛得多。

2. 监督对象特定。地方立法监督对象是地方立法主体的立法行为，包括立法过程和立法结果两个方面，而以对立法结果的监督为主。具体表现为对享有地方立法权的地方人大及其常委会制定的地方性法规，自治区、自治州、自治县的人大制定的自治条例和单行条例，地方政府起草的地方性法规草案、地方政府制定的地方政府规章进行监督。

3. 内容针对性强。中央立法具有全局性、整体性特点，而地方立法则不同。地方立法除了要贯彻中央立法、对全国性法律的实施作出具体规定外，更多地是针对极具地方特色的经济、社会、文化等问题所作的规定。因此，地方立法监督的特点之一就是其内容的针对性强。我国是一个多民族国家，地区发展很不均衡，地方立法就显得很有必要，同时也对地方立法监督提出了更高要求。地方立法监督主体在对地方立法进行监督时，除了首先要考察是否与宪法、法律相抵触外，还要充分关注地方实际，做到具体问题具体分析，针对不同地方的立法采取不同的监督处理方式。

4. 监督约束力强。由于有权主体可以通过批准、备案、审查等监督方式对违法或不适当的地方立法不予批准、改变、撤销，因而有权主体的地方立法监督行为具有很强的约束力。这与我国单一制的国家结构形式、“一元两级多层次”的立法体制密切相关。相对于联邦制国家，单一制国家对于法制统一性的要求更高。而“一元两级多层次”的立法体制，则赋予了部分地方立法监督主体极大的权威。

二、地方立法监督的理论基础及意义

（一）地方立法监督的理论基础

根据我国国情，地方立法监督的理论基础主要有三个方面：

1. 人民主权理论。为了维护法律的“公意”，防止法律的多数人意志蜕变成专横意志，现代民主国家普遍加强了对立法活动的监督，通过建立立法监督制度保障人民意志在宪法、法律中得到充分实现，这是基于“人民主权理论”所蕴含的人民意志至高无上这一实质而设计的。我国是人民民主专政的社会主义国家，国家的一切权力都来源于人民。人民行使国家权力的机关是全国人民代表大会和地方各级人民代表大会。人民通过选举产生人民代表大会，并由人民代表大会统一行使国家权力。国家的行政机关、审判机关、检察机关等都由人民代表大会产生，它们必须对同级人民代表大会负责，并接受它的监督。在此前提下，我国建立了以人大监督为中心的地方立法监督制度，这正是人民主权理论的现实体现。

2. 宪法至上原则。宪法至上原则是指在国家和社会治理中，宪法的地位和作用至高无上。具体来说，就是宪法是国家的根本大法，是治国安邦的总章程，具有最高的法律地位、法律权威和法律效力，具有根本性、全局性、稳定性、长期性。全国各族人民、一切国家机关和武装力量、各政党和各社会团体、各企业事业组织，都必须以宪法为根本的活动准则，并且负有维护宪法尊严、保证宪法实施的职责。任何组织或者个人，都不得有超越宪法和法律的特权。一切违反宪法和法律的行为，都必须予以追究。在宪法之下，法律、行政法规、地方性法规、规章等一切法律规范，都必须从宪法那里取得合法性效力，所有法律、法规、规章都不得与宪法相冲突、相抵触。依法治国，首先是依宪治国；维护法治的权威，首先是维护宪法的权威。习近平总书记指出：“只要我们切实尊重和有效实施宪法，人民当家作主就有保证，党和国家事业就能顺利发展。反之，如果宪法受到漠视、削弱甚至破坏，人民权利和自由就无法保证，党和国家事业就会遭受挫折。”① 对地方立法进行监督，正是为了保障人权，维护宪法至高无上的权威，这也是法治精神之所在。

3. 权力制约理论。孟德斯鸠指出，“一切有权力的人们都容易滥用权力，这是万古不易的一条经验”；“要防止滥用权力，就必须以权力约束权力”。② 历史的经验告诉我们，无论在何种社会制度下，权力一旦失去制约，就会变成脱缰的野马，给社会带来灾难。因此，监督制度被普遍认为是现代民主政治的重要支柱。为防止权力的滥用，就必须对权力进行监督。而对权力进行监督，最好的办法就是以权力约束权力。设置对地方立法权的监督机制，以地方立法监督权制约、监督地方立法权，正是为了防止地方立法权的滥用，从而保护人民权益。

---

① 在首都各界纪念现行宪法公布施行三十周年大会上习近平总书记的讲话，http://www.legaldaily.com.cn/zt/content/2014-11/28/content_5868661.htm? no. 访问时间：2018 年 8 月 12 日。

② 参见［法］孟德斯鸠：《论法的精神》（上），张雁深译，商务印书馆 1982 年版，第 154 页。

（二）地方立法监督的意义

数量庞大、内容丰富的地方立法会对促进地方政治、经济、社会和文化的发展产生巨大影响。不言而喻，良好的地方立法有助于推动地方的全面发展；反之，如果地方立法的质量参差不齐，不仅会破坏国家的法制统一，也会对地方发展造成阻碍。地方立法监督是保障地方立法活动合法有序进行的重要条件，是改进地方立法工作、提高地方立法质量的有效途径。其主要意义表现在：

1. 维护国家法制统一的需要。我国《宪法》第 5 条规定："国家维护社会主义法制的统一和尊严。一切法律、行政法规和地方性法规都不得同宪法相抵触。"坚持社会主义法制的统一，是社会主义法制建设的一项根本原则，也是维护国家统一的重要保证。我国是单一制国家，地方立法不得与国家的法律、行政法规相抵触，这样才能保证国家法律在全国范围内的有效贯彻执行。如果各地从自身利益出发，置中央法律于不顾，国家的法律就会虚置，中央的权威、国家的统一就会出现问题。因此，为了维护国家法制统一，必须加强地方立法监督，避免和消除下位法与上位法之间的相互抵触，或者同位法之间相互冲突与对立的现象，以维护法律体系的完整性和严肃性，维护国家的统一和社会的稳定。

2. 实现地方立法民主化的需要。"在民主国家，任何一种国家权力都必须接受监督，立法权也不能免……对立法实施有效监督，既是立法民主化的体现，又是立法民主化的保障。"[①] 这是防止立法权异化的必然要求。在加强地方立法监督，促使享有地方立法权的主体开展立法活动时，应有效保障公众的立法参与权和监督权，注重拓展民主渠道，吸纳民意，广聚民智，增强地方立法的民主性。只有真正落实了对地方立法的有效监督，才能使反映和表达民意的地方国家政权机关的活动自觉面向社会公众，使公众能参与和监督立法的全过程，以防止偏离人民意志和利益要求的"恶法"产生。

3. 推动地方立法科学化的需要。立法科学是指立法要遵循客观规律，选择适当的调整方式反映社会生活的实际需要，使法在调整各种社会关系时具有强大的生命力。如果地方立法规定的内容在现实社会中根本做不到，所立之法成为束之高阁的"装饰物"，不仅达不到立法预期目的，而且损害法的严肃性和权威性。通过地方立法监督，可以促使地方立法主体树立科学的立法观，培养深入实际、调查研究，从实际出发、实事求是的立法作风，克服立法中的长官意志和主观随意性，不断探索立法活动的规律，提高立法的科学化水平。我国现行立法体制的多元化主体和多层次的立法权限容易造成立法体系内部产生矛盾和冲突。通过加强对地方立法的监督，使众多的法规、规章与法律之间效力层次有序、配套，保证立法体系实现整体的立法目的和效能，使地方立法工作沿着科学、公正的轨道健康发展，不失为一条最为有效的措施。[②]

4. 建立全国统一的大市场的需要。我国正在推进社会主义市场经济体制改革，市场经济需要建立和完善全国统一的大市场。"市场经济需要良好的法制环境，经济行为需要有明确、统一、公正的法律来规范、指导和裁断。法律的不一致和相互矛盾，必然导致市场行为的无序和混乱。"[③] 我国幅员辽阔，地方立法数量众多，地方立法在制定过程中容易出现地

---

① 周旺生主编：《立法学》，法律出版社 1998 年版，第 394 页。

② 参见梁渝兰：《论地方立法监督》，载《云南大学学报（法学版）》2005 年第 1 期。

③ 李步云、汪永清主编：《中国立法的基本理论和制度》，中国法制出版社 1998 年版，第 365 页。

方保护主义倾向，妨碍社会主义市场经济的发展。要建立规范、有序、统一的全国大市场，防止地方保护主义和部门利益的限制，就要加强对地方立法的监督，通过建立全国统一协调的法律制度来保障市场经济体制改革目标的最终实现。

5. 推进良法与善治的需要。法律是治国之重器，良法是善治之前提。要以良法促进发展、保障善治。对于地方立法而言，只有当制定出来的地方性法规、地方政府规章等为“良法”时，才能为实现善治奠定基础和提供前提。为此，必须加强对地方立法的监督，保证地方立法的质量，从而使地方立法能够更好地适应地方治理和发展的需要。

第二节 地方立法监督的主体和内容

一、地方立法监督的主体

地方立法监督的主体是指享有立法监督权的各类国家机关，是依据法律规定对地方立法行为和地方立法结果实施审查、作出判断和处理的国家机关。根据我国《宪法》《立法法》等相关规定，地方立法监督的主体可从以下几类进行分析。

（一）地方立法的权力机关监督

地方立法监督的权力机关主要有：

1. 全国人民代表大会。全国人民代表大会是我国的最高权力机关，也是最高立法监督机关。根据《立法法》的规定，全国人民代表大会有权改变或者撤销它的常务委员会制定的不适当的法律，有权撤销全国人民代表大会常务委员会批准的违背《宪法》和《立法法》第 75 条第 2 款[①]规定的自治条例和单行条例。

2. 全国人民代表大会常务委员会。全国人民代表大会常务委员会是全国人民代表大会的常设机关，它承担了更多的立法监督职责。根据《宪法》和《立法法》的规定，自治区的自治条例和单行条例，报全国人民代表大会常务委员会批准后生效；全国人民代表大会常务委员会有权撤销同宪法和法律相抵触的行政法规，有权撤销同宪法、法律和行政法规相抵触的地方性法规，有权撤销省、自治区、直辖市的人民代表大会常务委员会批准的违背《宪法》和《立法法》第 75 条第 2 款规定的自治条例和单行条例；行政法规、地方性法规、自治条例和单行条例均须报全国人民代表大会常务委员会备案；除省、自治区的人民政府所在地的市，经济特区所在地的市和国务院已经批准的较大的市以外，其他设区的市开始制定地方性法规的具体步骤和时间，亦须报全国人民代表大会常务委员会备案。值得注意的是，《立法法》规定，经济特区所在地的省、市的人民代表大会及其常务委员会根据全国人民代表大会的授权决定，制定法规，在经济特区范围内实施。授权机关有权撤销被授权机关制定的超越授权范围或者违背授权目的的法规，必要时可以撤销授权。根据授权制定的法规与法律规定不一致，不能确定如何适用时，由全国人民代表大会常务委员会裁决。根据授权制定

① 《立法法》第 75 条第 2 款规定：“自治条例和单行条例可以依照当地民族的特点，对法律和行政法规的规定作出变通规定，但不得违背法律或者行政法规的基本原则，不得对宪法和民族区域自治法的规定以及其他有关法律、行政法规专门就民族区域自治地方所作的规定作出变通规定。”

的法规应当报授权决定规定的机关备案；经济特区法规报送备案时，应当说明对法律、行政法规、地方性法规作出变通的情况。由此可见，在授权地方立法的情况下，对地方立法的监督权实际上专属于全国人大及其常委会。

3. 省、自治区、直辖市人民代表大会及其常务委员会。《宪法》规定，地方各级人民代表大会在本行政区域内，保证宪法、法律、行政法规的遵守和执行，有权改变或者撤销本级人民代表大会常务委员会不适当的决定。这是省、自治区、直辖市人民代表大会行使地方立法监督权的宪法依据。《立法法》则对省、自治区、直辖市人民代表大会及其常务委员会的地方立法监督权进行了细化。根据《立法法》的规定，省、自治区、直辖市的人民代表大会有权改变或者撤销它的常务委员会制定的和批准的不适当的地方性法规；设区的市的地方性法规报省、自治区的人民代表大会常务委员会批准后施行；省、自治区、直辖市的人民代表大会常务委员会有权撤销本级人民政府制定的不适当的规章；省、自治区、直辖市的人民代表大会常务委员会对本级人民政府报送的地方政府规章进行备案；自治州、自治县的自治条例和单行条例，报省、自治区、直辖市的人民代表大会常务委员会批准后生效；设区的市、自治州的人民政府制定的规章应当同时报省、自治区的人民代表大会常务委员会和人民政府备案。

4. 设区的市的人民代表大会及其常务委员会。根据上述分析，设区的市的人民代表大会也享有立法监督权，它有权改变或撤销本级人民代表大会常务委员会制定的地方性法规。同时，《立法法》规定，“地方人民代表大会常务委员会有权撤销本级人民政府制定的不适当的规章”，“地方政府规章应当同时报本级人民代表大会常务委员会备案”。据此，设区的市的人民代表大会常务委员会有权对本级人民政府报送的地方政府规章进行备案，有权撤销本级人民政府制定的不适当的规章。

（二）地方立法的行政机关监督

地方立法监督的行政机关主要有：

1. 国务院。国务院是最高国家行政机关，它统一领导国务院各部门的工作，统一领导全国地方各级国家行政机关的工作。根据《立法法》第 95 条的规定，地方性法规与部门规章之间对同一事项的规定不一致，不能确定如何适用时，由国务院提出意见，国务院认为应当适用地方性法规的，应当决定在该地方适用地方性法规的规定；认为应当适用部门规章的，应当提请全国人民代表大会常务委员会裁决；部门规章之间、部门规章与地方政府规章之间对同一事项的规定不一致时，由国务院裁决。国务院有权改变或者撤销不适当的部门规章和地方政府规章；省、自治区、直辖市的人民代表大会及其常务委员会制定的地方性法规，设区的市、自治州的人民代表大会及其常务委员会制定的地方性法规，自治州、自治县的人民代表大会制定的自治条例和单行条例，部门规章和地方政府规章，均须报国务院备案；另外，除省、自治区的人民政府所在地的市，经济特区所在地的市和国务院已经批准的较大的市以外，其他设区的市开始制定地方性法规的具体步骤和时间，亦须报国务院备案。

2. 省、自治区人民政府。根据《立法法》和《法规规章备案条例》的规定，设区的市、自治州的人民政府制定的规章应当报国务院和省、自治区的人大常委会、省人民政府及本级人民代表大会常务委员会备案；省、自治区的人民政府有权改变或者撤销下一级人民政府制定的不适当的规章。

（三）地方立法的司法机关监督

《行政诉讼法》第 63 条第 3 款规定："人民法院审理行政案件，参照规章。"这里的"规章"自然包括地方政府规章，而"参照"就意味着可适用也可不适用，合法的即适用，不合法的则不适用。根据此条规定，法院可根据案件的具体情况，决定适用或不适用某一规章或其中的某些条款，即意味着法院事实上享有对地方政府规章的监督权。法院如果不审查，则无法确定相应规章是否合法，能否适用。而如果人民法院决定不适用地方政府规章，则意味着对该地方政府规章的否定性评价，间接宣告了地方该政府规章的不合法或不合理。

二、地方立法监督的内容

有权机关对地方立法进行监督时，对哪些方面进行监督，参照什么标准监督，都由法律规定，此即地方立方监督的内容。地方立法监督的内容可分为两方面：一是对地方立法合法性的监督；二是对地方立法合理性的监督。对地方立法合法性的监督往往有法律的明确规定，而明确的规定能很好地被监督机关把握，有利于提高监督效率与保障法制统一。监督机关只要严格依照法律，仔细检视地方立法文本即可。而对地方立法合理性进行监督则不然。《立法法》第 6 条第 1 款规定："立法应当从实际出发，适应经济社会发展和全面深化改革的要求，科学合理地规定公民、法人和其他组织的权利与义务、国家机关的权力与责任。"条文中"科学合理"的表述，就属于较难把握的地方立法合理性范畴。而对类似合理性范畴的把握，监督机关又往往要等到地方立法公布，获取各地方的反馈之后才能确定。这同时也决定了对地方立法合理性的监督更好的方式应当是一种事后审查型的立法监督。

（一）地方立法的合法性

地方立法的合法性是指地方立法的权限、内容和程序必须符合宪法、法律、行政法规以及居于上位法地位的地方性法规、上级政府规章。这是确保国家法制统一的前提。

1. 地方立法的权限必须合法。享有地方立法权的主体既不能无权限立法，也不能超越权限立法。具体包含三个层面意义：第一，必须在法律明确规定的事项范围内立法，如《立法法》第 73 条和第 82 条，分别对地方性法规和地方政府的立法调整事项作出规定。第二，必须在法律规定的职权范围内立法，如《立法法》第 76 条规定，规定本行政区域特别重大事项的地方性法规，应当由人民代表大会通过。第三，地方立法不能超越权限立法，如《立法法》第 8 条规定的事项只能制定法律，这属于法律保留事项，排除地方立法对该事项调整的空间，否则，便属于越权立法。

2. 地方立法的内容必须合法。地方立法内容是否合法，是地方立法监督的重要内容。地方立法的内容须在法律明确规定的事项范围内，不能越权立法。地方性法规不得同宪法、法律、行政法规以及本省、自治区的地方性法规相抵触；没有法律、行政法规、地方性法规的依据，地方政府规章不得设定减损公民、法人和其他组织权利或者增加其义务的规范；民族自治地方的自治条例和单行条例虽然是自治地方人民代表大会依照当地民族的政治、经济和文化的特点制定的，但《立法法》规定其"不得违背法律或者行政法规的基本原则，不得对宪法和民族区域自治法的规定以及其他有关法律、行政法规专门就民族自治地方所作的规定作出变通规定"。由此可见，地方立法在内容上若属于贯彻国家法律、法规的执行性立法，则须以其上位法相关规定为依据；若属于根据具体情况和实际需要的自主性立法，则须以宪法和国家有关法律、法规的原则和精神为依据。总之，地方立法的内容与宪法、法律及其他上位法不抵触是最低要求，以上位法为依据是在不抵触前提下的具体要求。

3. 地方立法的程序必须合法。《立法法》和国务院的《规章制定程序条例》对地方性法规、自治条例和单行条例以及地方政府规章等的制定程序作了规定，一些地方也通过地方性法规等形式对地方立法程序进行了细化。总之，只有按照有关法律、行政法规和地方性法规确定的程序进行立法活动，才能确保立法程序的合法性。

（二）地方立法的合理性

地方立法的合理性是指地方立法权的运行适度、运行结果符合地方客观实际，符合理性。根据《立法法》的规定，立法应当从实际出发，适应经济社会发展和全面深化改革的要求，科学合理地规定公民、法人和其他组织的权利与义务、国家机关的权力与责任。法律规范应当明确、具体，具有针对性和可执行性。马克思也曾指出："立法者应该把自己看作一个自然科学家。他不是在创造法律，不是在发明法律，而仅仅是在表述法律，他用有意识的实在法把精神关系的内在规律表现出来。如果一个立法者用自己的臆想来代替事情的本质，那么人们就应该责备他极端任性。"① 可见，地方立法不仅应当合法，还必须合理。

就地方立法而言，首先，应充分反映本地实际情况，突出地方特色，并努力避免简单重复、照抄上位法的内容。其次，要注意考虑立法、执法成本，科学合理地配置权利与义务以及权力和责任。据此，地方立法监督也必须在确保地方立法合法性的同时，充分考虑这些问题，从而保证地方立法的合理性与科学性，并以此提高地方立法的质量。

第三节　地方立法监督的方式

我国地方立法监督的方式可以分为批准、备案、审查以及参照适用四种。其中，备案与审查关系最为密切。备案属于知情权，是立法监督机关了解报备机关有关地方立法情况的方式，它可以独立完成。而审查属于审议权，它必须在行使知情权的基础上进行。在备案环节，报备机关对地方立法报备，监督机关即备案机关可以审查，也可以不审查，且备案也不影响地方立法的生效。而在审查环节，监督机关要么是主动审查，要么是被动审查，而无论是何种方式的审查，立法监督机关都必须作出相关裁决，或是维持地方立法不变，或是改变或撤销地方立法。因此，备案与审查是立法监督工作的两个环节、两种制度。

一、批准

所谓批准，是指地方立法的出台，必须事前得到法定主体的认可才能公布和实施。作为一种事前的地方立法监督方式，对地方立法的批准可以有效防止不合法或不适当的地方立法出台，保障国家法制的统一，但也可能使得地方立法周期拉长，影响地方立法效率。根据《立法法》的规定，下列地方立法经批准方能生效：

1. 设区的市、自治州的人民代表大会及其常务委员会制定的地方性法规。《立法法》第

① 参见《马克思恩格斯全集》第1卷，人民出版社1995年版，第347页。

72 条规定，设区的市的地方性法规须报省、自治区的人民代表大会常务委员会批准后施行。省、自治区的人民代表大会常务委员会对报请批准的地方性法规，应当对其合法性进行审查，同宪法、法律、行政法规和本省、自治区的地方性法规不抵触的，应当在 4 个月内予以批准。省、自治区的人民代表大会常务委员会在对报请批准的设区的市的地方性法规进行审查时，发现其同本省、自治区的人民政府的规章相抵触的，应当作出处理决定。设区的市、自治州的人民代表大会及其常务委员会制定的地方性法规报经批准后，由设区的市、自治州的人民代表大会常务委员会发布公告予以公布。

2. 民族自治地方人民代表大会制定的自治条例和单行条例。《立法法》第 75 条规定，民族自治地方的人民代表大会有权依照当地民族的政治、经济和文化的特点，制定自治条例和单行条例。自治区的自治条例和单行条例，报全国人民代表大会常务委员会批准后生效。自治州、自治县的自治条例和单行条例，报省、自治区、直辖市的人民代表大会常务委员会批准后生效。自治条例和单行条例报经批准后，分别由自治区、自治州、自治县的人民代表大会常务委员会发布公告予以公布。

二、备案

备案是指下级立法主体，将已经制定完成的规范性法律文件送至相关的上级立法主体，存档备查。就地方立法而言，地方性法规、自治条例和单行条例、地方政府规章应当在公布后一定期间内，由其制定或批准机关报送上级立法机关或者行政机关存档，以备审查。备案属于事后的立法审查方式，它不影响备案的地方立法的生效，故能保证地方立法的实时性。同时，备案能让地方立法监督机关全面了解地方立法的情况，加强对地方立法的监督，消除地方立法文本之间的冲突。

根据《立法法》第 98 条的规定，地方性法规、自治条例和单行条例、地方政府规章应当在公布后的 30 日内报有关机关备案。备案机关则包括全国人大常委会，国务院，省、自治区、直辖市人大常委会及人民政府，设区的市的人大常委会。需要指出的是，自治条例、单行条例、经济特区法规报送备案时，还应当同时说明对法律、行政法规、地方性法规作出变通的情况。

三、审查

审查权与地方立法监督权息息相关，是地方立方监督权的核心，从某种意义上说，没有地方立法审查权，就没有地方立法监督权。审查地方立法意味着在检查审视之后，需要对被审查的地方立法作出一定的审查决定，即审查结果。审查结果，虽然《立法法》第 96、97 条规定的只有改变和撤销两种，但其实还应当包括维持。因为监督机关审查之后发现地方立法没有不合法和不合理的情况出现，则无须作出改变和撤销的决定。因此，维持也应当是审查结果的应有之义。

审查包括主动审查和被动审查两种。所谓主动审查，是指审查机关在没有任何国家机关和社会公众提出审查要求或者审查建议的情况下，主动对报送备案的地方立法检查审视，依法作出裁决；所谓被动审查，是指因有关国家机关、社会团体、企业事业组织以及公民提出审查要求或者审查建议，审查机关才开展对报送备案的地方立法检查审视，依法作出裁决。

跟备案一样，审查也属于对地方立法进行的事后监督方式，它可以及时发现和纠正地方立法中存在的问题，从而提高地方立法的质量。具体而言：

1. 主动审查。根据《立法法》的规定，全国人大有关的专门委员会和常务委员会工作机构可以对报送备案的地方立法文件进行主动审查；根据国务院《规章制定程序条例》的规定，省、自治区、直辖市和较大的市的人民政府，应当经常对地方政府规章进行清理，发现与新公布的法律、行政法规或者其他上位法的规定不一致的，或者与法律、行政法规或者其他上位法相抵触的，应当及时修改或者废止。另外，根据《立法法》规定的“改变或撤销权限”，省、自治区、直辖市的人大常委会、设区的市的人大常委会当然也能对相关地方立法进行主动审查。

2. 被动审查。根据《立法法》的规定，国务院、中央军事委员会、最高人民法院、最高人民检察院和各省、自治区、直辖市的人民代表大会常务委员会认为地方性法规、自治条例和单行条例同宪法或者法律相抵触的，可以向全国人民代表大会常务委员会书面提出进行审查的要求，由常务委员会工作机构分送有关的专门委员会进行审查、提出意见；前述以外的其他国家机关和社会团体、企业事业组织以及公民认为地方性法规、自治条例和单行条例同宪法或者法律相抵触的，可以向全国人民代表大会常务委员会书面提出进行审查的建议，由常务委员会工作机构进行研究，必要时，送有关的专门委员会进行审查、提出意见；全国人民代表大会专门委员会、常务委员会工作机构在审查、研究中认为地方性法规、自治条例和单行条例同宪法或者法律相抵触的，可以向制定机关提出书面审查意见、研究意见；也可以由法律委员会与有关的专门委员会、常务委员会工作机构召开联合审查会议，要求制定机关到会说明情况，再向制定机关提出书面审查意见。制定机关应当在两个月内研究提出是否修改的意见，并向全国人民代表大会法律委员会和有关的专门委员会或者常务委员会工作机构反馈。

另外，根据国务院制定的《规章制定程序条例》，国家机关、社会团体、企业事业组织、公民认为规章同法律、行政法规相抵触的，可以向国务院书面提出审查的建议，由国务院法制机构研究处理。国家机关、社会团体、企业事业组织、公民认为较大的市的人民政府规章（还应包括设区市的地方政府规章）同法律、行政法规相抵触或者违反其他上位法的规定的，也可以向本省、自治区人民政府书面提出审查的建议，由省、自治区人民政府法制机构研究处理。

值得注意的是，一些地方性法规还规定相关主体可以向省级人大常委会提出对地方政府规章进行审查的建议。例如2013年修订的《浙江省地方立法条例》第76条规定，除浙江省高级人民法院、省人民检察院和设区的市人民代表大会常务委员会外，其他国家机关和社会团体、企业事业组织以及公民认为省人民政府制定的规章同宪法、法律、行政法规、省地方性法规相抵触的，可以向省人民代表大会常务委员会书面提出进行审查的建议，由常务委员会工作机构研究，必要时，送法制委员会和有关的专门委员会进行审查、提出意见；《贵州省地方立法条例》第61条规定，国家机关、社会团体、企业事业组织以及公民认为省人民政府、贵阳市人民政府制定的规章同宪法、法律、行政法规、本省地方性法规相抵触的，可以向省人大常委会书面提出进行审查的建议，由法制工作机构进行研究，必要时，送有关专门委员会进行审查、提出意见。

四、参照适用

参照适用是指人民法院在审理行政诉讼案件的过程中，对地方政府规章进行审查，从而决定适用与否的活动。如前所述，根据《行政诉讼法》的规定，人民法院对于地方政府规章既然是参照适用，就意味着可以适用，也可以不适用。参照本身就有“附带审查”的意味，如果原告对地方政府规章有异议，则会请求人民法院不予“参照”，而人民法院此时也必然会审查地方立法的合法性以及合理性，从而决定是否参照。如果人民法院决定不适用地方政府规章，则意味着对地方政府立法的否定性评价，等于宣告了地方政府立法的不合法或不合理。人民法院在“参照适用规章”的情形下，虽不能直接判决地方政府规章违法，但却间接否定了该规章在具体案件中的效力，实质上起到对地方政府规章的监督作用，因此司法中的参照适用也是地方立法监督的方式之一。

第四节 地方立法监督的完善

一、地方立法监督存在的问题

目前我国地方立法监督体系还不完善，立法监督过程中存在不少问题，影响了地方立法监督的有效性，主要有以下几个方面的问题：

（一）缺乏专门的监督工作机构

就中央层面而言，全国人民代表大会由于会期的限制，不能经常性地开展立法监督，因而立法监督工作更多地由全国人大常委会承担。而全国人大常委会则将具体的立法监督任务交由下属的法制工作委员会（简称法工委）负责。为应对立法监督工作，法工委设置了专门负责法规备案的法规审查备案室，并由它负责法规的备案以及对法律法规审查要求或建议的先期审查。但从现实的情况来看，这一机构仍难以较好地应对如此繁重的立法监督任务。而在国务院，具体承担地方立法监督工作的是其法制部门的政府法制协调司。但此司除了承担国务院部门规章、地方政府规章等的备案审查工作以外，还须负责法规汇编、编纂等一系列工作，因而也难以胜任有关的地方立法监督工作。

就地方层面而言，一方面，各级人大常委会普遍未设立专门机构负责地方立法监督工作，一般是依托常委会法制工作委员会来承担。另一方面，地方政府也主要是依托其法制部门来承担地方立法监督的具体工作，部分省级政府会在其法制部门内设置专门的法规审查工作机构。但总体而言，由于人员不足，也难以胜任地方立法监督工作。

（二）监督的程序不完善

我国地方立法监督程序还存在程序规则弹性太大和程序内容过于粗疏等缺陷，导致立法实践中存在着该备案的不备案、该审查的没审查、该改变或撤销的未改变或撤销的失监、虚监现象。[①] 我国的地方立法监督制度自建立以来一直处于“沉睡状态”，是与我国立法监督

① 参见阮荣祥主编：《地方立法的理论与实践》，社会科学文献出版社2008年版，第357~358页。

程序的可操作性不强密切相关的。现就备案和审查两种监督方式在程序上的缺陷作些分析。

1. 关于备案的程序，主要是完成备案的时限不明确。备案的目的就是审查，如果只是为了备案而备案，那么监督将成为空谈。《立法法》规定了地方立法主体应在规范性法律文件公布后的30日内报送有关机关备案，但却没有规定备案机关应在多少时限内完成备案。如果不规定完成备案的时限，一方面，地方立法机关由于已经完成了报备工作，自行确定了地方立法的生效时间。另一方面，由于没有备案审查的时限规定，接受备案的监督机关因此随意备案了事，怠于行使监督权。但这之后它又可能撤销该地方立法。这样一来，不仅地方立法撤销前发生的法律关系将会处于有效或无效的境地，而且地方立法质量之失的责任也会面临无法确定的尴尬，这势必会降低地方立法的稳定性和权威性。

2. 关于审查的程序。审查程序基本属于监督机构的内部运作程序，只在必要时才要求法律文件的制定机关参与。至于审查过程中是否可以采取听证会、论证会的形式，审查结果是否必须公开①等问题都未作规定。而且，审查人员、审查程序等，法律也未规定公开。以全国人大常委会法工委下设的法规审查备案室为例，此室有多少人员配备、审查遵循何种程序等，均不得而知。毫无疑问，公开性的缺失很容易导致监督机关怠于行使职权甚至是滥用职权。另外，对于审查结果的处理——改变和撤销，也缺乏相关程序。改变和撤销实际上最能体现立法监督效果、监督力度最大，但我国现有的改变和撤销程序并不完善，因此在实践中运用很少。

（三）缺乏对监督机构有效的外部制约

对地方立法监督机关应有一定的外部制约。若地方立法监督机关受到外部的督促，就不会放松对自己的要求，地方立法监督体制就能更好地发挥作用。在地方立法监督体制的实际运作中，由于人大与政府、全国人大与地方人大、中央政府与地方政府之间多年的工作关系，彼此非常熟悉，所以当地方立法违背宪法和上位法律、法规时，典型的做法是用非正式的方式与对方沟通，加以修正；较少采取正式的方式，启动法律监督程序。②

二、地方立法监督完善的思考

十八届四中全会《决定》提出，要发挥人大在立法中的主导作用，完善全国人大及其常委会的宪法监督制度，加强备案审查制度和能力建设，把所有规范性文件纳入备案审查范围，依法撤销和纠正违宪、违法的规范性文件。这为我国立法监督制度的改革指明了方向。

（一）设立专门的立法监督机构

设立专门的立法监督机构，由专门的立法监督机构行使立法监督权，可以使立法监督真正实现责权结合，有利于立法监督制度与程序的正常运行。鉴于我国实行的是以人大为中心的立法监督模式，因此可以考虑在人大系统内部设立专门的立法监督委员会。我国《宪法》第70条规定，全国人民代表大会设立民族委员会、宪法和法律委员会、财政经济委员会、

---

①《立法法》第101条规定，全国人民代表大会有关的专门委员会和常务委员会工作机构应当按照规定要求，将审查、研究情况向提出审查建议的国家机关、社会团体、企业事业组织以及公民反馈，并可以向社会公开。条文中使用的是“可以”一词，这就意味着可以向社会公开，也可以不向社会公开。如果是应当向社会公开更能体现法治的精神。

② 参见朱景文：《我国立法监督制度之反思》，载《群言》2015年第1期。

教育科学文化卫生委员会、外事委员会、华侨委员会和其他需要设立的专门委员会。在全国人民代表大会闭会期间，各专门委员会受全国人民代表大会常务委员会的领导。各专门委员会在全国人民代表大会和全国人民代表大会常务委员会领导下，研究、审议和拟订有关议案。《立法法》也规定，全国人大有关的专门委员会和常务委员会工作机构可以对报送备案的规范性文件进行主动审查。

据此，全国人大可以根据形势需要而设立专门委员会来协助人大常委会完成大量的立法监督任务。不仅如此，作为专门监督机构，立法监督委员会应吸纳社会各界的不同行业人员尤其是法律专家学者的广泛参与，从而保证立法监督的专业性和技术性。在工作方式上，立法监督委员会既可以依相关主体的要求或建议审查地方立法，也可以主动审查地方立法。当然，立法监督委员会隶属于全国人大以及全国人大常委会的，本身没有地方立法监督的权限，它对外是以全国人大常委会的名义对地方立法进行监督。地方人大则可参照全国人大设立由地方人大常委会领导的地方人大立法监督委员会。值得注意的是，全国人大下属的立法监督委员会对地方立法的监督更多地是从国家法制统一的角度对地方立法进行审查，而隶属于地方人大的立法监督委员会则除了保证国家的法制统一外，可能还须审查地方立法是否有利于地方经济、文化的发展等具有地方特色的内容，这也是地方立法监督的合理性要求的体现。

此外，建议各省级人民政府在政府法制部门内设立专门的立法监督工作机构对地方政府规章进行专门的监督。

（二）健全立法监督程序

就完善地方立法监督程序而言，有学者提出，首先应当注重监督程序的规范化；其次是提高监督程序的可操作性；最后是强化地方立法监督过程的民主参与。① 我们从下列方面作具体分析。

1. 完善备案程序。明确完成备案的时间，设立备案通告制度、备案回执制度、报备机关抗辩制度等，从制度上进一步明确报备的范围，报送的程序和手续，同时明确备案不仅是登记存档，而且是一种事后监督。把备案看作审查的前提和启动程序，使地方立法在良性程序化备案过程中，提高自身的立法品质和质量。总之，明确完成备案的时限，无论是对地方立法本身来说，还是对地方立法监督来说，都具有重要意义。对地方立法主体来说，明确的备案时间相当于一个缓冲器，因为在这期间内，其摄于备案机关的审查权威，会进一步审视地方立法规范，精益求精；对地方立法监督机关来说，尽早完成备案，有关主体就可以在发现地方立法的问题后尽早提出审查要求或建议，而监督机关主动审查的启动时限也能尽早确定。

2. 完善审查程序。首先，公开审查过程，定期向公众反馈审查进度。其次，明确规定有关主体提出“审查要求”和“审查建议”的程序，规定在审查机关认为有条款同宪法或法律相抵触且有必要的情况下可以召开有原制定机关参加的听证会，规定审查结果应予以公布等程序，保证审查程序的民主性。最后，设置审查监督的复核程序。为保证审查监督的公

① 参见汪庆红：《地方立法监督实证研究：体制与程序》，载《北方法学》2010 年第 6 期。

正性，可以规定：如果法规、规章的制定机关、审查要求或建议的提出者对审查结果不服，有权申请原审查机关的上一级监督机关进行复核。①

3. 完善改变和撤销程序。首先，由于改变和撤销直接影响地方立法文件的变更和存废，因此在程序上应和正式立法一样严格，原则上也应经历提案、审议、决定、公布四个步骤；其次，在作出改变和撤销的决定前，应当充分征求有关各方意见；再次，作出改变和撤销决定应有时限要求，避免久拖不决；最后，改变和撤销制度应和备案、审查制度相结合，其程序应和备案、审查等程序相吻合，因为只有多种监督方式灵活配合才能取得最佳监督效果。②

（三）加强对监督机关的外部制约

加强对地方立法监督机关的外部制约，关键是加强社会团体、普通公民提请审查建议的启动效果。人大或政府如果采取比较正式的方式，启动法律监督程序，可能会形成上下级之间、人大与政府之间的公开对立。但是如果让普通公民的审查建议得到加强，③ 比如，让普通公民的审查建议能够当然启动审查程序，则会大大减少人大系统与政府系统的这种公开对立。《立法法》虽然规定公民的审查建议只有在必要的时候才能由相关工作机构启动审查程序，但法律可以对“必要”作进一步细化。例如必要的条件、什么期间内决定必要的启动、如果决定不启动须向申请人说明原因等。当然，最重要的是普通公民或社会团体的审查建议能否启动审查程序。考虑到如果允许社会团体、普通公民的审查建议能够必然启动审查程序，那么全国人大常委会和地方人大常委会的具体立法监督工作机构可能会面临海量的审查建议，难以招架，同时如果审查建议动辄当然启动审查程序，也不利于地方立法工作和地方政府活动的展开，因此，可以这样规定：如果普通公民或者社会团体的审查建议得到 30 名以上代表的签名，则全国人大常委会或者地方人大常委会工作机构必须分送有关的专门委员会进行审查、提出意见，而不必受“必要”条件的限制，同时还要规定监督机关对提请审查的普通公民或者社会团体必须及时给予反馈。④ 这样做，既是人民主权的应有之义，也符合我国宪法的精神和要求。

① 参见王建华、杨树人：《地方立法制度研究》，四川人民出版社 2009 年版，第 217 页。

② 参见阮荣祥、赵恺主编：《地方立法的理论与实践》（第二版），社会科学文献出版社 2011 年版，第 370 页。

③ 根据《立法法》第 99 条的规定，国务院、中央军事委员会、最高人民法院、最高人民检察院和各省、自治区、直辖市的人民代表大会常务委员会认为行政法规、地方性法规、自治条例和单行条例同宪法或者法律相抵触的，可以向全国人民代表大会常务委员会书面提出进行审查的要求，由常务委员会工作机构分送有关的专门委员会进行审查、提出意见。但如果是公民向全国人民代表大会常务委员会书面提出进行审查的建议的，则由常务委员会工作机构进行研究，必要时，才送有关的专门委员会进行审查、提出意见。

④ 《全国人民代表大会组织法》第 10 条规定，一个代表团或者 30 名以上的代表，可以向全国人民代表大会提出属于全国人民代表大会职权范围内的议案，由主席团决定是否列入大会议程，或者先交有关的专门委员会审议、提出是否列入大会议程的意见，再决定是否列入大会议程。第 16 条规定，在全国人民代表大会会议期间，一个代表团或者 30 名以上的代表，可以书面提出对国务院和国务院各部、各委员会的质询案，由主席团决定交受质询机关书面答复，或者由受质询机关的领导人在主席团会议上或者有关的专门委员会会议上或者有关的代表团会议上口头答复。在主席团会议或者专门委员会会议上答复的，提质询案的代表团团长或者提质询案的代表可以列席会议，发表意见。据此可见，一个法律案或者一个质询案可以由 30 名以上代表启动，地方立法监督的启动亦可参照进行。

思考题：

1. 地方立法监督有哪些特征？
2. 地方立法监督的理论基础是什么？
3. 地方立法监督包括哪些方式？
4. 地方立法批准与地方立法备案有什么区别？
5. 目前我国地方立法监督存在什么问题？应如何完善？

主要参考文献

一、著作类

1.《马克思恩格斯选集》第3卷，人民出版社1995年版；

2.《马克思恩格斯全集》第13卷，人民出版社1962年版；

3.《马克思恩格斯全集》第1卷，人民出版社2002年版；

4. 罗成典著：《立法技术论》，台湾文笙书局1983年版；

5. 吴大英等著：《中国社会主义立法问题》，群众出版社1984年版；

6. 吴大英、任允正主编：《比较立法学》，法律出版社1985年；

7. 彭真著：《论新时期的社会主义民主与法制建设》，中央文献出版社1989年版；

8. 孙琬钟主编：《立法学教程》，中国法制出版社1990年版；

9. 张根大等著：《立法学总论》，法律出版社1991年版；

10. 彭真：《彭真文选》，人民出版社1991年版；

11. 唐孝葵等著：《地方立法比较研究》，中国民主法制出版社1992年版；

12. 陈洪波、蒋永松主编：《中国地方立法概论》，中国地质大学出版社1992年版；

13. 王盛林主编：《地方立法概论》，山东人民出版社1993年版；

14. 孙潮著：《立法技术学》，浙江人民出版社1993年版；

15. 周旺生著：《立法论》，北京大学出版社1994年版；

16. 王飚主编：《实用立法技术》，中国法制出版社1995年版；

17. 许俊伦著：《地方立法论》，中国民主法制出版社1997年版；

18. 郭道晖主编：《当代中国立法》（上），中国民主法制出版社1998年版；

19. 李步云、汪永清主编：《中国立法的基本理论和制度》，中国法制出版社1998年版；

20. 郭道晖主编：《当代中国立法》，中国民主法制出版社1998年版；

21. 周旺生主编：《立法学》，法律出版社1998年版；

22. 李步云、汪永清主编：《中国立法的基本理论和制度》，中国法制出版社1998年版；

23. 周旺生、张建华主编：《立法技术手册》，中国法制出版社，1999年版；

24. 苗连营著：《立法程序论》，中国检察出版社2001年版；

25. 黄文艺、杨亚非主编：《立法学》，吉林大学出版社2002年版；

26. 李林著：《走向宪政的立法》，法律出版社2003年版；

27. 李培传著：《论立法》，中国法制出版社2004年版；

28. 季卫东著：《法律程序的意义——对中国法制建设的另一种思考》，中国法制出版社2004年版；

29. 汤唯、毕可志等著：《地方立法的民主化与科学化构想》，北京大学出版社2006年版；

30. 陈洪江主编：《地方立法简本》，天津人民出版社2007年版；

31. 孙育玮等著：《完善地方立法立项与起草机制研究》，法律出版社2007年版；

32. 崔卓兰、于立琛等著：《地方立法实证研究》，知识产权出版社 2007 年版；
33. 封丽霞著：《中央与地方立法关系法治化研究》，北京大学出版社 2008 年版；
34. 田芳著：《地方自治法律制度研究》，法律出版社 2008 年版；
35. 周旺生著：《立法学》（第二版），法律出版社 2009 年版；
36. 朱力宇、张曙光主编：《立法学》（第三版），中国人民大学出版社 2009 年版；
37. 俞荣根主编：《地方立法后评估研究》，中国民主法制出版社 2009 年版；
38. 王建华、杨树人著：《地方立法制度研究》，四川人民出版社 2009 年版；
39. 吴浩、李向东编写：《国外规制影响分析制度》，中国法制出版社 2010 年版；
40. 侯淑雯主编：《新编立法学》，中国社会科学出版社 2010 年版；
41. 阮荣祥等主编：《地方立法的理论与实践》（第二版），社会科学文献出版社 2011 年版；
42. 李龙主编：《法理学》，武汉大学出版社 2011 年版；
43. 任尔昕等著：《地方立法质量跟踪评估制度研究》，北京大学出版社 2011 年版；
44. 徐向华主编：《立法学教程》，上海交通大学出版社 2011 年版；
45. 史建三主编：《地方立法后评估的理论与实践》，法律出版社 2012 年版；
46. 汪全胜等著：《立法后评估研究》，人民出版社 2012 年版；
47. 李明璞著：《地方立法的过程与方法》，湖北人民出版社 2013 年版；
48. 魏海军主编：《立法概述》，东北大学出版社 2013 年版；
49. 郑宁著：《行政立法评估制度研究》，中国政法大学出版社 2013 年版；
50. 曾粤兴主编：《立法学》，清华大学出版社 2014 年版，
51. 魏海军主编：《立法概述》，东北大学出版社 2014 年版；
52. 全国人大常委会法制工作委员会国家法室编著：《中华人民共和国立法法释义》，法律出版社 2015 年版；
53. 黄龙云主编：《广东地方立法实践与探索》，广东人民出版社 2015 年版；
54. 石佑启、朱最新主编：《地方立法学》，广东教育出版社 2015 年版；
55. 吴高盛主编：《人大立法工作教程》，中国民主法制出版社 2015 年版；
56. 陈建平著：《地方立法研究——民国初期四川地方立法的理论与实践》，知识产权出版社 2016 年版；
57. 田侠著：《党领导立法实证研究——以北京市人大及其常委会为例》，中国社会科学出版社 2016 年版；
58. 邓世豹主编；《立法学：原理与技术》，中山大学出版社 2016 年版；
59. 石佑启、潘高峰、朱最新主编：《中国地方立法蓝皮书：中国地方立法发展报告（2016）》，广东教育出版社 2016 年版；
60. 张显伟等著：《地方立法科学化实践的思考》，法律出版社 2017 年版；
61. 刘平著：《立法原理、程序与技术》，学林出版社 2017 年版；
62. 胡戎恩著：《中国地方立法研究》，法律出版社 2018 年版；
63. 李明征主编：《政府立法共同性问题研究》，中国法制出版社 2018 年版；
64. 武钦殿著：《地方立法专题研究：以我国设区的市地方立法为视角》，中国法制出版

社 2018 年版；

65. 胡夏枫著：《立法与改革：1978—2018 年法律修改实践研究》，中国政法大学出版社 2018 年版；

66. ［英］梅因著：《古代法》，沈景一译，商务印数馆 1959 年版；

67. ［美］汉密尔顿等著：《联邦党人文集》，程逢如等译，商务印书馆 1980 年版；

68. ［德］黑格尔著：《法哲学原理》，范扬、张企泰译，商务印书馆 1982 年版；

69. ［法］孟德斯鸠著：《论法的精神》（上），张雁深译，商务印书馆 1982 年版；

70. ［英］J. S. 密尔著：《代议制政府》，汪暄译，商务印书馆 1982 年版；

71. ［美］伯德纳·施瓦茨著：《行政法》，徐炳译，群众出版社 1986 年版；

72. ［英］洛克著：《政府论》（下篇），叶启芳等译，商务印书馆 1986 年版；

73. ［美］詹姆斯·M·伯恩斯等著：《美国式民主》，谭君久等译，中国社会科学出版社 1993 年版；

74. ［德］卡尔·拉伦兹著：《法学方法论》，陈爱娥译，五南图书出版公司 1996 年版；

75. ［英］弗里德利希·冯·哈耶克著：《自由秩序原理》，邓正来译，生活·读书·新知三联书店 1997 年版；

76. ［美］乔·萨托利著：《民主新论》，冯克利等译，东方出版社 1998 年版；

77. ［德］亚图·考夫曼著：《法律哲学》，刘幸义等译，台湾五南图书出版有限公司 2000 年版；

78. ［德］哈贝马斯著：《在事实与规范之间：关于法律和民主法治国的商谈理论》，童世骏译，生活·读书·新知三联书店 2003 年版；

79. ［意］布鲁诺·莱奥尼等著：《自由与法律》，秋风译，吉林人民出版社 2004 年版；

80. ［美］庞德著：《法理学》（第三卷），廖德宇译，法律出版社 2007 年版；

81. ［德］阿图尔·考夫曼、温弗里德·哈斯默尔主编：《当代法哲学和法律理论导论》，郑永流译，法律出版社 2013 年版。

二、期刊论文类

1. 梁彦：《清末的地方立法机关——谘议局及其立法初探》，载《法学研究》1988 年第 5 期；

2. 杨永华、段秋关：《统一战线中的法律问题——边区法制史料的新发现》，载《中国法学》1989 年第 5 期；

3. 蔡定剑、刘星红：《论立法解释》，载《中国法学》1993 年第 6 期；

4. 黄蒙地：《国外地方立法概况》，载《人大研究》1993 年第 3 期；

5. 周旺生：《论中国地方立法的地位》，载《政治与法律》1994 年第 5 期；

6. 风笑天：《方法论背景中的问卷调查法》，载《社会学研究》1994 年第 3 期；

7. 郭道晖：《论国家立法权》，载《中外法学》1994 年第 4 期；

8. 周振晓：《也论立法解释》，载《中国法学》1995 年第 1 期；

9. 王广辉：《论我国地方立法的基本原则》，载《法商研究》1996 年第 6 期；

10. 沈关成：《对地方立法权的再认识》，载《中国法学》1996 年第 1 期；

11. 张志铭：《当代中国的法律解释问题研究》，载《中国社会科学》1996 年第 5 期；
12. 程世强、霍凤山：《从法案到法：程序及其完善》，载《人大研究》2003 年第10 期；
13. 于立琛：《行政立法过程的利益表达、意见沟通和整合》，载《当代法学》2004 年第 2 期；
14. 桂宇石、柴瑶：《关于我国地方立法的几个问题》，载《法学评论》2004 年第 5 期；
15. 张会恒：《英国的规制影响评估及对我国的启示》，载《经济理论与经济管理》2005 年第 1 期；
16. 梁渝兰：《论地方立法监督》，载《云南大学学报（法学版）》2005 年第 1 期；
17. 何晓明：《地方立法民主化进程的回顾与展望》，载《人大研究》2005 年第 7 期；
18. 国务院法制办秘书行政司编：《德国和欧盟的立法效果评估制度》，载《政府法制参考》2005 年第 10 期；
19. 童海保：《试论构建我国立法效果评估制度》，载《江淮法治》2006 年第 13 期；
20. 许安标：《立法后评估初探》，载《中国人大》2007 年第 8 期；
21. 李高协：《地方立法的可操作性问题探讨》，载《人大研究》2007 年第 10 期；
22. 饶世权、饶艾：《地方立法公众参与的概念、主体与价值》，载《西北大学学报（哲学社会科学版）》2008 年第 1 期；
23. 张禹：《立法后评估主体制度刍议——以地方行政立法后评估为范本》，载《行政法学研究》2008 年第 3 期；
24. 刘平等：《地方立法后评估制度研究》，载《政府法制研究》2008 年第 4 期；
25. 汪全胜：《立法后评估概念阐释》，载《重庆工学院学报（社会科学版）》2008 年第 6 期；
26. 杜莉：《论我国地方立法的无效供给问题及其对策——以烟花爆竹禁放改限放为视角》，载《云南大学学报（法学版）》2008 年第 6 期；
27. 郑文金：《立法后评估探讨——全国人大常委会立法后评估研讨会观点综述》，载《楚天主人》2008 年第 9 期；
28. 陈建平：《行政立法后评估的标准》，载《行政与法》2008 年第 9 期；
29. 刘松山：《国家立法三十年的回顾与展望》，载《中国法学》2009 年第 1 期；
30. 汪全胜：《论立法的可操作性评估》，载《山西大学学报（哲学社会科学版）》2009 年第 4 期；
31. 汪全胜：《英国立法后评估制度探讨》，载《云南大学学报（哲学社会科学版）》2009 年第 5 期；
32. 汪全胜：《日本的立法后评估制度及其对中国的启示》，载《中州学刊》2009 年第 5 期；
33. 刘用安：《立法技术：精无止境》，载《人民论坛》2009 年第 10 期；
34. 柴凤琴：《地方立法评估标准与程序设计》，西北师范大学 2009 年硕士学位论文；
35. 徐平：《国外立法评估的启示》，载《人民政坛》2010 年第 11 期；
36. 郑宁：《我国行政立法评估制度的背景与价值探析》，载《行政法学研究》2010 年第 4 期；

37. 朱最新：《行政备案的法理界说》，载《法学杂志》2010 年第 4 期；

38. 吉敏丽、袁晓杰：《论地方立法质量跟踪评估的方法——以甘肃省地方立法为实证的分析》，载《西部法学评论》2011 年第 2 期；

39. 钱富兴、王宗炎：《地方立法要重视立法技术规范》，载《上海人大》2011 年第 9 期；

40. 任尔昕、王铖：《浅议地方立法质量跟踪评估标准之构建》，载《人大研究》2011 年第 6 期；

41. 沈桥林：《论地方立法的地方性功能》，载《江西行政学院学报》2011 年第 3 期；

42. 王保民、崔东晓：《欧盟立法评估制度研究》，载《行政与法》2011 年第 5 期；

43. 唐莹莹、李锦：《立法影响评估的程序设计与方法研究》，载《北京人大》2012 年第 11 期；

44. 李冰冰：《浅析提高地方社会领域立法质量的路径——以法规表决前评估为视角》，载《人大研究》2013 年第 12 期；

45. 席涛：《立法评估：评估什么和如何评估（上）——以中国立法评估为例》，载《政法论坛》2012 年第 5 期；

46. 朱文杰：《立法技术在地方立法中的运用研究》，载《北京人大》2012 年第 6 期；

47. 李向东：《行政立法前评估制度初探——从新交通法规“闯黄灯”条款谈起》，载《中国行政管理》2013 年第 3 期；

48 俞荣根：《地方立法前质量评价指标体系研究》，载《法治研究》2013 年第 5 期；

49. 周伟：《论我国地方立法存在的问题及其解决》，载《河南财经政法大学学报》2013 年第 2 期；

50. 李丹：《地方立法前评估浅论》，载《人大研究》2014 年第 4 期；

51. 韦志明：《论民族自治地方的“法律变通”的规范认识》，载《学术论坛》2014 年第 12 期；

52. 邢亮：《论地方政府立法评估的第三人参与权利和保护》，载《海峡法学》2014 年第 1 期；

53. 马英娟：《地方立法主体扩容：现实需要与面临挑战》，载《上海师范大学学报（哲学社会科学版）》2015 年第 5 期；

54. 李高协：《浅议地方立法技术及其规范》，载《人大研究》2015 年第 3 期；

55. 姜述弢：《地方立法后评估制度的法治化及对策》，载《学术交流》2016 年第 4 期；

56. 陈非文：《新民主主义革命时期毛泽东土地立法的主要特点及启示》，载《湘潭大学学报（哲学社会科学版）》2017 年第 2 期；

57. 石佑启：《论地方特色：地方立法的永恒主题》，载《学术研究》2017 年第 9 期；

58. 黄明涛：《我国全民阅读地方立法的可操作性研究》，载《科技与出版》2017 年第 12 期；

59. 杜国胜：《地方立法技术科学性之探讨》，载《韶关学院学报》2017 年第 10 期。

后　记

改革开放40年来，我国地方立法取得了长足的发展。2000年《中华人民共和国立法法》的颁布实施，标志着我国地方立法走向规范化、法制化的轨道。2015年3月15日，十二届全国人大三次会议表决通过了《关于修改〈中华人民共和国立法法〉的决定》，赋予设区的市地方立法权，将过去49个较大的市才享有的地方立法权扩大至全部282个设区的市，同时对地方立法质量提出了新的要求。2018年3月11日，十三届全国人大一次会议表决通过了宪法修正案，在现行《宪法》第100条增加一款，作为第2款，规定："设区的市的人民代表大会和它们的常务委员会，在不同宪法、法律、行政法规和本省、自治区的地方性法规相抵触的前提下，可以依照法律规定制定地方性法规，报本省、自治区人民代表大会常务委员会批准后施行"。这是完善中国特色社会主义立法体制的重要举措，是对我国地方立法实践探索与成功经验的宪法确认。这些修改也对地方立法理论研究和地方立法人才培养提出了更高的要求。为了适应新时代的新要求，加强地方立法理论研究，满足地方立法人才培养的需要，我们对2015年我们组织编写的《地方立法学》（广东教育出版社2015年版）进行了修订，作为《地方立法学》第二版，由高等教育出版社出版。此次修订，我们力求反映最新的立法状况及地方立法理论研究的最新成果，并尽量采用学界通说的观点，简明、准确地阐述地方立法学的基本概念和基本原理。同时，坚持理论联系实际的原则，在阐述地方立法学基本概念、基本原理的基础上，联系地方立法实践，力求为地方立法工作提供理论指导。本书撰写人员分工如下：

朱最新：绪论、第一章、第九章；

黄喆：第二章、第五章；

石佑启：第三章、第八章、第十章；

潘高峰：第四章、第六章、第七章。

石佑启教授和朱最新教授负责全书的统稿和定稿工作。

本书适合高等院校法学专业学生，宪法学、行政法学、立法学教研人员以及立法工作者等学习、参考与使用。撰写过程中，我们参考了许多学者有关地方立法研究的论著，在此表示衷心感谢！高等教育出版社对本书的出版给予了大力支持，在此表示诚挚的谢意！由于水平所限，书中难免存在疏漏与错误，恳请读者批评指正，以便今后进一步修改、完善。

编　者

2019年6月

为收集对教材的意见建议，进一步完善教材编写和做好服务工作，读者可将对本教材的意见建议通过如下渠道反馈至我社。

咨询电话 400-810-0598

读者服务邮箱 gjdzfwb@pub.hep.cn

能信地址 北京市朝阳区惠新东街4号富盛大厦1座

高等教育出版社总编辑办公室

邮政编码 100029